AI Decision Making

We decide, machine analyses

AI 의사결정

결정은 우리가, 분석은 기계가

김 경 원 교수

Prof. Kyungwon Kim

서해원

머리말

AI의사결정이란 우리가 해결하고자 하는 또는 필요로 하는 문제를 주도적으로 해결하기 위해, 인간보다 뛰어난 기계를 인정하고 AI 두뇌를 탑재한 기계가 합리적이고 효과적인 빅데이터기반 분석 결과물을 만들 수 있도록 가이드하고 멘토링 함으로써 서로의 존재를 인정하고 궁극적으로 우리 인간의 효율성과 행복지수를 높이는 방향으로 의사결정하는 것을 의미한다.

〈출처: 찰스 다윈의 명언과 현대 생물학의 연결, Youtube@포스띵〉

따라서 본 저서는 인간의 의사결정 과정을 모방하여 빅데이터와 AI를 기반으로 탄생하게 된 데이터싸이언스의 큰 틀을 이해할 필요가 있고, AI 두뇌를 사용하는 기계들이 만들어내는 세상의 변화에 겁먹기 보다, 그 필요성과 프로세스를 이해하고 변화를 즐기며 우리 인간이 주도하는 합리적인 의사결정 방향을 제시하는 것을 목표로 한다. 목표 달성을 위해, (1) 빅데이터와 AI를 활용한 의사결정 프로세스를 필수적으로 이해해야 하며 (2) 그 중 분석만을 자동화한 고성능 대화형 인공지능 서비스 도구를 인지하고, (3) 분석은 기계가, 그리고 문제 정의와 의사결정은 우리가 하는 AI 의사결정 방법론과 활용 전략을 이해할 수 있다.

디지털 전환의 시대에 무궁무진한 가치를 가진 원유와 같은 빅데이터를 끊임없이 만들어 무료로 제공하는 주체는 바로 우리 스스로이기 때문에, 데이터로 움직이는 세상에 편승하지 못한다면 우리는 스스로의 가치를 포기하고 잠재적인 리스크를 외면하는 것이 될 수도 있다. 그러므로 우리 자산에 대한 책임을 이해하고 할수 있는 최소한의 노력이 바로 데이터싸이언스를 활용한 AI의사결정이 될 것이다.

김경원 교수
Prof. Kyungwon Kim
Business Analytics & Social AI Lab
School of Global Trade and Service (SGTS)
Incheon National University

CONTENTS

제 1 장

AI 의사결정:
변하지 않는 결정의 원리

1.1. 인간과 컴퓨터의 소통 방식

1.2. 기업과 사회의 소통 방식

1.3. 인간/기업/사회를 모방한 효과적인 AI 의사결정 구조

제 **1** 장

AI 의사결정: 변하지 않는 결정의 원리

AI 시대, 인간 직관과 AI 계산이 만나는 순간

21세기는 데이터와 알고리즘이 의사결정의 새로운 축으로 자리 잡는 시대다. 우리는 과거보다 훨씬 더 자주, 더 깊게, 그리고 더 자연스럽게 기계와 대화하고 있다. 이는 단순한 기술 도입의 결과가 아니라, 사회·경제 전반의 작동 방식이 바뀌고 있다는 증거다. 과거에는 사람 간의 상호작용이 모든 의사결정의 기본이었지만, 오늘날의 많은 의사결정은 인간과 인공지능(AI) 간의 상호작용으로 이루어진다. 고객센터에서 채팅을 열면 상담원 대신 챗봇이 응답하고, 투자 결정을 내릴 때는 포트폴리오 매니저 대신 로보 어드바이저가 제안을 준다. 이제 AI는 단순한 보조 도구를 넘어, 결정의 주도권을 가진 파트너로 부상하고 있다.

현실 속 AI 의사결정 사례

우리는 사람들끼리의 상호작용보다 컴퓨터와의 상호작용에 더욱 익숙해지고 있다. 단순히 기술 발전을 넘어 사회적, 경제적 변화로 이어지고 있다. 다음 표는 AI가 인간의 의사결정 과정에 깊숙이 들어와 주도하는 다양한 영역을 정리한 것이다.

첫째로, AI는 고객의 질문을 실시간으로 분석하여 최적의 답변을 제공하고, 필요 시에는 해당 문제를 인간 상담원에게 전송한다. 사람들은 이제 고객 서비스에서 사람보다 AI와의 상호작용에 익숙해지고 있다.

둘째, 과거의 투자 데이터를 바탕으로 예측을 수행하고, 자동으로 최적화된 포트폴리오를 제시한다. 사람들은 더 이상 인간 투자 전문가와의 상담을 선호하지 않고, AI 시스템이 제공하는 투자 조언을 따르고 있다.

셋째, 차량의 주행 경로, 속도, 사고 위험 등을 실시간으로 계산하여 운전자가 개입하지 않아도 된다. 운전자는 AI 시스템이 내린 의사결정을 따르며, 이는 사람과 컴퓨터 간의 상호작용에서 컴퓨터가 의사결정을 주도하는 대표적인 예이다.

넷째, 대규모 의료 데이터베이스에서 패턴을 분석하여 환자의 증상과 일치하는 질병을 예측하고, 최적의 치료 방법을 제시한다. 의료 현장에서 AI의 판단을 신뢰하고 따르는 사람들이 증가하고 있으며, 이는 의사와 환자 간의 상호작용을 넘어 AI와의 상호작용으로 바뀌고 있음을 보여준다.

다섯째, 사용자는 AI의 추천을 받아들이고, 이를 기반으로 소비 패턴이 변화한다. 예를 들어, 넷플릭스는 사용자가 선호할 만한 콘텐츠를 추천하고, 아마존은 사용자에게 적합한 상품을 제시한다. 사람들은 이제 제품이나 콘텐츠를 찾을 때 사람의 개입 없이 AI의 추천에 의존하는 경향이 강해졌다.

여섯째, 예술 창작의 과정에서 AI는 사람의 개입 없이 독립적으로 창작을 진행하며, 사람들은 그 결과물을 받아들인다. AI는 예술적 의사결정의 주체가 되어가고 있으며, 이는 사람과 컴퓨터 간의 관계를 새로운 차원으로 확장하고 있다. 마지막으로, 제조업체는 AI의 결정을 신뢰하고, 그에 따른 작업을 진행한다. AI는 생산 라인에서 발생할 수 있는 문제를 사전에 예측하고 대응함으로써, 인간이 개입하지 않아도 공정이 원활하게 진행될 수 있다.

<표1.1> AI 의사결정 시대에 컴퓨터와 상호작용하는 현실 사례

사례	예시
AI기반 자동화된 고객 서비스	최근 많은 기업들이 고객 서비스에 AI챗봇을 도입하고 있다. 예를 들어, 카카오톡 챗봇, 아마존의 Alexa, 구글 어시스턴트와 같은 음성 인식 시스템은 소비자와의 상호작용을 자동화하고 있으며, 사람들이 실시간으로 사람과 대화하지 않고도 문제를 해결할 수 있다.
AI기반 금융 서비스	로보 어드바이저는 인간 금융 전문가 대신 AI가 사용자의 금융 데이터를 분석하여 투자 전략을 제안하는 서비스다. 대표적인 서비스로는 웰스프론트, 로빈후드, Vanguard의 로보 어드바이저 등이 있다.
AI기반 자율주행 자동차	테슬라와 구글의 Waymo는 자율주행차 개발을 선도하고 있다. 이러한 차량은 도로 상황을 실시간으로 분석하고, 운전자가 아닌 AI가 모든 의사결정을 내리며 주행한다.
AI기반 건강 진단	IBM Watson Health나 구글 헬스케어는 AI를 활용해 환자의 의료 데이터를 분석하고, 진단을 내리거나 치료 방안을 제시하는 시스템을 제공한다. 최근에는 AI가 의사의 역할을 일부 대체하는 방향으로 발전하고 있다.
AI기반 추천 시스템	아마존, 넷플릭스, 유튜브와 같은 플랫폼은 사용자의 이전 행동을 기반으로 AI 추천 시스템을 통해 상품이나 콘텐츠를 제시한다. 이러한 시스템은 사용자와의 상호작용을 통해 점점 더 정확하게 개인화된 추천을 제공한다.
AI예술 창작	OpenAI의 DALL·E, MidJourney, Stable Diffusion과 같은 생성적 AI는 예술 작품을 자동으로 생성할 수 있다. 이러한 기술은 사용자가 입력한 텍스트를 바탕으로 이미지, 음악, 글 등을 창작할 수 있다.
AI기반 제조 및 로봇 자동화	산업용 로봇, 3D프린터, 스마트 팩토리 시스템 등은 AI를 통해 자율적으로 제조 공정을 조정하고 최적화한다. 특히, AI는 품질 검사와 공정 최적화를 자동으로 수행하여 인간의 개입 없이 생산성을 극대화한다.

이러한 사례들은 **(1) 분석 속도와 정확성 (2) 의사결정 권한의 이동 (3) 인간과 기계의 관계 재정의**라는 3가지 측면에서의 변화를 의미한다. AI는 방대한 데이터를 즉시 처리할 수 있고, 내포된 다양하고 복잡한 패턴들을 추론해 빠르게 결과를 출력한다. 따라서 분석의 권한이 인간에서 기계로 이동하고 있으며, 인간은 결과 검증과 최종 승인에 집중하게 된다. 그리고 인간과 기계는 상호 보완적인 협력자 관계를 형성하며, 역할 분담이 점차 뚜렷해지는 것이다. 어쩌면 앞으로는 AI가 단순한 도구를 넘어, 사람과의 상호작용을 주도하는 상황으로 더욱 확대될지도 모른다.

하지만 우리가 현실에서 만나고 있는 문제들은 훨씬 다양하며, 모든 문제가 서비스로 제공될 때까지 기다리고만 있을 수는 없다. 예전에는 우리의 의사결정 문제를 체계적이고 이성적으로 해결하기 위해 많은 분석적 노력을 기울였다면, 이제는 이러한 역할을 기계가 대신해주고 있기 때문에 기계가 분석하는 결과를 활용하여 우리 스스로의 문제를 훨씬 효율적이고 빠르게 해결할 수 있는 시대를 맞이하고 있다.

이러한 시대를 이해하기 위해 우선 인간과 기계 또는 컴퓨터가 어떻게 상호작용하고 있는지 한 번쯤 생각해 본다면, 인간끼리의 상호작용과 어떻게 다른지, 그리고 다소 기계나 컴퓨터와 소통하거나 상호작용하는 것에 대한 거부감을 줄이는 데 도움이 될 수도 있을 것이다! 그리고 나서 단순히 인간과 컴퓨터의 상호작용을 넘어, 컴퓨터와 디지털 기반으로 이루어진 기업이나 사회가 사람들과 소통하며 세상을 변화시키는 모습, 그리고 인간을 포함한 기업과 사회의 의사결정 체계를 이해하고 효과적인 의사결정을 위한 전략도 우리가 공감해볼 수 있을 것이다.

재미있는 점은, **인간과 기계의 상호작용 구조가 본질적으로 동일**하다는 것이다. 인간끼리의 대화든, 인간과 기계의 상호작용이든, 심지어 사회와 기업의 운영 방식이든, 모두 **입력(Input) → 처리(Processing) → 출력(Output) → 검증(Evaluation)** 이라는 순환 구조를 따른다. 이 구조는 기업의 의사결정, 사회 제도의 운영, 심지어 개인의 일상 판단에도 동일하게 적용된다. 즉, AI는 인간의 의사결정 메커니즘을 모방하여 태어난 존재라고 할 수 있다.

1.1 인간과 컴퓨터의 소통 방식

인간 직관과 기계 계산의 결합 원리

요 약

"언어가 달라도 인간이든 컴퓨터든 의사결정의 구조는 같다."
"입력과 출력 사이에는 언제나 '처리'와 '검증'이 있다."
"인간의 직관과 기계의 계산 능력이 만날 때, 의사결정은 더 깊고 정확해진다."

AI 의사결정 시대일지라도 우리 인간들끼리의 상호작용을 먼저 이해해 보자. 우리는 한국어, 영어, 중국어, 프랑스어 등 저마다의 언어를 사용하여 커뮤니케이션을 한다. 그리고 그 커뮤니케이션 과정에는 각자가 **입력(Input) → 처리(Processing/Function) → 출력(Output) → 검증(Evaluation)** 이라는 매우 단순한 수단을 반복적으로 사용하며 상호작용한다. 예를 들어, 내가 친구에게 "밥 먹자"라는 데이터를 전달하면, 친구는 **입력(Input)** 받은 "밥 먹자"를 바탕으로 어떻게 할지 고민하는 **처리(Processing/Function)**를 완료한 후 "좋아"라는 답변을 **출력(Output)** 하여 전달한다. 그 출력값이 예상한 것과 같은지 **검증(Evaluation)** 하면서 기쁠 수도 있고, 난 그냥 해본 얘기인데? 하며 난감해질 수도 있는 것이다. 그리고 그 검증 결과 다음 입력을 전달할 것이고, 친구도 이를 받아 검증하며 수많은 의사결정 과정의 누적으로 서로의 관계가 웃기도 하고 울기도 하게 되는 것이다.

<그림1.1> AI 의사결정 시대에 인간이 컴퓨터와 상호작용하는 언어와 방식

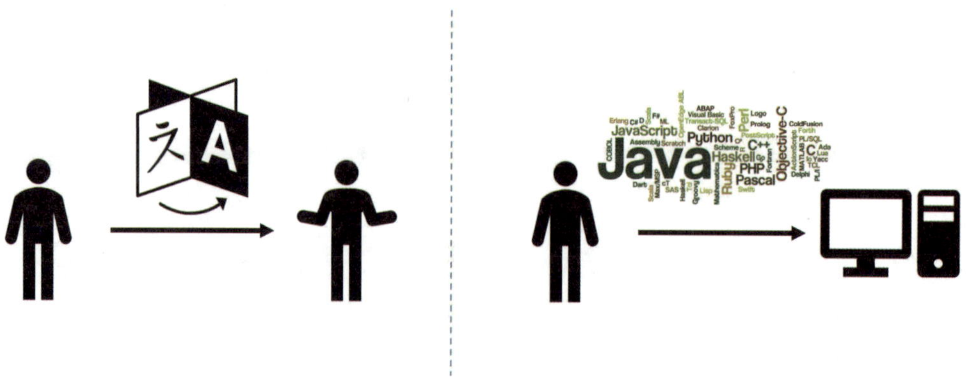

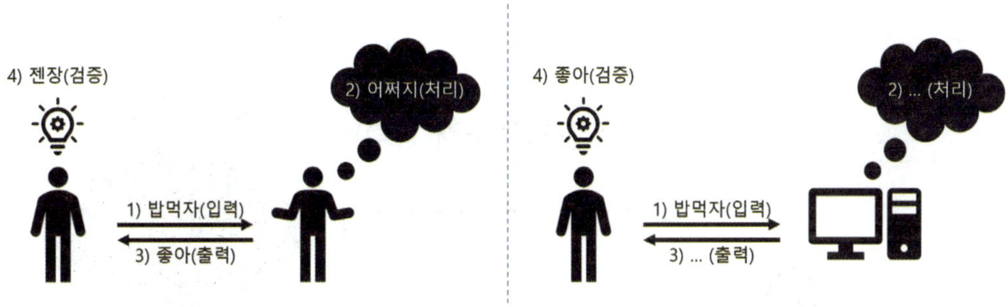

인간과 컴퓨터의 상호작용 역시 인간들의 방식과 전혀 다른 점이 없다! 왜냐하면 컴퓨터라는 것은 본질적으로 인간을 대신하기 위해 개발된 제품이기 때문에, 단지 사용하는 언어(Language)가 달라서 발생하는 속도와 수단의 차이만 있을 뿐 완벽하게 동일하다. 따라서 마찬가지로 **입력(Input) → 처리(Processing/Function) → 출력(Output) → 검증(Evaluation)** 의 순서로 이루어진다. 우리가 컴퓨터에게 "밥 먹자"라고 한다고 해서 컴퓨터는 바로 이해하지 못한다. "무슨 소리지?"라고 출력할 것이다. 그런데 오히려 우리는 그 출력을 보고 검증한 결과 좋아할 수도 있다. "나는 사실 이렇게 말이 없는 사람이 좋다!"라고 할 수도 있는 것이다. 어쨌든 컴퓨터도 결국 동일한 순서의 프로세스를 거치도록 구조화되어 있다. 단, 컴퓨터에게 우리 인간의 언어를 소개할 수는 없다. 왜냐하면 알아듣지 못하기 때문이다. 따라서 우리의 한국어, 영어, 프랑스어와 같이 다른 사람들과 대화하기 위해 쓰는 사람 언어(Human Language)처럼 컴퓨터와 대화하기 위한 말이나 논리를 "프로그래밍 언어(Programming Language)"라고 새롭게 만든 것뿐이다. 프로그래밍 언어는 우리가 "밥 먹자"라고 전달한 입력을 컴퓨터가 이해할 수 있는 표현으로 바꿔주고, 처리 과정을 거친 후 우리에게 원하는 출력을 전달하는 것이다.

인간은 의사결정에 필요한 원시 데이터를 컴퓨터에게 제공한다. 이 데이터는 외부에서 수집된 정보일 수 있으며, 사람의 질문, 명령 또는 상황에 대한 관찰이 될 수도 있다. 인간은 이 데이터를 "문제" 또는 "질문" 형식으로 컴퓨터에게 전달하는 것이다. 〈그림1.2〉에서 인간이 컴퓨터에게 전달하는 "밥 먹자"가 첫 번째 입력이 될 것이고, 보라색 과정을 통해 검증한 후 "언제 먹을래"가 두 번째로 전달되는 입력이 되는 것이다. 마찬가지로, 컴퓨터도 적절한 입출력을 인간에게 전달하면서 서로 상호작용한다.

<그림1.2> 인간이 컴퓨터와 반복적인 상호작용으로 친해지는 과정

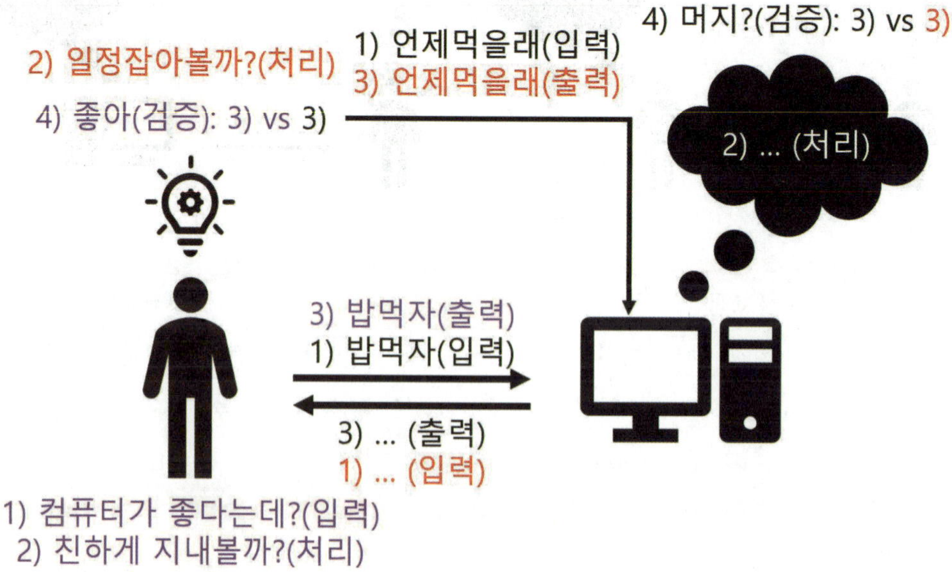

이렇듯 인간은 컴퓨터에게 데이터를 제공하고, 결과를 해석하며, 최종 의사결정을 내린다. 그리고 컴퓨터는 입력받은 데이터를 분석하고, 예측을 제공(출력)하며, 그 결과의 정확도를 인간이 검증함으로써 다음 입력에 대해서 고민하게 된다. 이러한 인간과 컴퓨터의 역할은 보완적이며, 인간의 직관과 감성, 그리고 컴퓨터의 데이터 처리 능력이 결합된 상호작용을 기반으로 보다 효율적이고 정확한 의사결정을 가능하게 할 것이다.

1.2 기업과 사회의 소통 방식

기업과 사회의 순환형 상호작용 원리

요 약

"기업의 경쟁력은 '입력–처리–출력–검증'의 완성도에서 결정된다."
"빅데이터와 인공지능은 따로가 아니라 함께일 때 비즈니스 혁신을 만든다."
"기업·사회·고객은 같은 의사결정 구조를 공유하는 상호작용 시스템이다."

기업이 비즈니스를 하는 프로세스를 생각해보자. 대부분의 기업은 (입력) 시장 조건이나 경제 지표 등과 같은 외부 환경과 내부 데이터를 수집하여 비즈니스 전략을 수립하기 위한 기초 데이터를 마련한다. 그리고 (처리) 수집된 데이터를 바탕으로 예측 모델을 개발하고 시뮬레이션을 통해 최적화된 전략 후보들을 수립하게 된다. (출력) 각각의 전략 후보를 실행에 옮겨 마케팅 캠페인, 제품 가격, 프로모션 등을 포함한 다양한 활동을 통해 결과를 도출한다. 마지막으로 (검증) 실행된 전략의 성과를 평가하고, 결과를 바탕으로 개선하거나 조정하여 지속 가능한 비즈니스 성과를 창출한다. 이러한 입력(Input) → 처리(Processing/Function) → 출력(Output) → 검증(Evaluation)의 과정은 기업이 시장에서 경쟁 우위를 점할 수 있도록 돕고, 고객 및 사회와의 지속적인 소통을 통해 사회적 책임을 다하는 기업이 되고자 애쓰는 방식이다.

<그림1.3> 기업이 입력, 처리, 출력, 검증 과정을 통해 비즈니스를 개선하는 방식

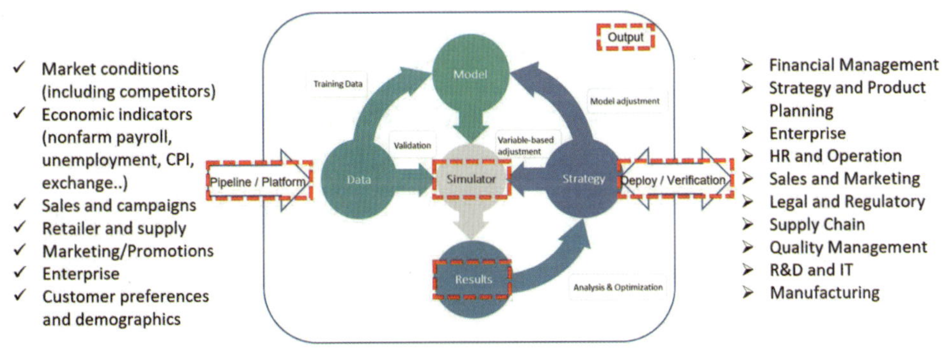

[입력] 예를 들어, 기업은 경쟁사 분석 정보나 업계 동향, 고객의 행동 패턴, 실업률, 물가 상승률, 환율, 고객의 소비 성향, 연령, 지역별 선호도, 과거의 마케팅 결과나 판매 데이터 등 내부 및 외부에서 다양한 데이터를 수집한다. 시장의 변화, 고객의 선호도 등 여러 출처에서 데이터를 얻을 수 있다. 이 데이터들을 통해 기업은 시장 환경을 이해하고 미래를 예측할 수 있는 기초자료를 마련하는 것이다.

[처리] 이후 기업은 다양한 예측 모델을 구축하고 이를 바탕으로 시뮬레이션에 착수한다. 이 과정에서 통계적 방법론, 머신러닝과 딥러닝, AI 등의 알고리즘이 활용될 수도 있다. 궁극적으로는 다양한 변수에 따라 결과가 어떻게 달라질 수 있는지 실험하고 최적의 전략을 도출하기 위해 모델을 조정한다. 그러한 과정 속에서 (1) 특정 가격 변동이나 전략이 판매에 미치는 영향을 예측할 수도 있고, (2) 향후 제품 수요를 예측하여 수요가 줄어드는 경우에 대응하는 전략을 세우기 위해 시뮬레이션을 할 수도 있다. 또는 (3) 내부적인 생산 일정, 재고 관리, 물류 계획 등을 최적화하기 위해 시뮬레이션을 하여 효율성과 생산성을 높일 수 있는 전략을 마련하기도 한다.

[출력] 기업은 최적화된 전략 후보를 수립하고 이를 실행에 옮긴다. 예측된 수요 변화에 맞추어 가격을 조정하거나 소비자 반응에 따른 마케팅 캠페인을 실행한다. 그리고 타겟 고객층을 파악하고 그들에게 맞는 맞춤형 광고를 제공하기도 한다. 또는 과거 판매 데이터를 기반으로 미래에 효과성이 높을 수 있는 프로모션을 예측하고 실행하여 판매 증대 효과를 얻을 수 있다.

[검증] 따라서 실제 데이터 기반 분석을 통한 출력 결과가 비즈니스 성능에 긍정적으로 기여하는지, 혹은 부정적으로 기여하는지 평가하거나 검증해야 한다. 기업 또는 내부 부서별 피드백을 통해 시간이 지나면서 성능을 확인할 수 있다. 만약 성능이 좋으면 구축한 데이터 기반 분석 시스템을 지속적으로 활용하여 의사결정을 하며 비즈니스를 유지하면 될 것이다. 그런데 성능이 좋지 않으면 어떻게 해야 할까? 우리 인간이 어떻게 하는지 생각해보면 매우 간단하다. 우리가 시험을 본 뒤 성적과 틀린 답안을 확인한 후 다시 공부하듯이, 공부는 두 가지 방향이 될 것이다. 보다 많은 문제(입력 데이터)를 풀어보거나, 새로운 공부 방식(처리 모델링)을 찾거나, 새로운 가르침을 전수해줄 스승(처리 모델링)을 찾아보려 할 것이다. 마찬가지로 비즈니스

도 한 번에 성능이 바로 좋아지지는 않는다. 그럴 경우에는 인간과 마찬가지로 데이터를 증가시키거나(빅데이터) 성능이 좋다고 알려진 알고리즘(인공지능)으로 모델링을 다시 해보는 것이 유일한 방법이다. 그래서 빅데이터와 인공지능 기반 산업혁명이 촉진된 것이다. 둘 중 하나만으로는 분석의 효과를 극명하게 느낄 수 없으며, 둘 모두 있을 경우에만 시너지가 난다. 그러므로 검증 후 비즈니스 성능이 좋지 않을 때는 인간처럼 입력, 처리 및 출력 과정을 업데이트하여 반복적인 성능 개선을 이루게 된다. 이러한 반복적인 데이터 기반 노력의 시너지를 통해 다변화된 데이터 기반 비즈니스 전략에 활용될 수 있는 것이다.

<그림1.4> 기업의 비즈니스 프로세스 (경영정보시스템, 시그마프레스, 2020)

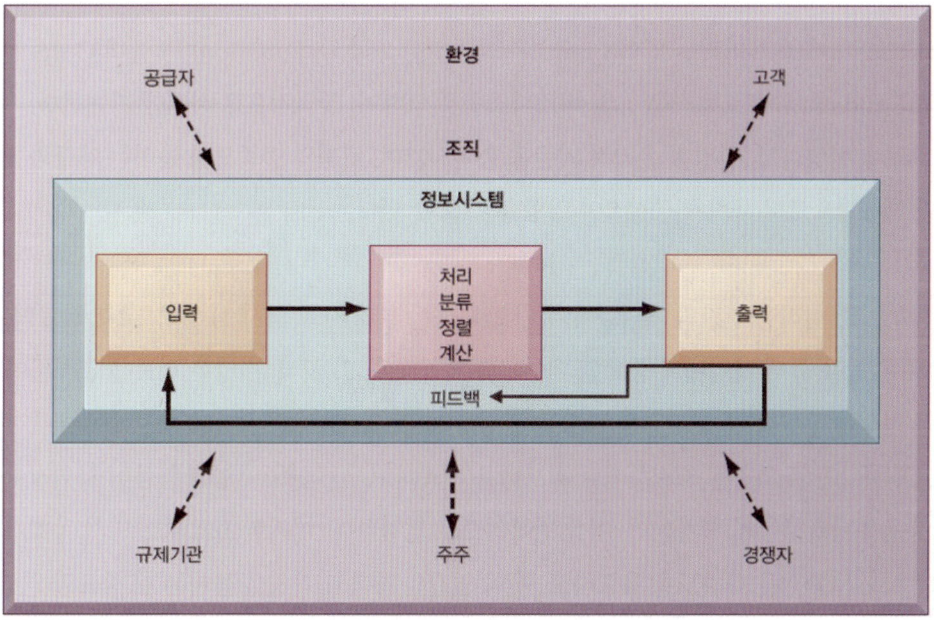

세부적인 데이터 기반 비즈니스 프로세스를 살펴보면, 기업은 원자재, 부품 등 공급자의 제품과 서비스를 전달받으며 이 데이터를 바탕으로 생산 계획과 자원 관리를 수립한다. 또한 내부 직원이 제공하는 데이터와 정보를 통해 경영 및 운영을 위한 기초 데이터를 축적하고, 고객의 피드백, 요구 사항, 선호도 등을 통해 제품과 서비스를 개선할 수 있는 기초 데이터를 마련한다. 규제 기관의 법률, 경쟁자의 시장 동향, 주주의 요구 등도 중요한 입력 데이터로 사용된다. 이러한 **입력(Input)**을 통해 기업은 고객의 요구와 사회적 변화에 민감하게 반응하여 고객의 요구를 충족하는 제품을 개발하고, 경제적 기여를 할 수 있는 기초 데이터를 축적하게 된다.

축적된 데이터를 처리(Preprocessing/Function)한 후 예측을 세워 경제적 효율성을 높이고 사회적 요구에 맞는 혁신적 제품이나 서비스를 개발하는 데 집중한다. 고객의 요구와 환경적 고려를 반영하여 사회적 책임을 다하는 제품과 서비스를 통해 지속 가능한 사회적 가치를 창출하려는 것이다. 이렇게 처리된 데이터를 기반으로 제품을 개발하고, 마케팅을 통해 소비자에게 정보를 제공하며, 사회적 및 경제적 가치를 증대시키는 결과물을 출력(Output)하게 된다. 마지막으로 출력된 결과가 피드백을 통해 실제 목표한 바를 달성했는지 검증(Evaluation)하고, 사회적 책임을 다하는 방식으로 개선된 결과물을 제공함으로써 기업은 사회에 긍정적인 영향을 미친다.

결론적으로, 기업은 이러한 **입력(Input) → 처리(Processing/Function) → 출력(Output) → 검증(Evaluation)** 프로세스를 통해 비즈니스를 운영하며, 궁극적으로 사회에 기여한다. 사회적 요구를 반영하고, 환경적·윤리적 기준을 충족시키며, 고객의 만족도를 높이는 제품과 서비스를 제공함으로써 사회에 긍정적인 영향을 미칠 수 있다.

마지막으로, 이러한 인간과 기업을 구성원으로 하는 우리 사회 역시 **1) 입력**: 고객 피드백, 정책, 여론 등을 통해 기업에게 중요한 데이터를 제공하고, **2) 처리**: 다양한 정보를 분석하여 여론을 형성한 후 기업에게 전달할 방향을 결정하며, **3) 출력**: 사회는 기업의 활동에 대해 반응하고 공개적으로 의견을 제시하거나 피드백을 제공하고, **4) 검증**: 기업의 활동이 사회적 기대와 요구를 충족했는지 평가하며, 이를 반복적으로 점검한다. 이러한 프로세스 역시 사회가 기업이 사회적 책임을 다하도록 유도하고, 우리 인간의 행복과 가치를 높이는 데 중요한 역할을 수행한다.

1.3 인간/기업/사회를 모방한 효과적인 AI 의사결정 구조

인간처럼 AI도 공부한다

요 약

"인간·기업·사회, 모두 같은 의사결정 언어로 움직인다."
"AI 학습과 인간 학습의 본질은 '데이터를 넣고, 결과를 검증하며, 더 나아지는 것'이다."
"추론과 예측은 과거로 배운 것을 미래에 적용하는 인간과 AI의 공통 과제다."

결국 우리 인간들이 소통하는 방식이나, 이를 모방하여 만들어낸 컴퓨터와 소통하는 방식이나 모두 동일하다. 그리고 우리가 만들어낸 기업이 작동하는 방식이나 모임, 활동, 학교 등의 조직 또는 사회가 우리와 소통하며 나아가는 방식도 모두 동일하다. 서로 다른 이름을 가지고 있고 서로 다른 규모를 가지고 있지만, 모두 우리 사회의 안전망을 위해 우리가 만들어낸 자산이며 우리 세상을 이해하는 저자가 추천하는 가장 쉬운 방법이다. 우리는 어떠한 대상이든 입력(Input) → 처리(Processing/Function) → 출력(Output) → 검증(Evaluation) 을 서로 반복적으로 주고받으며 성장하는 것이다. 이러한 인간, 기업, 사회의 데이터 분석 프로세스 과정을 체계적으로 정리하면 **데이터의 학습 과정과 예측 과정을 반복하는 것**으로 볼 수 있다.

[학습] 내가 지금 AI 의사결정에 대해 학습하고 있는데, 인간이 아닌 데이터와 기계를 이야기하는 중에 학습이라는 단어가 왜 등장하며 의미가 뭘까? 우리가 학습이라는 것은 스스로 공부하며 지식이나 기술을 습득하는 것을 의미한다. 인간을 모방하여 컴퓨터를 만들었듯, 인간의 지능을 모방해서 인공지능을 만들었다. 따라서 인간이 학습하듯 기계에게 공부를 시키는 것, 즉 기계에게 데이터를 입력시켜 인간과 유사한 지능을 만드는 것을 **"학습"** 시킨다고 표현한다. 기계와 학습이라는 관계에 대한 용어가 어색할 수 있지만, 우리 인간도 데이터를 입력받아 두뇌의 지능을 높이는 것처럼 기계도 마찬가지의 과정을 거친다고 이해하면 된다. 이러한 데이터 학습 과정에서 인공지능 두뇌를 만드는 컴퓨터가 사용하는 도구를 알고리즘 또는 모델이라고 한다.

[추론/예측] 인간은 어느 분야의 전문적인 지식을 사용해 남들보다 우월한 능력을 보이는 사람을 전문가라고 표현한다. 이러한 전문가들은 학습을 통해 축적한 지식의 융합 지능을 사용해 실제 현실의 문제를 의사결정하고 해결하는 과정에서 본인의 역량을 펼치고 증명한다. 마찬가지로 기계도 수많은 빅데이터를 학습하여 인간과 유사한 (실제로는 뛰어넘는) 인공지능을 사용해 실제 현실 문제를 해결해 볼 수 있다. 대표적인 예로 인간을 상대한 바둑 기사 알파고를 들 수 있다. 알파고는 수많은 바둑 사례 데이터를 학습한 후 인간을 뛰어넘는 인공지능을 가지게 되었고, 이를 활용해 어디에 바둑 알을 두어야 승률이 올라가는지 추론/예측하여 의사결정을 한 후 실제로 최고 수준의 인간 바둑을 이긴 사례다. 이러한 과정을 **"추론 또는 예측 과정"**이라고 한다. 인간도 매일 마주치는 수많은 의사결정 문제를 본인의 지식을 통해 추론/예측하여 의사결정하듯, 기계도 마찬가지의 프로세스를 거치도록 설계되어 있다.

<그림1.5> 인간/기업/사회의 의사결정 프로세스의 요약

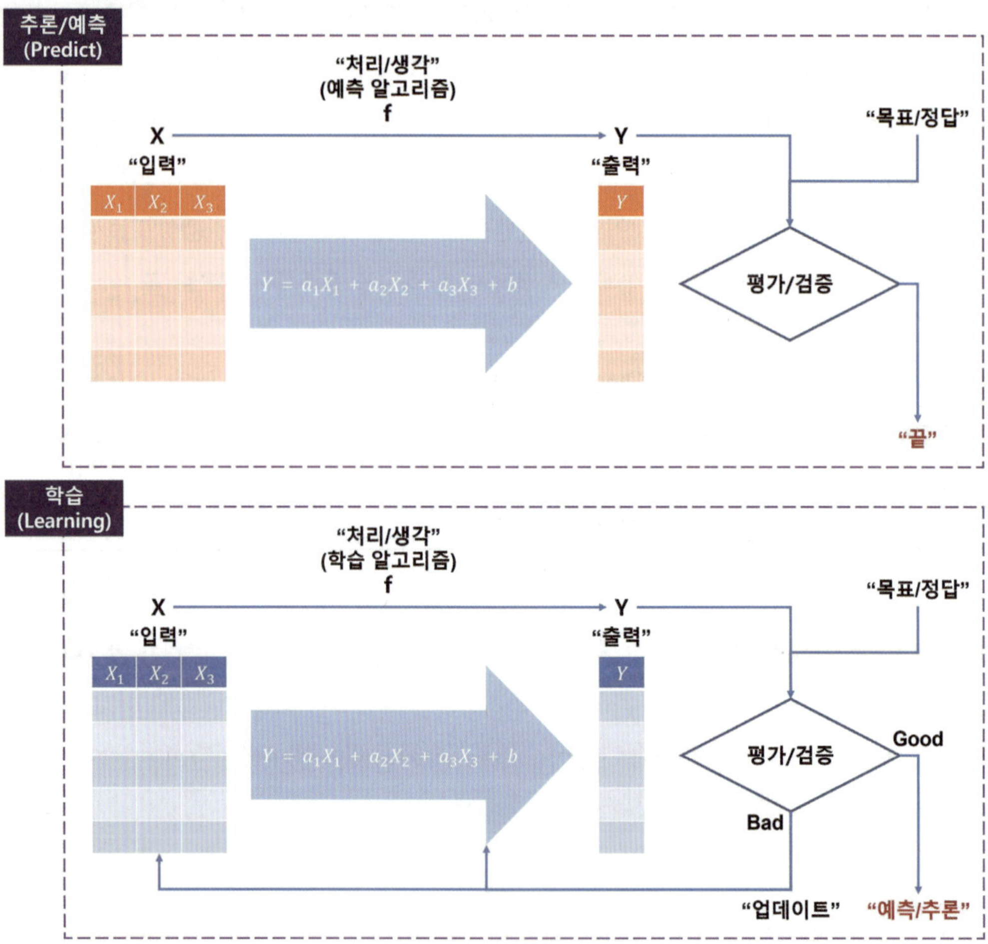

[학습 세부과정] 1) 입력: 우리가 일반적으로 많이 사용하게 되는 행렬 또는 엑셀과 같은 가로와 세로로 이루어진 2차원의 형태에 숫자가 들어있는 데이터를 컴퓨터에게 입력하면, **2) 처리:** 컴퓨터는 알고리즘 또는 모델을 사용하여 학습하고, **3) 출력:** 의사결정을 위한 또는 문제 해결을 위해 필요한 결과를 출력한다. 그리고 **4) 검증:** 출력한 결과를 실제 목표 또는 정답과 비교한다.

검증 과정에서 성능이 좋다면 실제 비즈니스나 사회의 의사결정에 활용하기 위한 추론/예측 과정으로 넘어가면 된다. 하지만 성능이 좋지 않다면, 성능을 향상시키기 위해 다시 재학습을 해야 할 것이다. 재학습을 위해서 우리가 변경할 수 있는 것은 두 가지다. 첫째는 (빅)데이터, 둘째는 (인공지능) 알고리즘을 업데이트하면서 성능을 개선하는 것이다. 사람이나 기업, 사회 모두 그 속에 내포된 프로세스를 데이터 분석 프로세스로 활용하고 있는 것이다. 예를 들어, 우리가 가고 싶은 기업에 관한 정보를 학습하고 내가 준비한 이력들이 합격을 높일 것 같아서 이력서를 제출했다. 한 번에 합격하면 좋겠지만, 그렇지 않다면 다시 도전할 것이다. 그때 우리가 이를 위해 활용하는 수단은 **(빅데이터)** 정보를 더욱 많이 모으는 것이고, **(인공지능)** 나의 지능과 역량을 향상시키는 것과 마찬가지이다.

[추론/예측 세부과정] 한 번만에 학습 성능이 좋았든 아니면 재학습을 통해 성능을 더욱 개선했든 결국 일정 성능을 넘어 실제 비즈니스나 사회의 의사결정에 활용하는 추론/예측 과정으로 넘어갈 수 있다고 했다. 추론/예측 과정은 학습 과정과 매우 유사하다. **1) 입력:** 입력 데이터를 받아서 **2) 처리:** 학습 과정에서 가장 성능이 좋았던 인공지능 알고리즘에게 어떤 출력값이 나오게 될지 물어보고, **3) 출력:** 그 출력값을 사용하여 우리 인간, 기업, 사회의 의사결정 문제에 활용하는 것이다. **4) 검증:** 그리고 실제 미래 시점이 도래하면 마찬가지로 효과를 확인할 수 있다.

따라서 학습이나 추론/예측 과정에서 사용되는 알고리즘 또는 모델링을 통해 생성된 인공지능은 그대로 사용하는데, 유일하게 달라지는 것은 바로 데이터뿐이다. 왜냐하면 학습 과정에서는 현재를 포함한 과거의 입력 데이터를 학습하지만, 추론/예측 과정에 사용되는 입력은 미래의 실제 비즈니스이기 때문에 미래의 데이터는 미리 알 수 없다. 해당 시점이 도래해야 데이터가 생성된다. 그리고 미래 데이터는 현재를 포함한 과거 데이터와 유사할 수는 있지만 분명히 다를 것이다. 따라서 학습 과정과 달리 추론/예측 과정에서는 입력 데이터만 다르기 때문에 다른 색상으로 〈그림1.5〉에 표현되어 있는 것이다. 그리고 입력 데이터가 달라졌기 때문에 동일한 인공지능을 사용하더라도 다른 결과가 출력될 수 있어, 출력도 학습 과정에서의 출력과 달라질 수 있어서 다른 색상으로 표시된 것이다. 즉, 추론/예측 과정에서는 입력 및 출력 데이터만 달라진다고 보면 된다.

만약 이러한 인간의 의사결정 구조에 대해서 세세하게 들여다보지 않고 자유롭게 살아왔다면, 이런 프로세스가 아직도 다소 어색하게 느껴질 수도 있다. 우리가 공부 또는 학습할 때 미래를 공부해본 적이 있을까? 구글이나 네이버에 검색하면 미래값이 나올까? 우리가 보는 책들은 다 미래에 펼쳐질 모습에 대한 정보들인가? 그렇지 않다. 모두가 지나간 과거에 대한 학습일 뿐이다. **1) 학습:** 과거에 대한 지식을 열심히 학습한 다음에 **2) 추론/예측:** 아마도 미래에 사회에 나가서도 과거에 익힌 정보, 지식, 기술이 유용할 것이라는 가정 하에 이를 활용해 미래 상황에 맞게 적용하는 것이다. 그런데 실제 미래는 아무도 알 수 없다. 그런 것처럼 추론/예측 과정에서의 입력 데이터는 학습 과정의 입력과 달라질 것이고, 마찬가지로 인공지능 알고리즘이 동일하더라도 출력은 달라질 수 있는데, 우리의 인생 모습을 빗대어 비교해 보면 좀 더 자연스럽게 받아들여질 것이다.

<그림1.6> 학습 또는 추론/예측 과정에서 반복되는 인간과 기계의 의사결정 프로세스의 수학적 함수표현 이해

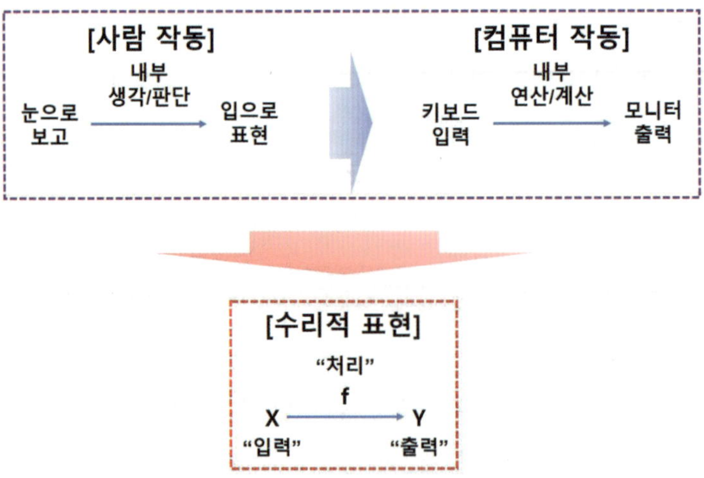

그리고 간략하게 표기된 기호에 대해서 설명하자면, 우리가 수학적인 내용을 자세하게 들여다볼 필요는 없지만, 가장 기초가 되는 그리고 분야를 넘어 대부분의 독자들이 한 번쯤은 들어봤을 만한 단어 중의 하나로 **"함수(Function)"**라는 것이 있다. 어떤 독자들은 이름만 들어본 경우도 있을 것이고, 아니면 표기상 **"Y = f(X)"**와 같은 표기가 더 익숙한 사람도 있을 것이다. 어쨌든 함수라고 하는 것은 무언가 입력을 받아서 필요한 출력을 전달해주는 내부 구조라고 생각하면 된다. 예를 들어, 우리가 라면(출력)을 만들기 위해 물, 면, 스프를 입력할 것이다. 라면의 조리 과정을 아는 사람도 모르는 사람도 있겠지만, 어쨌든 세부적인 조리 과정을 모르더라도 조리 과정 자체를 함수라고 부를 수 있는 것이다. 데이터 분석 단계의 처리를 영어로 Processing 또는 Function이라고 표현한 이유도 결국 수학적인 표현으로 처리하는 것은 함수를 거쳐가는 것으로 볼 수 있기 때문이다. 그리고 표기상 입력은 X, 출력은 Y, 그리고 처리 또는 함수는 f로 표기한 것이다. 그리고 검증도 결국 정답 Y와 출력 Y를 비교하는 것이다.

<그림1.7> 수학적 함수표현 이해를 위한 예시 (Do it! 첫 코딩 with 파이썬)

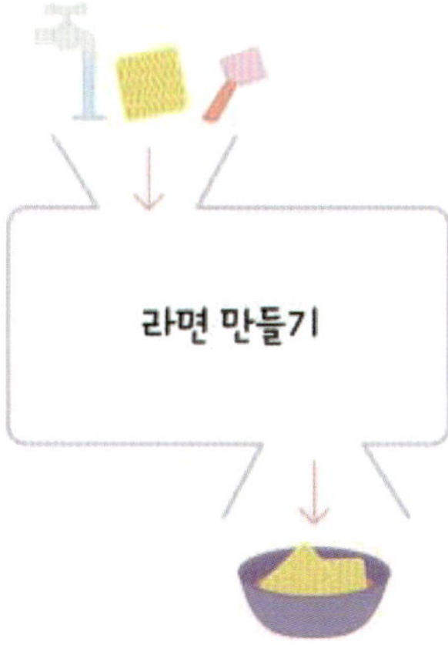

우리가 수학적인 표현을 자세히 알 필요는 없지만, AI 의사결정 과정이 1회성의 학습과 예측에서 끝나는 것이 아니기 때문에 반복적인 입력, 처리, 출력, 검증이라는 용어들을 반복적으로 사용하거나 설명해야 하는 번거로움이 분명 존재한다. 그럴 경우 수학적 표현들을 사용한다면 훨씬 효율적일 수 있다. 예를 들어, **"Y=f(X)와 Y를 비교했더니 오류가 5%였고, 성능 개선을 위해 다른 X와 f를 사용했더니 오류가 3%로 줄어들었어"**와 같이 쓸 수 있다. 따라서 이후의 내용에서도 지면상 이러한 표기법이 혼용될 수 있으니 참고하면 좋다.

요약하면, 우리 인간의 삶도 마찬가지지만, 기업이나 사회가 효과적으로 작동하는 의사결정 프로세스는 **입력(Input) → 처리(Processing/Function) → 출력(Output) → 검증(Evaluation)**을 통해 **학습을 하는 과정과 추론/예측을 하는 과정**이 있는 것이다. 예를 들어, 학교에서 학점을 이수하고 지식을 습득하는 과정은 학습이지만, 사회에 나가서 하루하루 생존하는 것은 추론/예측인 것이다. 과거와 현재의 정보로 학습한 지식들이 미래에 효과가 있을 수도, 또는 없을 수도 있다. 이러한 인간, 기업, 사회의 프로세스를 본따서 데이터 분석의 프로세스로 만든 것이다!

제 2 장

결정의 진화:
기계에게 넘겨줄 것과 남겨둘 것

2.1. 인간을 대신하는 학습과 예측의 원리

2.2. 빅데이터 시대의 학습/예측 알고리즘의 역할 변화

2.3. 알고리즘의 진화: 인간적 데이터 해석에서 기계적 패턴 학습의 여정

제 2 장

결정의 진화: 기계에게 넘겨줄 것과 남겨둘 것

변하지 않는 의사결정의 본질

학습과 예측 과정을 통해 이루어진 데이터 분석 기반 의사결정은 우리 인간 개개인의 의사결정뿐 아니라 기업들의 비즈니스와 우리 사회 전반의 문제를 결정하는 데 사용되는 일반적인 프로세스임을 확인했다. 그런데 이러한 데이터 분석 기반 의사결정이 갑자기 왜 화두가 된 것일까? 의사결정이 필요한 개개인부터 집단과 사회의 의사결정 방식이 바뀐 것일까? 그렇지 않다. 우리가 햇살과 함께 아침을 맞이하고 식사를 하고 하루 일과를 진행하며 어둠과 함께 하루를 마감하는 환경은 과거와 지금이나 다를 바 없다. 과거보다 지금 밥을 더 먹는 것도 아니고, 매일 무엇을 먹을지 고민하는 매우 사소한 의사결정조차 현대에만 존재했던 것이 아니라 인류의 탄생 때부터 존재했던 문제였을 것이다.

마찬가지로 집단이나 사회의 의사결정도 과거와 지금이나 생산성과 효율성을 높여 많은 사람들에게 혜택이 돌아갈 수 있도록 애쓰는 모습은 다르지 않다. 즉, 과거와 현재에 우리가 마주하는 의사결정의 문제들은 항상 동일하고 똑같다. 그리고 과거에도 데이터는 있었을 것이다. 오늘날의 데이터처럼 숫자나 문자로 표현되어 엑셀 시트나 데이터베이스에 저장된 것은 아니었지만, 당시 상황과 환경에 맞게 활용할 수 있는 데이터를 사용하여 의사결정을 효율적으로 하려고 했을 것이다. 예를 들어, 환경 관찰, 사람들의 반응, 시장 가격, 계절적 변화 같은 정보가 당시의 데이터였을 것이다. 문제는 이러한 데이터의 규모가 소규모이고, 비정형이며, 비연속적이어서 그 활용 범위가 제한적이었다는 점이다. 그리고 입력(Input) → 처리(Processing/

Function) → 출력(Output) → 검증(Evaluation)을 통해 학습하는 과정과 추론·예측을 하는 프로세스는 과거에도 존재했다. 다만, 과거의 "처리"는 사람의 머릿속에서 일어나는 직관과 경험이었고, 오늘날에는 기계와 알고리즘이 그 역할을 수행한다.

단지, 데이터 분석 기반 의사결정은 개인, 기업, 사회를 막론하고 우리가 마주하는 수많은 문제 해결의 핵심 도구가 되어 왔다. 식사 메뉴를 고르는 사소한 선택부터 국가 정책을 결정하는 중대한 선택까지, "정보를 수집하고 → 해석하고 → 선택하는" 인간의 의사결정 과정은 인류 역사 전반에 걸쳐 동일하게 유지되어 왔다.

변화를 가속한 두 개의 축: 빅데이터와 인공지능

그렇다면 갑자기 이렇게 데이터 분석 기반의 새로운 산업혁명을 맞이하게 된 계기는 무엇일까? 현대에 들어 데이터 분석이 산업혁명급 변화를 맞이한 이유의 핵심은 바로 **(1) 빅데이터의 폭발적 증가와 (2) 인공지능 알고리즘의 고도화**에 있다.

(1) 빅데이터: 제2의 원유

과거와 지금이나 데이터라는 것은 항상 존재했을 것이다. 단지 지금처럼 디지털화된 세상이 아니었기 때문에 양적으로나 질적으로 다양하고 풍부하게 존재하지 않았을 것이고, 오늘날처럼 "데이터를 들여다보면 부모보다 자식을 더 잘 이해할 수 있다"라는 말이 과장이 아닌 시대는 상상도 할 수 없었을 것이다. 다소 무서울 수도 있지, 말이다. 따라서 그만큼 데이터는 존재했겠지만, 마치 인간을 대체할 수 있을 현재의 수준이 아닌 상황을 요약하거나 이해하기 위한 참고적인 숫자들의 나열 정도였을 것이다.

빅데이터는 제2의 원유라고 불릴 만큼, 어떻게 활용되느냐에 따라 그 가치가 무궁무진하며 새로운 사업 혁명의 계기로 매우 당연하게 이해된다. 디지털화된 세상에서 우리는 매 초마다 방대한 양의 데이터를 생성한다. 웹 검색 기록, SNS 게시물, 센서 데이터, 거래 기록 등 과거에는 존재하지 않던 유형과 규모의 데이터가 쏟아진다. 이는 단순한 참고 자료가 아니라, **인간의 행동, 선호, 심리까지 추론할 수 있는 정교한 패턴의 집합**이다.

(2) 인공지능: 학습 주체의 변화

<그림2.9> 과거 인간의 학습 방식을 모방한 현재 기계의 학습 방식과의 비교 (루이, 다빈치랩스)

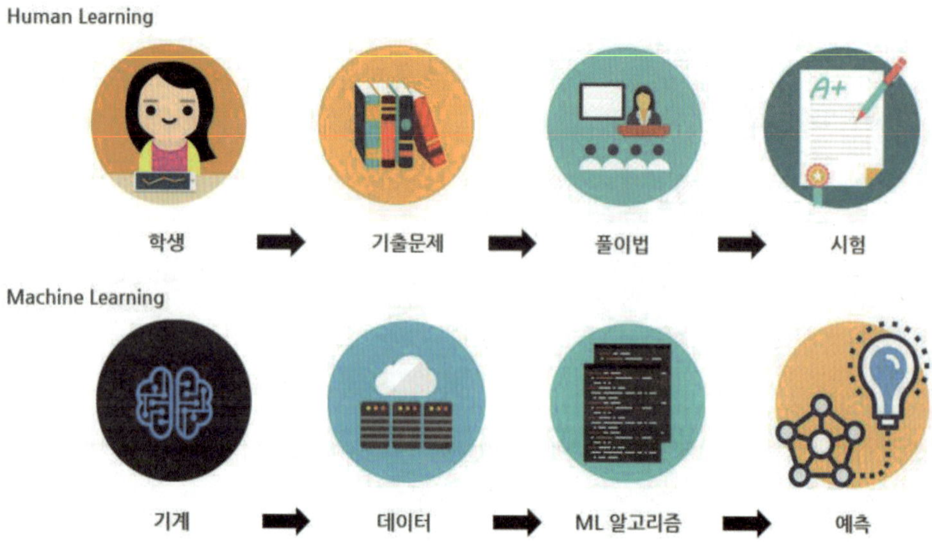

(https://davincilabs.ai/blog/?bmode=view&idx=10608836)

과거에는 인간이 스스로 데이터를 학습하고, 그 결과를 의사결정에 반영했다. 하지만 이제는 **기계가 학습의 주체가 되고, 인간은 기계에게 데이터를 가르치는 존재로 변모**했다. 이 변화의 핵심은 바로 알고리즘의 발전이다. **"통계량 → 데이터 집계 → 상관분석 → 통계추론 → 기계학습 → 딥러닝"**. 이러한 발전 단계는 곧 **인간의 '직관적 처리'**를 **기계가 대체해 나간 과정**이기도 하다.

그런데 인공지능의 탄생과 진화는 사실 쉽게 받아들이기 어려울 수 있다. 게다가 데이터 분석 기반 의사결정은 과거부터 지금까지 계속 존재했음에도, 과거와 현재의 데이터 분석 관점은 많이 변경되기도 하였다. 예를 들어, 과거의 데이터 분석은 사실 우리 인간이 상황이나 현상을 직접적으로 정교하게 이해하기 위한 목적으로 진행되었을 뿐, 지금처럼 우선 인간을 뛰어넘는 전문가 기계를 통해 상황이나 현상을 간접적으로 이해하려 한 적은 없었다. 그러한 과정에서 등장하게 된 **"학습(Learning)"**이라는 것이, 사실 데이터 분석 활용 목적에서 보았을 때 인간에게 그리 익숙한 모습은 아닌 것이다. 나(우리) 스스로가 학습하는 주체였고, 데이터는 내가(우리가)

학습하기 위한 대상이었다. 하지만 이제는 기계에게 학습을 시켜주는 주체가 인간이 되었고, 데이터도 역시 인간이 아닌 기계가 학습하기 위한 대상이 된 것이다. 그리고 **이러한 과정에서 발달한 학습을 위한 알고리즘이 바로 인공지능을 탄생시키게 된 계기**가 되었다. 따라서 이번 장에서는 과거부터 현재까지의 데이터 분석 패러다임이었던 **알고리즘의 발전**을 통해 좀 더 자연스럽게 AI 의사결정의 배경을 이해해 보려고 한다.

알고리즘 진화의 필연성과 AI 의사결정의 현재적 의미

<표2.1> 과거부터 현재까지의 AI 의사결정 패러다임 비교

시기	데이터 특성	처리 주체	대표 기술	의사결정 특징
과거	소규모·비정형·불연속	인간(경험·직관)	통계량, 집계	직관 중심, 근거 제한
산업화기	표본조사·정형 데이터	인간 + 기초 통계	통계추론	샘플 기반 일반화
정보화기	대규모 정형 데이터	인간 + 기계	머신러닝	패턴 학습·자동 예측
AI시대	대규모·비정형·실시간 데이터	결정은 우리가, 분석은 기계가	딥러닝	복잡 패턴 자동 학습·고도 예측

빅데이터의 양과 다양성이 폭발적으로 늘어나면서, 인간이 직접 패턴을 분석하는 것은 사실상 불가능해졌다. 데이터의 범위와 복잡도가 증가할수록 **알고리즘이 패턴을 추출·일반화하는 능력이 중요**해졌다. 이는 단순히 기술 발전의 결과가 아니라, 문제 해결 방식의 자연스러운 진화다.

- **과거**: 데이터를 요약하고 해석하는 도구 → **현재**: 데이터를 학습하고 미래를 예측하는 도구
- **과거**: 인간의 의사결정을 보조 → **현재**: 인간의 의사결정을 확장

오늘날 AI 의사결정은 단순히 기계를 쓰는 분석이 아니라, 인간과 기계의 역할 분담을 전제로 한다. 인간은 문제 정의, 목표 설정, 결과 해석, 윤리적 판단에 집중하고, 기계는 데이터 학습, 패턴 발견, 예측 수행을 정교하게 처리한다. 이러한 구조 속에서 우리는 더 빠르고 정밀하며, 동시에 전략적인 결정을 내릴 수 있는 기반을 갖게 되었다.

2.1 인간을 대신하는 학습과 예측의 원리

학습의 목적: 인간을 대신하는 패턴 발견과 일반화

요 약

"AI의 가치는 데이터의 양과 함께, 처리 과정(f)의 진화 속에서 결정된다."
"학습의 본질은 과거 패턴을 기억하는 것이 아니라, 그것을 하나로 묶어 일반화하는 데 있다."
"추론과 예측은 미래를 맞추는 행위가 아니라, 가능한 미래를 준비하는 도구다."

AI 의사결정은 **학습 & 추론/예측 과정**이 있었고, 각 과정은 **입력(X) → 처리(f) → 출력(Y) → 검증(Y)** 이라는 데이터 분석 프로세스를 거치도록 구성되어 있었다. 여기에서 알고리즘은 바로 각 과정마다 존재했던 처리 프로세스에서 활용되어 모델링을 진행한다. 따라서 우리 사회의 진화와 같이 데이터 분석에서 바로 이 **"처리(f)의 진화"** 또는 **"학습의 진화"**에 대해 거시적인 관점에서 간략하게 살펴봄으로써 우리 인간과 기계의 역할 변화를 쉽게 이해해 볼 수 있을 것이다. 나머지 입력(X), 출력(Y), 검증(Y)은 학습 과정에서 사용되는 수단과 평가이기 때문에 데이터의 양이 증가한 것 이외에는 큰 변화가 없다.

앞서 우리가 데이터 분석 과정에서 업데이트할 수 있는 것은 (1) 빅데이터와 (2) 인공지능 알고리즘밖에 없음을 알 수 있었다. 그 중에서 빅데이터는 시대적 흐름에 따라 지속적으로 증가해 왔고, 우리가 문제 해결을 위해 적절한 데이터를 찾아보는 과정 이외에는 더 변경할 수 있는 것이 없다. 하지만 인공지능 알고리즘은 갑자기 어느 순간 등장한 것처럼 보이지만 실제로는 그렇지 않다. 인공지능의 개념은 이미 1950년대에 등장한 매우 오래된 이론이다. 심지어 저자와 저자의 부모조차 태어나기 훨씬 전이다. 인공지능 알고리즘의 진화에는 생각보다 오랜 기간 동안 노력이 있었던 것이다.

이러한 배경과 이유를 이해하기 위해, 만약 우리가 인공지능을 만들어야 하는 입장이 되었다고 치자. 아마도 **"처리(f) 프로세스를 어떻게 진화시켜야 할까?"** 라는 생각에서부터 출발해야 할 것이다. 저자와 함께 만들어 볼 계획이라 겁날 것은 없다. 일단, 학습과 추론/예측 과정의

궁극적인 목표는 무엇인지 그리고 그 원리는 무엇인지 이해해 보자.

<그림2.2> 학습과 추론/예측 과정의 목표와 원리 이해

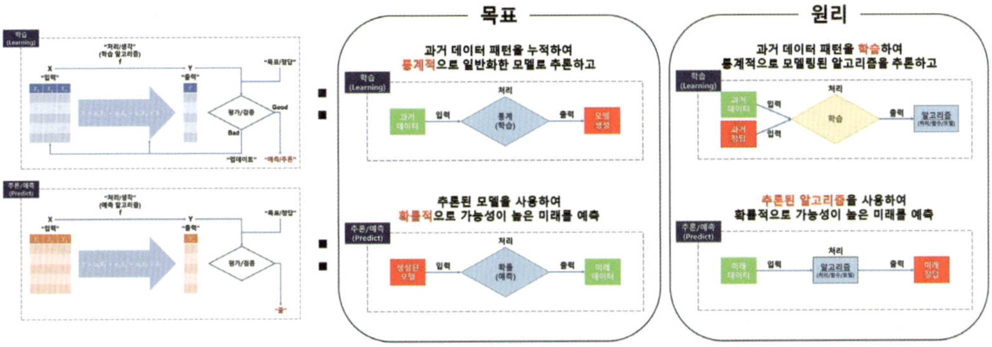

[학습] 데이터 분석 과정에서 가장 먼저 입력(X) → 처리(f) → 출력(Y) → 검증(Y) 프로세스를 거치는 과정이다. 이렇게 데이터를 학습하는 목표는 데이터에 내포되어 있는 다양한 패턴들을 인간이 일일이 인지하거나 확인하기 어려우니, 인간을 대신하여 컴퓨터 또는 기계가 찾아 주었으면 하는 것이다. 따라서 기술적으로 접근할 수 있는 방향이자 목표는 과거 데이터의 패턴들을 인간을 대신하여 누적해 모두 기억한 후, 통계적으로 어떤 특징들이 있는지를 정리하여 우리가 이해하기 쉽게 하나로 일반화하여 표현(추론)해 주었으면 하는 것이다. 그리고 이렇게 표현하는 과정과 결과를 **"모델링 또는 모델(f)을 만들었다"** 라고 표현하고, 사용된 방법론을 가설/방정식/함수/알고리즘 등으로 부른다. 따라서 이러한 목표를 달성하기 위해서 기계에게 인간을 대신하여 과거 데이터의 Y(과거 정답)와 X(과거 데이터)를 아무리 많이 입력하여 알고리즘을 사용해 학습시키고 일반화된 패턴의 모델(f)을 출력하는 것이 학습의 근본적인 원리이자 목표 달성 방법이다. 그래서 학습 과정의 프로세스는 입력, 처리, 출력, 검증이긴 하지만 근본적인 목표는 결국 학습을 통해 인간을 뛰어넘을 수 있는 모델(f)을 추론하는 것이다.

여담이지만, 우리가 통계를 배우는 이유가 단순히 통계량을 계산하기 위해서만은 아니다. 사실 여러 통계량들을 통해 수동으로 패턴들을 인지하려고 한 것도 사실이다. 하지만 좀 더 큰 목적은 정량적으로 수많은 패턴들을 일반화하려는 것이며, 그 목적을 이해하기 위해 다양한 지식들을 배운 것이다. 통계를 따로 배우고 데이터 분석을 따로 배운 후 서로 무슨 관계가 있는지 잘 모르는 경우가 허다하다. 애초에 이러한 목적을 이해하고 접근했다면 좀 더 이해도가 빠르게 높아졌을지도 모른다.

[추론/예측] 학습 과정을 마치면 우리는 인간을 뛰어넘을지도 모를 누적된 패턴들의 일반화된 표현인 모델(f)을 손에 넣을 수 있게 된다. 이것이 바로 인간의 경험이나 지식을 대신하는 것이다. 따라서 추론/예측 과정의 목표는 알고리즘 학습을 통해 추론된 모델(f)을 사용하여 확률적으로 미래에 발생 가능성이 높은 값(Y)을 컴퓨터나 기계가 대신 예측해 주었으면 하는 것이다. 우리는 이렇게 기계가 예측해 준 값을 사용하여 의사결정을 할 수 있는 도구로 쓰게 되며, 이것이 **"AI 의사결정"** 이자 추론/예측 과정의 목표이다. 그리고 시간이 흘러 실제 정답(*Y*)이 나타나면 검증을 통해 비즈니스 효과를 확인할 수 있고, 성능이 좋다면 지속적으로 빅데이터 기반 AI 의사결정에 사용하면 되며, 그렇지 않다면 다른 빅데이터나 알고리즘으로 학습 과정부터 다시 진행하는 것이 AI 의사결정의 전부이다!

따라서 이러한 목표를 달성하기 위해 기계에게 인간을 대신하여 미래 데이터를 입력하게 하고, 추론된 모델을 거쳐 발생 가능성이 높은 정답 후보들을 예측하는 것이 추론/예측 과정의 근본적인 원리이자 목표 달성 방법이 된다. 그래서 학습을 통해 인간을 뛰어넘을 수 있는 추론된 모델을 무기로 사용하여 발생 가능한 미래 상황을 예측하는 것이다.

마찬가지로, 우리가 확률을 배우는 이유가 단순히 전체 경우의 수를 생각하며 확률을 계산하기 위해서만은 아니다. 통계적으로 추론된 정보를 사용하여 확률적으로 어떤 결과들이 발생할 수 있는지(가까운) 미래를 두드려 보기 위함이다. 이러한 목적을 위해 관련 지식들을 배우는 것이지, AI 시대에 데이터 분석과 확률이 동떨어진 다른 것이거나 다소 전통적이거나 필요 없는 것은 아니다. 우리는 선배님들께서 만들어 주신 "통계와 확률"이라는 프레임워크 안에서 빅데이터와 인공지능을 활용하는 방향으로 확장할 수 있게 된 발판이자 계기를 누리게 되었다고 생각해도 무방하다. 이렇게 해서 간접적으로 통계와 확률에 대한 목적을 데이터 분석 관점에서 다시 이해해 보았고, 동시에 학습과 추론/예측 과정의 근본적인 목표와 원리를 이해할 수 있었다. 우리는 근본적인 관점에서 데이터와 알고리즘의 역할을 이해할 수 있었고, 이제 진화된 빅데이터를 활용하며 인공지능으로 진화된 알고리즘의 변화를 빠르게 살펴보고 이해해 보자.

2.2 빅데이터 시대의 학습/예측 알고리즘의 역할 변화

빅데이터 시대에 알고리즘이 걸어온 길

요 약

"문제 해결의 본질은 변하지 않았지만, 이를 가능하게 하는 도구는 끊임없이 진화해왔다."

"데이터가 방대해질수록 인간의 직관은 한계를 맞고, 알고리즘은 그 빈자리를 채우며 성장했다."

"AI 의사결정은 빅데이터와 알고리즘 진화가 만나 가능해진 인간 의사결정의 확장판이다."

과거의 데이터가 내포하고 있는 다양한 패턴들을 누적하여 모델(f)을 만들고, 실제 미래 데이터를 모델(f)에 적용하여 확률적으로 발생 가능성이 높은 미래값을 예측하는 프로세스는 동일하다. 헌데, 최종적으로 성능이 좋은 모델을 만들기 위해 데이터 학습에 사용되는 알고리즘은 역사적으로 오랜 기간 동안 다양한 목적으로 개발되어 그 종류가 굉장히 많다. 전통적으로 통계나 확률을 기반으로 개발된 알고리즘들도 있고, 수학적인 방정식을 기초로 만들어진 알고리즘도 있으며, 그리고 컴퓨터가 등장한 후 컴퓨터를 기반으로 개발된 알고리즘도 있다.

알고리즘은 큰 틀에서 보았을 때 **통계량 → 데이터 집계 → 상관분석 → 통계추론 → 기계학습 → 딥러닝**의 형태로 진화하고 있다. 이렇게 진화하고 있는 이유는 우리가 점점 방대해지는 빅데이터의 홍수 속에서 살고 있기 때문이다. 그런데 그 데이터를 사람이 직관적으로 한눈에 이해하기는 매우 어렵다. 너무 복잡하고 너무 많다. 한눈에 들어오지도 않는다. 그렇다면 우리는 그 안에서 뭘 해야 할지 막막할 수 있다. 그럼에도 우리는 더욱 다양해져 가는 고객과 시장의 패턴을 추적하고 분석 및 활용해서 미래를 예측하는 방식만은 과거나 현재나 변하지 않는 최선임을 알고 있다. 그러다 보니 우리가 늘어나는 빅데이터를 일부러 줄일 수도 없고, 할 수 있는 선택지는 어차피 패턴을 누적으로 일반화하는 건 기계가 하고 있기 때문에 우리는 기계가 최대한 패턴을 잘 일반화할 수 있도록 알고리즘을 진화시킬 수밖에 없는 것이다. 당연히 처음부터 인공지능이 등장한 것은 아니고, 인간이 감당할 수 있는 기술에서부터 감당하기 어려운 기술로 점차 확장 및 진화하고 있다고 표현하는 게 맞는 것 같다.

과거로 돌아가 보자. 과거에는 데이터라는 것이 존재하지도 않았고, 느낌으로만 있기도 했었다. 시간이 지나서 이러한 느낌 또는 응답들을 종이에 작성하기 시작하면서 스몰데이터가 생성되기 시작했을 것이다. 그리고 그러한 스몰데이터를 사용해서 모델을 만들어야 하는데, 아마도 개개인에 따라 모델은 달라질 수밖에 없었다. 왜냐하면 주로 경험과 직관에 의존해서 모델을 만들었기 때문이다. 경험과 직관이라는 것을 어필하거나 공유하기 위해 미팅이나 회의를 열더라도 누가 맞는 건지 알 수도 없고, 힘 있는 사람들이 선택하는 경험과 직관이 그저 모델로 채택되었을 것이다. 그리고 나서 해당 모델을 근거로 미래에 사용했을 것이다. 그런데 데이터가 많아지기 시작하니까 이른 소수의 숫자로 요약함으로써 이해하려는 움직임이 생기면서 **통계량**이 힘을 내기 시작한다. 그리고 더 나아가 2차원적으로 다양한 관점에서의 **집계**를 통해 카테고리별 또는 지역별 분포들을 그려보기도 했을 것이다. 어쨌든 요지는 데이터를 압축해서 인간이 어떻게든 이해해 보려고 했을 것이다.

시간이 흘러서 데이터가 점점 늘어나니, 단순히 통계량이나 집계만으로 요약하는 것도 쉬운 일이 아니게 되었다. 요약의 양도 많아져서 인간이 요약본들의 요약을 또 해야 하고, 점점 감당이 되지 않게 되었다. 매일매일 새로운 데이터가 쌓이고 매일매일 다른 집계들이 생성되며 그 변화가 너무 커서 일반화하는 것도 어렵다는 것을 느끼게 될 것이다. 따라서 이제는 집계는 자동화를 하고 매일매일 달라지는 변화를 추적하며, 이러한 변화가 대체 어떤 방향으로 어디로 가는지를 분석하는 데 관심을 두기 시작했을 것이다. 그러면서 X축과 Y축으로 표시되는 2차원의 공간에 변화를 시각화하고, 각 축을 변수라는 개념을 통해 정의하며 변수들의 관계성에 좀 더 집중하면서 **상관분석**으로 확대했을 것이다. 그렇게 조금씩 조금씩 알고리즘은 진화한 것이다.

변화를 추적할 수 있음에도 불구하고 여전히 전체 집단의 특성은 알 수 없었을 것이다. 수집된 데이터는 스몰데이터였기 때문에 전체 집단으로 일반화하는 것이 쉽지 않았다. 따라서 스몰데이터, 즉 샘플만을 사용해서 추가적인 데이터 수집 없이 전체 집단을 추론해보지 않을래? 라는 의미에서 **통계추론** 방법론이 등장하게 되었고, 빅데이터가 존재하는 현재까지도 여전히 데이터 분석의 기초로서 항상 사용되고 있다. 빅데이터가 있다고 하더라도 양적으로 빅데이터이고 질적으로 전체 집단을 대변하지 못한다면 여전히 샘플일 수 있다. 예를 들어, 삼성전자가 보유하고 있는 갤럭시 사용자 데이터는 그 규모가 어마어마한 빅데이터이겠지만, 아마 아이폰 사용자나 타 사용자들을 전혀 포함하고 있지 않다. 이러한 경우도 결국 분석은 갤럭시 사용자 밖에 하지 못하는 샘플 결과이며, 이것을 글로벌로 확대하기 위해서는 통계추론을 통해 전체 집단을 이해하려는 분석이 요구된다. 이러한 관점에서도 통계추론은 여전히 매우 필수적이다.

그러다 통계추론이 필요하지 않을 만큼 전체 집단을 대변할 수 있는 데이터가 존재하는 시대로 넘어가면서 패러다임이 완전히 변하기 시작한다! 그 전에는 데이터가 항상 부족했기 때문에 어떻게든 데이터를 전체로 이해하려는 방법론에 집중해서 모델 자체를 개발했다면, 이제는 전체 데이터가 있다는 가정 하에 전체 데이터 안에 있는 패턴들을 최대한 많이 모델에 반영할 수 있는 알고리즘의 개발로 큰 변화가 생긴 것이다. 이때부터 우리는 데이터의 패턴을 들여다보는 역할을 줄이기 시작하고, 기계가 직접 패턴을 들여다보도록 설계하게 되었으며 **기계학습(Machine Learning)**으로 진화하게 된다.

이제는 더 나아가 내가 직접 하지 않고 컴퓨터 또는 기계 스스로가 인간이 하기 어려운 모든 데이터를 하나하나 다 들여다보고, 지금까지 누적된 수많은 패턴들도 기억하는 상황까지 진화하는 **딥러닝(Deep Learning)** 방식으로 진화하였다. 즉, 인간이 일일이 하지 못하는 모든 데이터의 패턴들을 통계적이나 수학적으로 표현하는 것이 아니라, 모든 근거를 다 기억할 수 있는 알고리즘인 딥러닝으로 진화한 것이다. 어떻게 보면 이러한 진화는 인간의 입장에서는 너무나 당연한 것이다. 우리가 경험과 직관에 의존했던 시대나 딥러닝을 사용하는 AI 시대나 문제는 달라진 것이 없다. 우리가 의사결정하고자 하는 것 또는 기업이나 사회가 분석하고자 하는 목적은 과거나 지금이나 전혀 변한 것이 없다. 비즈니스 목적, 투자 목적, 경제적 및 사회적 목적 등 언제나 그대로인데, 세상이 융합적으로 진화하면서 변화를 하며 빅데이터와 인공지능을 기반으로 한 세상으로 바뀐 것이다. 이러한 세상에서는 과거와 달리 다른 수단이나 도구가 필요했기에 도구를 끊임없이 진화시키면서 AI 의사결정을 가능하게 만든 것이다. 단순히 인간이 불이라는 도구를 사용하고, 전구를 사용하며, 자동차를 사용한 것만이 진화한 것이 아니라, 바로 데이터를 기반으로 한 우리의 의사결정도 AI 의사결정으로 도구가 진화했던 것이다.

<표2.2> 과거부터 현재까지 알고리즘의 진화

진화 단계	(1) 기술적 분석 (Descriptive Statistics)	(2) 통계 추론 (Statistical Inference)	(3) 기계학습 (Machine Learning)	(4) 딥러닝 (Deep Learning)
특징	통계량, 데이터 집계, 상관 분석	샘플을 통해 전체 집단을 추론	데이터의 패턴을 학습하고 예측 성능이 높은 모델을 생성	모든 데이터의 정교하고 깊은 패턴을 반영한 모델을 생성하고 성능 정확도를 최적화한 예측 실행
활용	경험과 직관을 기반으로 데이터 분석	통계적 기법을 활용하여 샘플로부터 전체를 추론	기계가 데이터의 패턴을 학습하도록 설계	기계가 스스로 데이터 패턴을 학습하고 기억하도록 설계
적용 분야	특정 시점의 단편적인 패턴 분석	샘플 기반 전체 집단 추론	예측 모델링, 분류, 회귀 등 다양한 문제의 예측	고차원 데이터 처리 및 예측, 이미지/음성 인식 등
활용 데이터	소규모 데이터	샘플 데이터	대규모 데이터	대규모 및 복잡한 구조의 데이터
대표 알고리즘	통계적 기법, 상관 분석, 데이터 시각화	표본, 중심 극한 정리, 확률적 모델링	머신러닝 알고리즘 (SVM, Random Forest, XGBoost 등)	딥러닝 네트워크(CNN, RNN, Transformer 등)
기계에게 넘겨주는 역할	없음	데이터 정리	데이터 학습	데이터 학습 및 정확성 최적화

2.3 알고리즘의 진화: 인간적 데이터 해석에서 기계적 패턴 학습의 여정

데이터를 학습하는 알고리즘 기술이 진화한다는 사실을 확인했다. 크게 보면 일일이 사람이 데이터 패턴을 확인하는 통계 추론 방식에서 기계에게 그 역할을 넘겨주고, 알고리즘 기반 기계가 스스로 패턴을 학습하는 방식으로 진화했다. 이것은 우리의 활용 목적을 달성하기 위해, 그리고 변화한 세상을 따라가기 위해 진화된 도구인 것이다! 그리고 진화 과정에서 구분하자면, 경험과 직관을 포함한 통계량, 데이터 집계, 상관 분석 정도를 우리는 일반적으로 **기술적 분석(Descriptive Statistics)** 이라고 하는 편이다. 그리고 데이터를 전체적으로 이해하고 싶거나 전체를 설명하고 싶다면 일반적으로 **통계 추론(Statistical Inference)** 방법론을 사용하고 있으며, 설명보다는 미래 예측 성능에 더 집중하고 싶으면 일반적으로 **기계학습(Machine Learning)과 딥러닝(Deep Learning) 방법론**을 사용하는 편이다.

데이터 집계 및 통계량: 과거를 읽는 단순하지만 강력한 도구

요 약

"데이터 집계는 과거의 스냅샷일 뿐, 현재와 미래를 보장하지 않는다."
"단순함은 이해를 돕지만, 진실을 왜곡할 수도 있다."
"데이터 집계는 분석의 끝이 아니라 시작이다."

<그림2.3> 2차원의 표의 형태로 통계량을 요약한 데이터 집계 예시

데이터 (Raw Data)

	Age	Gender	What City Do You Reside?	What is Your Favorite Baseball Team?
0	26	Female	Montreal, Canada	Toronto Blue Jays
1	30	Male	Montpelier, VT	New York Yankees
2	22	Female	Montpelier, VT	New York Yankees
3	35	Other	Boston, MA	Toronto Blue Jays
4	50	Male	Boston, MA	Toronto Blue Jays
...	...	...	...	...
995	35	Other	Boston, MA	New York Yankees
996	43	Other	Boston, MA	Boston Red Socks
997	43	Female	Montreal, Canada	New York Yankees
998	61	Other	Montpelier, VT	New York Yankees
999	32	Female	Montpelier, VT	New York Yankees

1000 rows × 4 columns

데이터 집계 (Cross Table)

What is Your Favorite Baseball Team?	Boston Red Socks	New York Yankees	Toronto Blue Jays	Total
What City Do You Reside?				
Boston, MA	117 (11.7%)	117 (11.7%)	113 (11.3%)	347 (34.7%)
Montpelier, VT	100 (10.0%)	131 (13.1%)	105 (10.5%)	336 (33.6%)
Montreal, Canada	119 (11.9%)	97 (9.7%)	101 (10.1%)	317 (31.7%)
Total	336 (33.6%)	345 (34.5%)	319 (31.9%)	1000 (100.0%)

첫째로, 데이터 집계(Cross Table)와 통계량, 그것은 무엇인지 살펴보자. 우리가 일단 데이터가 무엇인지부터 떠올려본다면, 아마도 가로축에는 여러 가지 이름으로 구성되어 있는 변수라고도 불리는 항목들이 있을 것이고, 세로축은 각 항목에 해당하는 속성 값들의 샘플이 끊임없이 들어 있는 것을 생각할 수 있다. 아마도 이러한 가로와 세로 두 개의 축으로 구성된 2차원의 형태가 가장 사람이 이해하기 쉬울 것이다. 그런데 그러한 데이터가 많아지면 이 데이터를 어떻게 해석해야 할지 감을 잡기 어렵고 난감할 수 있다. 이때 우리가 해볼 수 있는 가장 간단한 것은, 아마도 **특정 항목을 2개 정도 선택해서 속성 값들이 어떻게 펼쳐져 있는지 확인하여 관계성을 이해하는 것**이다. 이렇게 마치 **표의 형태로 원하는 통계량을 요약해 놓은 것을 데이터 집계(Cross Table)**라고 한다.

즉, 데이터 집계는 크로스 테이블(Cross Table)이라고도 하는데, 여러 개의 변수들의 관계를 특정 항목이나 속성에 따라 분류하여 표 형식으로 정리한 것을 의미하고, 그 관계성을 해석하기 위해 개수나 비율, 빈도, 평균 등의 통계량을 사용하여 숫자로 요약한 것이다. 예를 들어, 〈그림2.3〉 왼쪽과 같이 "어디에 거주하고 있습니까? 어느 야구팀을 좋아합니까?"라는 두 개의 항목에 대해서 값들이 많이 들어 있는 2차원의 데이터가 있다고 하자. 그리고 그 양은 시간이 지남에 따라 끊임없이 계속 쌓이고 있다. 이러한 상태에서 우리가 데이터를 이해하는 수준은 어느 도시에 사는 사람이 어느 야구팀을 좋아하는지의 사실을 하나하나 눈으로 훑어보는 수준이다. 거주 지역과 선호 야구팀의 관계를 알기는 어렵다. 그래서 오른쪽과 같이 거주 지역과 좋아하는 야구팀이라는 두 개의 속성을 뽑아서 빈도와 비율이라는 통계량을 계산해 보니, 거주 지역에 따라 선호하는 야구팀이 어떻게 차이가 있는지 쉽게 이해할 수 있다. 이러한 방식으로 단순히 누가 어느 야구팀을 좋아하는지의 수준에서, 거주 지역과 선호하는 야구팀과의 관계로 확장하여 의미를 해석할 수 있다.

데이터 집계는 데이터의 의미를 이해하기 위해 가장 간단한 방식으로 쉽게 확인할 수 있다. 오래전에 등장했다고 해서 이제는 몰라도 되는 그런 개념은 절대 아니다. AI 의사결정을 이해하기 위한 흐름을 따라오는 게 중요하지만, 현실에서는 데이터 집계는 여전히 상당히 많이 사용된다. 아무리 인공지능이 발전하더라도 분석 결과를 인간이 이해하기 위해서 성능을 요약할 때에도 데이터 집계가 사용된다. 그리고 프레젠테이션처럼 비즈니스 발표를 하는 경우에도,

데이터를 간단히 설명하거나 분석 결과를 요약하거나 비즈니스 현황을 설명하는 등 표로 요약하는 대부분의 경우에서 여전히 데이터 집계는 지속적으로 쓰이고 있고 강력한 수단이다.

하지만 데이터 집계에는 장단점이 있다. 우리는 3차원 이상으로 표현하면 이해하기 어렵기도 하고, 데이터 집계는 2차원으로만 요약하기 때문에 다른 관계성들을 무시하고 해석하는 것이라 실제 일반화된 사실이 왜곡되어 해석될 수도 있다. 따라서 분석가의 입장에서 내가 원하는 자의적인 해석이 나오도록 통계량을 변경해서 왜곡된 해석을 일부러 할 가능성도 있다. 따라서 제한적인 상황에서만 왜곡 없이 사용하는 것이 중요하다! 그럼에도 가장 큰 단점이 남아있다. 데이터 학습을 위한 알고리즘의 진화 목적은 결국 샘플에서 전체를 추론하거나(통계 추론), 아니면 과거에서 미래를 추적하는 것(기계학습)이기 때문이다. 하지만 데이터 집계는 전부 무엇에 대한 해석인가? 바로 오로지 지나간 과거에 대한 해석이다. 그럼 데이터 집계의 해석은 과연 전체 집단에서도 동일한 해석일까? 또는 수집된 샘플을 점점 늘린다면 관련 해석은 변하지 않고 일반화된 해석일까? 또는 과거의 이런 해석이 미래에도 동일하게 적용될 수 있을까? 대답은 No일 것이다!

데이터 집계는 현실과 미래를 거의 반영하지 못한다고 봐도 무방하다. 지나간 과거의 특정 시점과 특정 상황에 대한 스냅샷(Snapshot)일 뿐이어서, 분석 결과는 현재와 미래에 가깝게 맞을 수가 없다. 이 자체가 의미 없다는 것보다는, 지나간 과거에만 통용될 뿐 현재나 미래에까지 일반화하여 사용해서는 안 된다는 것이다. 물론 여전히 현업에서는 매우 많이 사용되고 있고, 데이터 집계가 주요 업무인 사람들도 있을 것이다. 단지, 결과가 의미 없다는 것보다는 특정 과거와 샘플에 대한 현상일 뿐, 절대로 전체 집단으로 일반화할 수도 없고 미래에도 이 사실이 그대로 나타나기 어려운 냉정한 현실을 인정하자는 것이다. 따라서 데이터 집계는 현재 분석 결과를 간단하게 요약하는 데 사용하거나, 아니면 이후에 배울 통계 추론이나 기계학습과 같이 특정 문제 해결을 위한 데이터 학습을 위해 데이터를 변경하거나 필터링하는 전처리(Preprocessing) 용도로 제한적인 범위에서만 많이 활용되는 편이다. 즉, 중요도가 많이 낮아진 건 맞지만, 데이터를 전처리하거나 보고서를 작성하거나 결과를 요약 및 공유할 때 상대방이 이해하기 쉬운 용도로서 여전히 많이 사용되고 있다.

상관분석: 함께 움직임을 읽되, 인과를 착각하지 말라

요 약

"상관은 방향을 보여줄 뿐, 원인을 설명하지 않는다."
"한 번의 극단값이 전체 해석을 바꿀 수 있다."
"선형의 틀을 넘어야 진짜 관계가 보인다."

상관분석(Correlation Analysis)은 앞서 설명한 **데이터 집계에서 항목 또는 변수들의 관계성이 어느 정도인지 시각화로 확인해 보거나 상관관계(Correlation Coefficient)라는 통계량으로 표현하는 분석 방법론**이다. 변수의 관계성을 직관적으로 이해하기 위해, 두 개의 변수 중 하나의 변수가 값이 증가(감소)할 때 다른 변수도 유사하게 증가(감소)하는지, 아니면 아무런 변화가 없는지를 그림으로 그려 확인하거나 하나의 숫자로 표현하는 것이다. 이를 위해 변수들의 값의 변화를 표현해야 하는데, 데이터 집계와 같이 하나의 변수를 X축으로, 나머지 하나의 변수를 Y축으로 구분하고, 쌍으로 이루어진 값들을 (X, Y)의 위치에 표현해본다. 즉, 데이터 집계처럼 2차원으로 표현하는데, 거주지나 야구팀처럼 몇 개의 값으로 이루어져 있을 수도 있지만, 연속적인(연속형) 값들로 이루어진 매우 많은 경우의 수를 포함하여 모든 값의 조합을 시각화하는 것이다. 이러한 시각화를 산점도(Scatter Plot)라고 한다.

<그림2.4> 변수들의 관계성을 쉽게 이해하기 위해 2차원으로 시각화한 산점도 예시

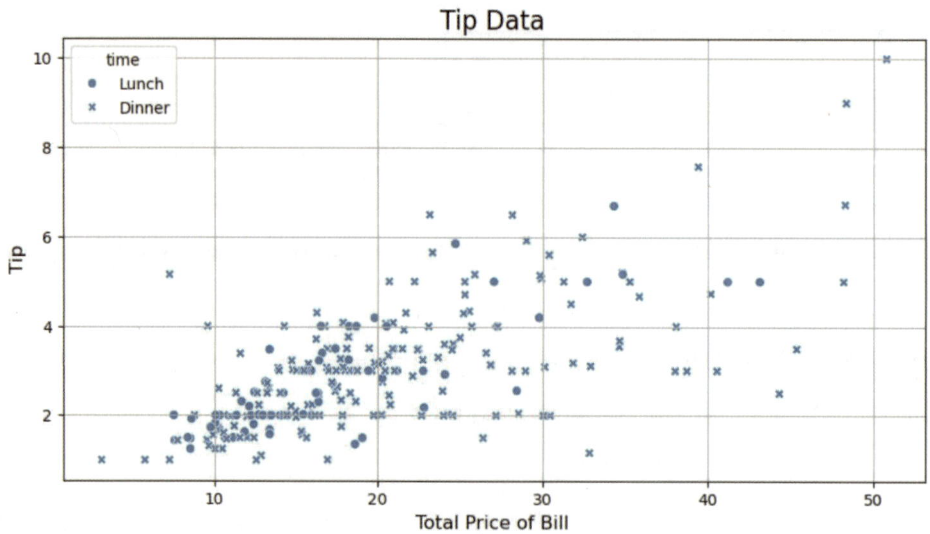

산점도를 통해 데이터가 어떻게 퍼져 있고, 변수들의 값의 변화에 따라 어떤 관련성으로 함께 움직이는지, 혹은 극단적이거나 이상한 값이 없는지 등을 눈으로 쉽게 확인할 수 있다. 그러나 그림만으로 이해하는 데 한계가 있을 수 있어, 만약 여러 변수들과의 산점도를 그려보고 어떤 변수가 더 상관성이 높은지 비교하기에는 그림 간의 비교 기준이 다소 명확하지 않게 느껴질 수도 있다. 그럴 경우 사용할 수 있는 것이 바로 상관 정도를 상관계수라는 통계량으로 표현하는 것이다. 상관계수는 변수들의 관계성을 -1과 1 사이의 범위로 표현한 것으로, 산점도가 서로 함께 증가하는 모습이면 1, 감소하는 모습이면 -1, 그리고 서로 증감이 일관되지 않는 모습이면 0을 출력된다.

<그림2.5> 변수들의 관계성을 쉽게 이해하기 위해 2차원으로 표현한 상관관계 의사결정

Correlation coefficient value	Correlation type	Meaning
1	Perfect positive correlation	When one variable changes, the other variables change in the same direction.
0	Zero correlation	There is no relationship between the variables.
-1	Perfect negative correlation	When one variable changes, the other variables change in the opposite direction.

자세하게 수학적으로 설명하진 않겠지만, 상관계수는 3가지 한계 때문에 너무 맹신해서는 안 되고 해석할 때 다소 주의해야 한다. 첫째로, 데이터에 이상한 값이 들어 있거나 일반적이지 않은 극단적인 값이 단 한 개라도 포함되면 실제보다 상관성이 더 높거나 낮게 왜곡된 해석을 할 수 있다. 즉, 실제 데이터는 상관성이 없는데도 1이 나올 수 있고, 실제는 상관성이 높은데도 낮게 수치가 표현될 수 있다. 둘째로, 상관계수는 한 변수의 값이 증가할 때 다른 나머지 변수의 값도 증가하거나 감소한다는 관계만을 표현할 수 있다. 이는 직선과 같은 선형적인 관계만 표현할 수 있다는 의미이다. 따라서 변수들의 관계가 직선이 아닌 곡선(비선형)의 형태이거나 일정하지 않고 변화가 많은 경우, 변수들 간에 관계성이 있음에도 상관계수는 수치적으로 0으로 표현되거나 반대로 나타날 가능성이 높다. 셋째로, 상관계수는 변수들의 관련성을 쉽게 표현해주지만, 이는 값들이 함께 변화하는 방향성만 나타낼 뿐 절대로 인과관계를 의미하지 않는다! 우리가 데이터 기반 분석을 하는 대부분의 이유는, 관계성을 통해 해결하고자 하는 의사결정 문제가 어떤 다른 변수들과 인과성이 있는지 궁금하고 설명하기 위함이다. 단지 변수 값들의 방향만 확인할 뿐, 진화하고 발전하는 학습 알고리즘을 통해 인과관계를 최대한 분석해보려 애쓰는 것이지, 상관계수만으로 인과관계를 단정하는 것은 매우 위험한 해석이다. 따라서 값들에 이상치나 극단값이 있거나 관계성이 선형적이지 않을 경우 상관계수는 신뢰하기 어렵기 때문에, 인과관계가 궁금하더라도 서로 함께 움직이는 방향성 정도로만 해석하고 참고용으로 사용하는 것이 좋다!

정리하면 **상관분석이란, 산점도를 통해 특정 변수들의 함께 움직이는 방향성을 파악한 다음, 이상치 또는 극단값이 없는지 확인하고, 관계성이 비선형이 아닌 경우 인과관계는 아니지만 서로 얼마나 함께 움직이는 경향이 있는지를 상관계수로 확인하여 의사결정에 활용하는 방법론**이다.

통계추론: 일부로 전체를 읽는 지혜

요 약

"샘플은 작은 창, 통계추론은 그 창으로 보는 세상의 전체 풍경이다."
"중심극한정리는 소수의 관찰을 다수의 진실로 확장하는 다리다."
"통계추론은 예측의 도구가 아니라, 해석과 일반화의 나침반이다."

예전에 비해 아무리 빅데이터가 양적으로 증가하고 발전하더라도 전체 데이터를 우리가 모두 실시간으로 확인하기는 어렵다. 전체 데이터가 없다는 것보다는, 여러 가지 개인정보 이슈나 상황 및 환경상 전체 데이터를 다루는 것이 쉬운 일이 아니라는 의미이며, 우리가 사용하는 대부분의 데이터는 전체 집단이라기보다는 일부 집단의 데이터인 경우가 많다. **통계추론(Statistical Inference)은 소수라고 볼 수 있는 일부 집단의 데이터를 통해 다수라고 볼 수 있는 전체 집단의 데이터를 수집하지 않더라도 추론을 통해 파악하는 분석 방법론**을 의미한다.

<그림2.6> 우리가 보유한 대부분의 샘플 데이터를 통해 추가적인 비용을 들이지 않고 전체의 특성으로 일반화하는 통계추론 과정

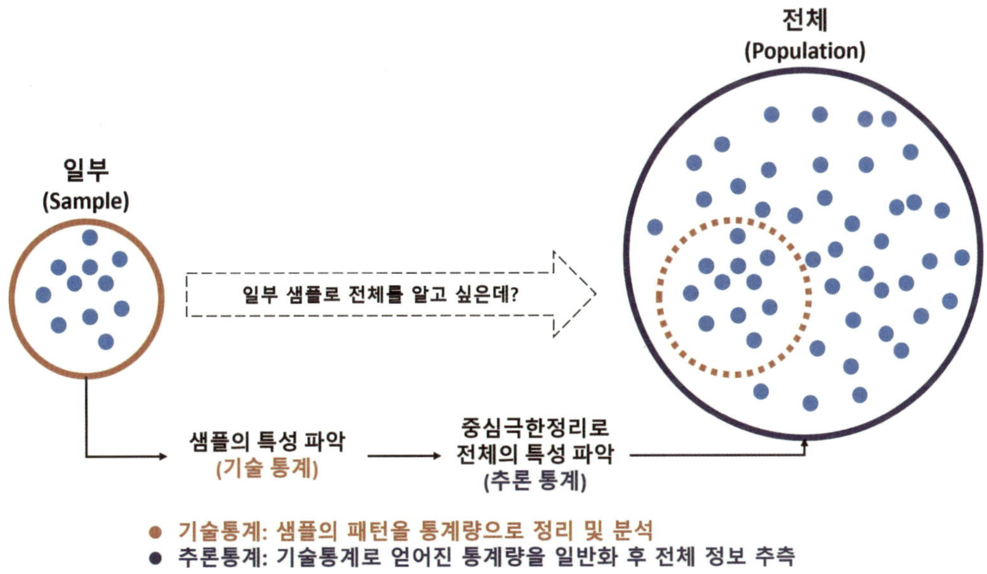

다수라는 것을 다시 정의하자면 전체 또는 통계적으로 모집단(Population)을 의미하며, 쉽게 다룰 수 없기 때문에 전체에서 샘플링되거나 수집된 일부 데이터를 소수 또는 통계적으로 표본(Sample)이라고 한다. 따라서 전체의 패턴이나 특성을 우리가 보유하고 있는 소수의 샘플로 추측하기 위해서는 〈그림2.6〉과 같이 **샘플들을 여러 개의 통계량으로 특성을 요약하는 기술 통계**로 요약한 후, 상세하게 설명하진 않겠지만 **소수에 대해 반복적으로 기술 통계를 실행하여 전체 집단의 통계량과 유사해진다는 중심극한정리**를 사용해서 일반화한 후 **소수의 특성이 재계산되어 일반화된 전체 집단의 특성을 추측하는 추론 통계**를 거침으로써 완성된다. 이러한 방법론이 바로 통계추론이다. 이것은 마치 선거의 출구조사와 같이 적은 비용과 시간을 사용해서 전체 국민의 투표 특성과 변화를 파악하는 데 굉장히 유용하게 사용되고 있다.

학습 알고리즘의 진화에서 통계추론은 미래를 예측하는 데 직접적으로 사용되기보다, 예측 성능이 좋은 모델링의 구조를 해석하거나 설명할 때 또는 빅데이터 기반 분석 결과를 최대한 정교하게 전체 집단의 특성으로 일반화하여 비즈니스 활용 리스크를 줄이고자 할 때 주로 사용된다. 통계 및 확률이라는 것은 이러한 목적을 위해 개발된 우리의 데이터 분석의 기반이 된 매우 중요한 이론이다. 이러한 목적을 이해하지 못한 채, 그리고 단순히 확률이나 평균과 같은 계산만 하며 어디로 가야 하는 건지 모른 채... 거리감만 생기거나 수포자가 양산되는 것은 매우 안타까운 일이다. 통계추론의 가치를 알았더라면 아마도 훨씬 재밌게 그리고 더욱 도전적으로 학습했을지도 모른다. 그러한 발걸음에 도움이 되길 바란다.

기계학습: 다수를 학습해 소수를 예측하는 힘

요 약

"통계추론이 소수로 다수를 읽는 기술이라면, 기계학습은 다수로 소수를 예측하는 기술이다."
"모델링은 알고리즘을 담는 그릇, 알고리즘은 학습의 엔진이다."
"빅데이터는 기계학습의 연료다."

소수의 샘플 데이터를 통해 전체 집단의 특성을 알 수 있다는 논리는, 세부적인 내용들을 잘 알지 못하더라도 사실 굉장하다. 화석과 같은 돌맹이 샘플을 가지고 언제 만들어진 것인지 알 수 있는 것일 수도 있고, 우리 몸의 피 한 방울만으로 우리 몸의 DNA를 알 수 있는 것과 유사할 수도 있다. 저자도 해당 분야에 자세한 지식을 가지고 있지는 않지만, 아마도 통계추론과 같은 논리가 내부적으로 작용하고 있다는 것은 알 수 있다. 그만큼 통계추론은 우리가 사는 세상의 많은 부분에 반영되어, 소수의 데이터만으로 마치 빅데이터의 특성을 가늠할 수 있게 해준 대단한 이론이다.

허나 우리가 통계를 체감하기는 다소 어려울 수 있다. 왜냐하면 우리가 전체적인 특성을 궁금해할 일이 적기 때문이다. 아마도 전체보다는 마치 "내일 아침은 뭘 먹을까?"처럼 나에 대한 또는 개개인에 대한 매우 사소한 것들의 특성이 더 궁금할 수 있다. 오히려 통계추론은 개개인의 의사결정보다는 전체를 관리하거나 운영하는 집단에서, 적은 시간과 비용으로 전체를 관리하려는 목적으로 훨씬 많이 이용되고 있다. 금융시장을 예로 들면, 내일의 주식 시장 가격은 궁금할 수 있지만, 경제라는 큰 관점이 어떻게 돌아가고 있는지는 관심이 상대적으로 적다. 따라서 통계추론은 아무래도 전체를 이해하려는 분야 또는 전문적인 지식이 필요한 분야에 훨씬 많이 사용되다 보니, 나와는 관련이 없는 것처럼 느껴지거나 단순한 수학적 계산조차 따분하게 느껴졌을지도 모른다.

<그림2.7> 통계추론과 기계학습 (Machine Learning)의 모델링 관점에서의 차이 (루이, 다빈치랩스)

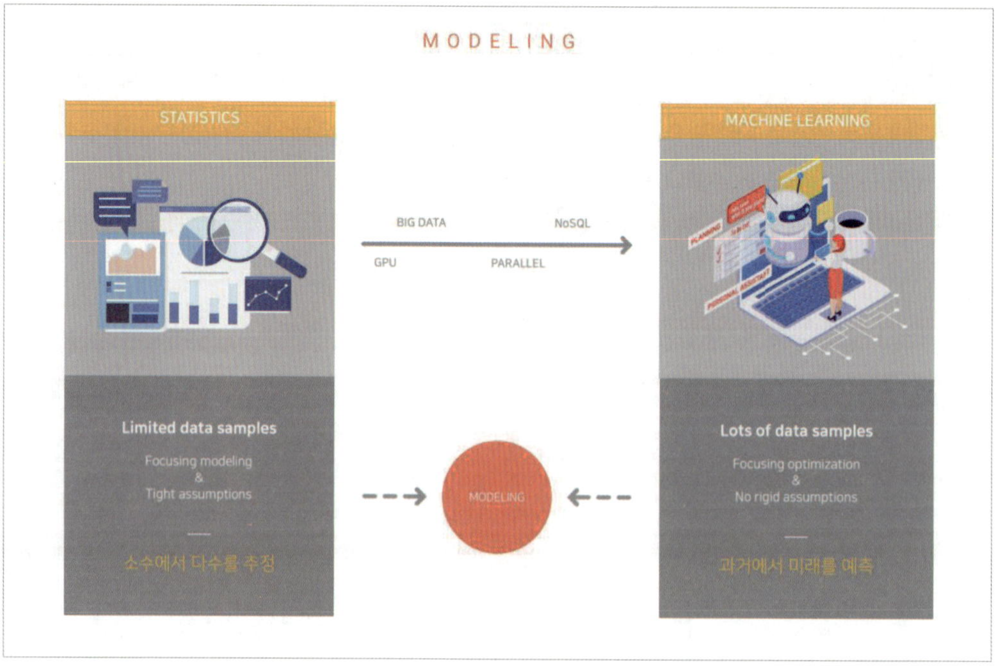

그럼에도 불구하고, 우리가 통계추론을 다시금 꺼내온 이유는 결국 통계추론의 이론적 내용이나 용어들, 그리고 소수를 통해 전체를 이해하고자 하는 흐름 등이 우리의 데이터 분석 프로세스나 학습 알고리즘 등을 기반으로 한 AI 의사결정으로 나아갈 수 있게 해준 뼈대 또는 토대가 되어주었기 때문이다! 그리고 이제는 전체에 가까운 데이터들이 끊임없이 쌓이고 있는 시대가 되었다. 전체 시장의 변화나 거시적인 상황을 이해하는 것은 매우 중요하지만, 이젠 전체를 이해하기 위한 분석의 가치는 다소 줄어들었고, 실제 개개인의 관심사와 의사결정을 포함하여 기업이나 사회의 미시적인 문제들을 해결할 수 있는 토대가 더욱 중요해진 시대가 되었다. 예를 들어, 나는 어떤 메뉴를 먹어야 더 행복할 수 있을까? 어떤 고객에게 프로모션이나 이벤트를 해야 고객이 구매를 할 것인가? 어떤 고객이 우리 회사의 보험을 구매하겠다고 요청했는데, 가격이 적절할까? 내일 물건을 얼마나 적절하게 주문해야 재고가 쌓이지 않을까? 반도체의 불량을 어떻게 0에 가깝게 만들 수 있을까? 이런 실제 현실적인 미시적 변화에 대한 결과들이 더욱 중요해지고, 해결 가능한 시대가 된 것이다. 이러한 의사결정 문제들은 "우리 고객은 일반적으로 어떤 패턴일까?" 또는 "반도체의 불량이라는 것은 어떤 원리일까?"라는 질문들과 같이, 거시적인 궁금증보다는 훨씬 직접적이고 관심이 가는 문제들이다.

그리고 이런 현실적인 문제 해결의 시작을 빅데이터라는 토대로서 출발할 수 있게 되었다. 이제 우리에게 필요한 것은 전체를 어느 정도 데이터로 파악할 수 있다고 가정하고, 전체를 통해 반대로 소수인 개개인의 특성을 이해하기 위한 방법을 고민하고 의사결정하면 된다는 것이다. 이러한 계기로 통계추론을 넘어 기계학습과 딥러닝과 같은, 데이터의 패턴을 모두 학습해버리는 알고리즘으로 발전하게 된 것이다.

통계추론이나 기계학습이나 결국은 데이터를 기반으로 모델링하는 것이다. 이러한 사실은 변하지 않는다. 단, 기존의 데이터 집계 또는 상관 분석보다 좀 더 관계성을 정량적으로 활용하고 싶었고, 빅데이터가 없다면 통계추론을 통해 소수의 패턴으로 다수의 패턴을 일반화하고 싶었으며, 빅데이터가 있다면 모든 다수의 패턴을 학습하여 일반화하고자 하는 것이 기계학습의 등장 목적이다.

<그림2.8> 변수들의 관계성을 학습하여 모델로 일반화하기 위한 예시

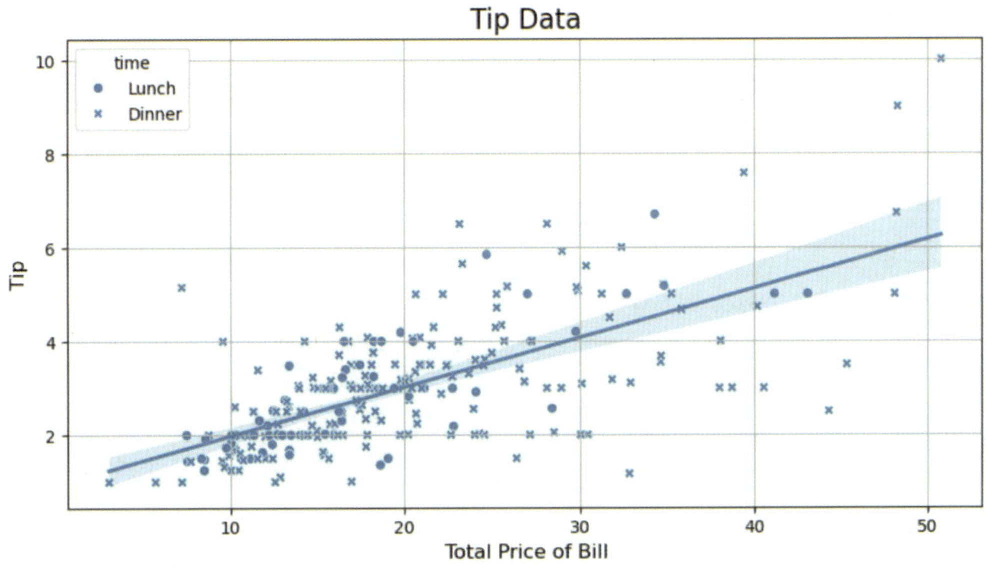

〈그림2.8〉처럼 상관분석의 그림을 다시 떠올려보자. 지불한 영수증의 가격과 이에 대응하는 팁의 쌍이 산점도로 표시되어 있다. 이 값들은 모두 과거에 있었던 샘플들이다. 이러한 근거들을 학습하여 하나의 직선이라는 가설로 표현하면, 영수증과 팁의 관계가 마치 증가하는 선처럼 나타난다. 이 직선은 영수증의 가격에 따라 지불되었던 팁들을 학습하여 평균적으로 예상

되는 기대치를 하나의 직선으로 표현한 것이고, 연한 파란색은 실제로 그 값이 발생할 수 있는 범위를 확률적으로 나타낸 것으로 봐도 무방하다. 어쨌든 중요한 것은 많은 과거 샘플 근거들을 일반화하여 하나의 직선이라는 모델로 표현했다는 점이다. 하나의 직선, 직선이라는 가설, 하나의 방정식, 하나의 함수 모두 같은 의미이다. 그리고 이러한 과정을 우리는 모델링이라고 한다.

모델링? 알고리즘? 그 차이가 무엇일까? 용어가 헷갈릴 수도 있고, 차이가 다소 모호하게 느껴질 수도 있다. 일반적으로 알고리즘은 실제 문제를 해결하기 위해 데이터를 학습하는 데 직접적으로 사용되는 규칙의 집합 또는 반복적인 처리를 해 주는 도구를 의미한다. 그리고 모델링은 문제를 추상화하고 데이터를 기반으로 알고리즘에 학습시키며, 일반화된 모델을 만들어 예측 또는 분류와 같은 문제에 사용하기 위한 모델을 구축하는 일련의 활동 자체를 의미한다. 따라서 모델링이란 특정 알고리즘을 지칭하기보다는 데이터로 문제를 일반화하려는 선을 찾게 되는 모든 프로세스를 포함한 용어로 볼 수 있다. 즉, 모델링은 알고리즘을 포함하거나 좀 더 큰 범주를 의미한다고 볼 수 있다.

기계학습이 발전하게 된 이유는 바로 이러한 샘플 근거들을 탄탄하게 학습하는 방식을 처음으로 등장시켰으며, 빅데이터를 통해 전체에 가까운 패턴을 학습함으로써 기존의 사람의 규칙 기반, 수학이나 통계적 기반의 알고리즘을 뛰어넘는 성능을 달성했기 때문이다. 위 직선의 예시처럼 데이터를 학습하여 직선으로 일반화하는 대표적인 알고리즘이 바로 선형 회귀 분석(Linear Regression)이다. 따라서 여러분이 데이터 분석 관련 내용을 조금이라도 접해본 경험이 있다면 선형 회귀 분석을 들어본 적이 분명하며, 보통 이 알고리즘부터 이론적 내용을 시작하게 된다. 이러한 이유로, 소수에서 다수를 일반화하는 통계 추론과 유사하게, 다수를 토대로 소수 패턴을 추론하는 기계학습 알고리즘의 시작을 바로 선형 회귀 분석으로 하는 것이다. 기계학습, 나아가 딥러닝으로 진화하는 알고리즘의 기반이 되는 알고리즘이다. 좀 더 정량적으로 표현하면, 특정 변수의 상관관계를 알 수 있으며, 변수들이 늘어나면 상관계수들도 많아진다. 이러한 관계들을 묶어 하나의 가설, 수식, 방정식, 함수(f)와 같은 형태로 표현하는 모델링을 통해 상관관계를 넘어 인과관계를 간접적으로 알기 위한 시도에서 기계학습이 등장한 것이다. 그리고 기계학습 알고리즘 중 대표이자 첫 시작이 선형 회귀 분석인 것이다.

예시로 다시 돌아와서, 우리가 이렇게 샘플 근거들을 직선으로 일반화한 이유는 무엇일까? 과거 영수증의 금액에 따라 팁이 어떤 패턴을 보이는지 일반화한 것이다. 그리고 일반화된 패턴은 영수증의 금액이 높아질수록 팁도 일반적으로 많아진다는 것이다. 이 모델링 결과를 서빙 직원이 사용한다면 미래에 식당 테이블들 중 어느 테이블에서 팁을 많이 줄지 예측하는 데 활용할 수 있다. 즉, 이러한 방식으로 개인의 미래 의사결정에서 성과를 극대화하는 전략으로 활용할 수 있는 것이다. 물론 현실적으로 정확히 맞지 않을 수 있다. 그러나 우리가 기계학습을 토대로 확률적으로 얼마의 팁을 받을 수 있을지, 직관에 의존하지 않고 좀 더 정량적으로 우리 삶의 의사결정에 활용할 수 있는 것이다.

정리하면, 기계학습이란 데이터 집계와 상관분석 등을 확장하고 통계 추론의 로직을 토대로 실제 과거 데이터를 학습하여 전체 패턴을 일반화한 모델로 표현하는 것이다. 그리고 완성된 모델을 사용하여 미래의 소수 패턴을 예측하는 것이다. 대표적인 알고리즘이 회귀분석 알고리즘이기 때문에, 이를 잘 배우는 것은 전체적인 기계학습의 방향을 이해하고 딥러닝으로 확장하는 데 유용하다.

기계학습을 통해 데이터를 기계에게 학습시키는 이유가 명확해졌으며, 그 성능 또한 높아졌음을 이해할 수 있다. 하지만 마지막으로 반드시 짚고 넘어가야 할 한계를 언급하고자 한다. 그것은 바로, 우리가 기계학습으로 의사결정의 성능을 높이기 위해서는 원료가 되는 빅데이터가 반드시 있어야 한다는 점이다. 우리가 빅데이터로 다수를 거의 안다고 가정하기 때문에, 이를 사용하여 개개인이라는 소수의 패턴을 알 수 있으며, 나아가 과거의 전체 패턴을 안다고 가정하기 때문에 미래의 소수 패턴을 예측할 수 있는 것이다. 따라서 모델링에 사용할 빅데이터가 없을 경우, 스몰데이터만을 기계학습에 학습시킨다면 그러한 모델을 사용해 소수의 패턴을 추론하는 것은 다소 정확성이 떨어질 위험이 있다는 점을 인지해야 한다. 오히려 그럴 경우에는 통계 추론 메커니즘을 통해 스몰데이터로부터 빅데이터를 유추하기 위한 분석이 더욱 가치 있고 선행되어야 할 것이다.

딥러닝: 규칙을 가르치는 대신, 스스로 찾게 하다

요 약

"딥러닝은 규칙을 전달받는 것이 아니라, 데이터를 통해 규칙을 스스로 찾아내는 지능이다."
"기계는 멘토 없이도 성장하지만, 인간은 기계와 함께 성장해야 한다."
"딥러닝은 패턴의 자동화에서 인공지능의 인간적 추론으로 가는 관문이다."

기계에게 데이터에 숨겨진 패턴들을 학습할 수 있는 정량적 모델링 방식은 빅데이터와 시너지를 내며 인간을 뛰어넘는 기계의 등장을 가능하게 했다. 그 중심에는 기계학습이라는, 빅데이터를 기계가 학습할 수 있는 방식의 등장이 있었다. 그리고 이제는 기계학습 알고리즘보다 더 깊게 변수들의 관계성 패턴을 파헤치며 현실의 예측과 활용 성능을 고도화한 모델인 딥러닝(Deep Learning)의 등장으로 가능해졌다.

<그림2.9> 과거 인간의 학습 방식을 모방한 현재 기계의 학습 방식과의 비교 (루이, 다빈치랩스)

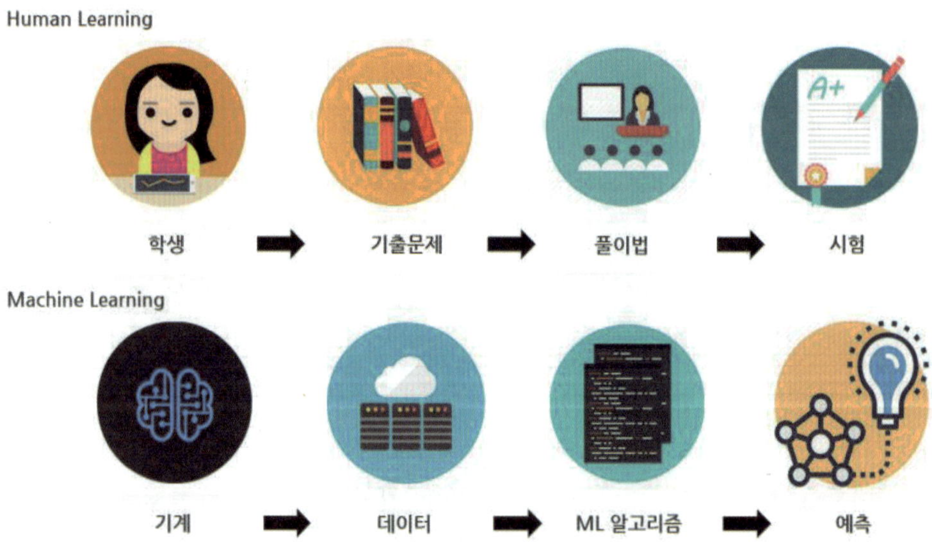

(https://davincilabs.ai/blog/?bmode=view&idx=10608836)

예를 들어, 앞에서 보았던 인간의 학습 방식과 기계의 학습 방식의 차이를 비교한 〈그림2.9〉를 보자. 만약 시험에 어떤 문제가 등장하더라도 잘 보기 위해서 우리가 할 수 있는 것은 무엇일까? 첫 번째로는 작년에 시험에 등장했다고 알려진 기출문제를 한 번 풀어보는 것이다. 작년 문제와 올해 문제가 같을 수도, 다를 수도 있기 때문에 최소한의 도움이 될 것이다. 그런데 확률적으로 도움을 최대화하려면 훨씬 오랜 기간 동안 출제된 기출문제들을 많이 풀어보는 것이 좋을지도 모른다. 왜냐하면 최대한 많은 기출문제를 풀어보면 올해 문제들 중에서 좀 더 많은 부분에서 비슷한 문제들을 미리 풀어볼 확률이 높아지기 때문이다. 즉, 우리 역시 스몰데이터 문제보다 빅데이터 문제를 많이 학습하는 것이 당황하지 않고 시험을 잘 볼 수 있는 방법일 것이다. 두 번째로, 우리는 기출문제를 풀고 나서 얼마나 맞고 틀렸는지 확인하며 내 지식 수준을 가늠해 볼 것이다. 그리고 지식 수준을 높이기 위해 틀린 부분을 더 잘 맞추기 위해 멘토나 선생님에게 물어보고 해결하는 과정을 거치며 지식을 더욱 탄탄히 한다. 이것이 바로 인간이 학습을 통해 마치 알고리즘과 같이 두뇌의 수준을 높이는 방식이다. 이러한 빅데이터와 두뇌의 지식을 늘려 우리가 성공적으로 시험을 치를 수 있게 된다.

따라서 10년치, 20년치를 넘어 100년치에 가까운 많은 빅데이터 문제를 많이 해결하는 것이 가장 좋을 것이다. 허나 뇌라고 하는 것은 사람마다 차이가 있겠지만 누구나 학습할 수 있는 수준의 한계점은 있다. 쉬지도 않고 먹지도 않고 뇌에 계속해서 지식을 넣기만 할 수는 없다. 더욱이 오히려 혼란이 와서 지식 수준이 떨어질 수도 있다. 이러한 방식이 가장 좋은 길임은 알지만, 사람이 하는 것은 쉽지 않다. 기계도 물론 저장할 수 있는 용량은 있지만, 그래도 인간보다 많은 지식을 모두 저장할 수 있다.

그래서 인간을 대신하거나 인간을 뛰어넘는 기계를 만들려는 움직임이 시작되었다. 초기에는 단순히 기계의 외관만 인간처럼 만드는데 애를 썼다면, 이제는 인간의 두뇌처럼 기계의 두뇌를 만드는데 애를 쓰고 있다. 이를 위해 처음에는 기출문제들의 풀이법을 정리해 컴퓨터가 이해할 수 있는 방식의 규칙으로 변환하여 기계에 전달했다. 그러면 기계는 규칙을 통해 문제의 답을 찾을 수 있었다. 하지만 풀이법이라는 것이 한두 개가 아니고, 문제라는 것도 약간씩 변형될 수 있다. 그래서 사실 초기의 기계는 인간을 흉내내기만 할 뿐, 인간을 대체한다는 것은 너무나 먼 미래처럼 느껴졌다. 결국 기계를 만드는 것도 사람이고, 수많은 문제의 규칙을 일일이 전달하는 것도 우리에게는 쉽지 않은 일이다. 오히려 내가 학습하는 게 낫지, 규칙만 만들면서 죽을지도 모른다.

따라서 초기 기계의 규칙 기반 학습 방식은 효과를 보지 못했다. 그런데 어느 순간 딥러닝이 갑자기 화두가 되며 인간을 쉽게 뛰어넘게 된 이유는, 규칙을 사람이 일일이 만들어 전달할 필요 없이 기계에게 기출문제와 정답을 전달하면 스스로 수많은 규칙들을 찾아내겠느냐는 방식이 기계학습의 토대가 되었고, 이것이 확대 및 고도화된 딥러닝의 등장으로 인간이 이해할 수 없는 규칙들까지 모델이 스스로 학습하게 된 것이다.

<그림2.10> 인간과 기계의 학습 방식 비교를 통한 인간이 기계에게 넘겨주는 역할 이해

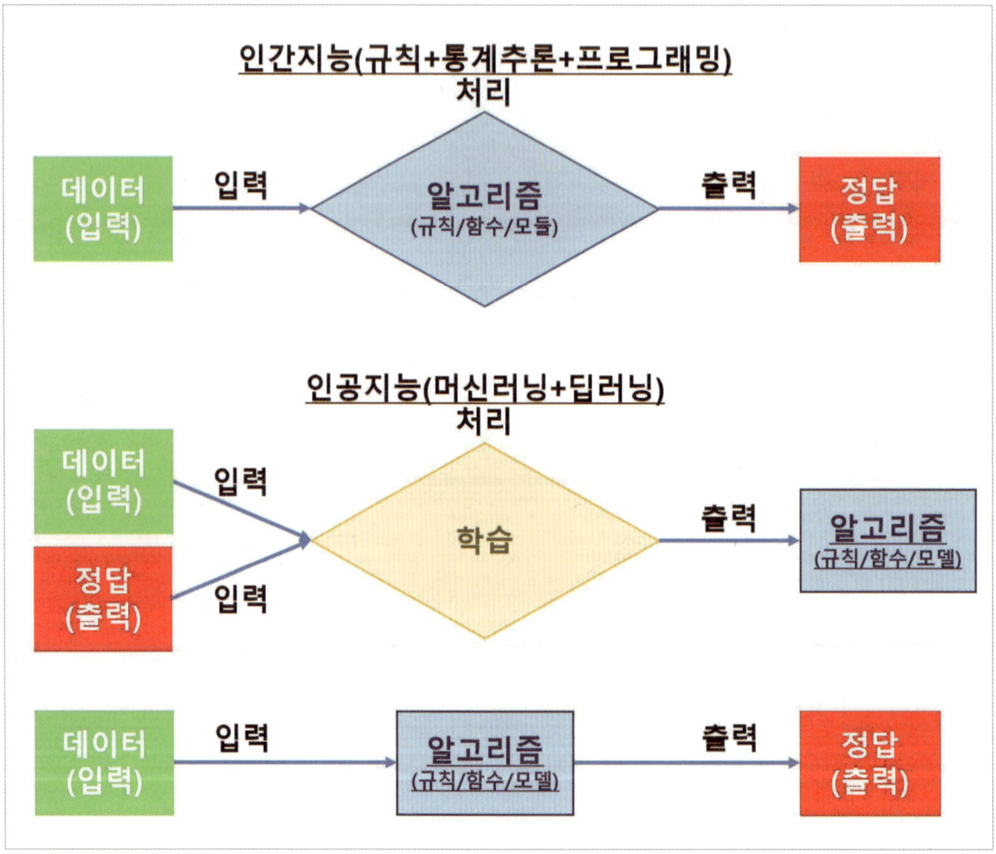

전통적으로 **우리 인간은 멘토와 선생님을 찾아가 지식 수준을 높이기 위한 풀이법과 같은 규칙들을 많이 배우고, 일반화하기 위한 "알고리즘 학습"에 집중**해 왔다. 본 저서도 사실 여러분에게 AI 의사결정이라는 원리를 학습시키기 위함에 가깝다. 기계에게도 수많은 규칙들을 일반화하여 프로그래밍이라는 방식으로 전달하려 했으나 쉽지 않고 효과도 좋지 않았다. 하지만

이제 기계는 더 이상의 알고리즘 학습을 위한 풀이법 규칙을 알려줄 멘토나 선생님이 필요하지 않다. 일단 기계에게 기출문제와 정답을 같이 전달한다. 컴퓨터는 이것이 수학 문제인지 국어 문제인지 전혀 관심이 없다. 그저 모든 문제와 정답을 기계학습과 딥러닝 알고리즘으로 학습하면서 내포된 무궁무진한 규칙들을 스스로 찾아내어 인간 지능을 뛰어넘을 수 있는 모델을 우선적으로 생성한다. 그리고 생성된 모델을 사용해서 문제를 풀기만 하면 되는 것이다. 이것이 바로 기계학습을 포함한 딥러닝의 핵심이다. 우리가 규칙을 만드는 것이 힘들어 "기계야, 스스로 규칙들을 모두 만들어봐"라고 전달했더니 훨씬 높은 효과를 얻은 것이다. 따라서 **기계는 멘토와 선생님이 필요 없이 스스로 문제와 정답을 끊임없이 학습하며, 인간을 뛰어넘는 지식 수준을 일반화하기 위한 "데이터 학습"에 집중**한다.

대표적인 예시가 구글의 딥마인드에서 개발한 인공지능 바둑 프로그램 "알파고"이다. 알파고도 역시 바둑이 무엇인지는 전혀 알지 못한다. 그냥 과거에 진행했던 바둑의 돌 위치와 승률 패턴을 학습한 것이다. 사람이 하지 못하는 과거의 모든 기출 대국을 학습해 어떻게 하면 이기는지 인공지능 모델로 생성한 것이다. 그리고 생성한 모델을 사용해 실제 최고 수준의 인간을 이겼다. 이러한 원리가 바로 현재 우리 개인과 기업, 사회의 변화를 이끌고 있다.

물론 우리가 보기에 여전히 한계점 또는 이슈가 많이 남아 있다. 그 중에서 가장 큰 이슈는 바로 설명력이다. 예를 들어 알파고가 인간과의 바둑 대국에서 승리한 것은 알겠으나, 진행한 대국에서 과거에 이렇게 두었던 사례가 없는데 왜 특정 좌표에 바둑돌을 두었는지, 그것이 승리에 어떻게 기여했는지 그 원리를 설명할 수 있느냐고 질문할 경우, 기계는 전혀 설명하지 못한다. 확실한 점은 알파고가 인간을 이겼고, 사람조차 알지 못하는 지식 수준을 모델이 학습을 통해 가지고 있다는 것이다. 그리고 기계는 그 원리를 알고 있을 것이다. 그러나 인간조차 알지 못하는 지식을 상대적으로 미지한 사람에게 어떻게 전달해야 할지 모를 수도 있다. 따라서 기계를 다루는 우리 인간 입장에서는 어떤 원리로 바둑에서 이겼는지 알 수 없다. 사실 이러한 한계는 인간도 마찬가지이다. 지식을 남들이 쉽게 이해할 수 있도록 설명하고 전달하는 일은 결코 쉬운 일이 아니다.

우리는 답을 외우는 것은 어느 정도 가능하다. 객관식에서 0이 두 번 나오고 3이 한 번도 나오지 않았네(데이터 집계?). 주관식에서는 주로 정답이 0이 많이 나와, 이런 트릭 정도는 외울 수 있을 것이다. 그 외에는 머리 아픈 일이다. 공부하는 게 그리 좋지는 않다. 최대한 시름이 적고 과제가 적으며 문제가 쉬워야 한다. 결국 머리 아플 일이 적고 머리를 깊이 써서 일반화하는 것은 너무 힘들다. 그러다 보니 각자의 두뇌 모델이 다르고, 우리는 그것을 경험 또는 직감이라는 용어로 표현할 뿐이다.

AI 의사결정은 결국 우리 인간을 모방한 기계를 이해하는 것처럼 보이지만, 궁극적으로는 우리 인간을 이해하는 것과 같다. 따라서 빅데이터와 인공지능을 활용하는 데이터 사이언스는 단순히 프로그래밍과 수학을 잘하는 것과 본질적으로 다르다. 결국 인간에 대한 분석을 잘하는 것이 중요하며, 인간이 해결하고자 하는 문제를 어떻게 데이터에 기반해 의사결정할 수 있도록 변환하느냐가 핵심이다. 저자의 경험상 데이터 사이언티스트들의 공통된 특징은 관찰을 매우 잘한다는 것이다. 사람의 움직임, 패턴, 행동 내역 등을 기가 막히게 관찰하고 일반화하는 것을 좋아하는 경향이 있다. 저자 역시 AI 의사결정을 위해 하나하나를 뜯어 여러분에게 전달하려는 이유이기도 하다.

정리하면, 사람이 스스로 학습하는 두뇌의 방식을 모방한 딥러닝을 통해 인간을 뛰어넘는 인공지능을 만드는 것이 가능해졌다. 인간이 이해하지 못하는 또는 현존하지 않는 원리까지 학습하여 모델을 완성한다. 이것을 우리는 고도화된 모델링이라고 표현한다. 이러한 방식을 기업과 사회가 활용하는 것이다. 발견하기 힘든 다양한 고객이나 시장 변화의 패턴을 사람보다 훨씬 많이 파악해낼 수 있다는 것이다. 인간은 고작 데이터 집계 정도나 암기밖에 할 수 없는데, 기계는 수많은 통계, 확률, 컴퓨터의 융합으로 개발된 기계학습과 딥러닝 알고리즘 기술을 활용해 현실 문제를 효과적으로 풀어낸다!

기계는 빅데이터를 분석하고, 수학은 물론 통계와 확률도 활용하며 컴퓨터를 사용한다. 이러한 학문적 융합을 이루며 이제는 문제까지 해결하고 있다. 우리의 삶과 다르지 않다. 우리도 할 수 있다. 사람도 수많은 빅데이터를 모두 외우고, 수학, 통계, 확률, 컴퓨터를 배우며, 시험이라는 사회와 조직, 구조적인 문제와 사회적 이슈까지 공부한 다음 현실의 문제를 해결하는 세계적 영웅이 될 수도 있을 것이다. 단, 확률적으로 가능성이 희박할 것이다. 그리고 우리도 상당히 힘들고 지칠 수 있는 일이다. 그렇다면 기계가 이미 다 하고 있고, 향후 이를 지배하게 될지도 모르는데, 우리가 살아남기 위해서는 어떻게 해야 할까?

AI 의사결정의 필요성이자 우리가 할 수 있는 것은 기계를 최대한 이해하고 손을 잡고 함께 상생하는 것이다! 이것이 본 저서를 통해 여러분에게 전달하고자 하는 목표이다. 기계에게 모든 것을 뺏기고 인간의 가치가 폄하되는 것을 막기 위해, 사회적 그리고 국가적으로도 융합 인재를 길러내려는 것이다. 아마도 미래에는 학과의 장벽, 부서나 기업의 장벽, 국경의 장벽 등은 전혀 의미가 없게 될 것이다. 기계와 상생할 수 있는 학과나 기업은 살아남게 되고, 그렇지 않은 개인이나 학과, 기업 등은 가치가 급격히 절하되어 사라질 수밖에 없다. 우리는 이러한 변화의 한복판에 있음을 알아야 한다!

이러한 변화에 맞춰 도구도 달라져야 한다. 우리가 역사적으로 데이터를 다루는 데 익숙하게 사용해왔던 엑셀(Excel)이라는 도구는 스몰데이터 정도만 불러와 처리할 수 있으며, 대부분의 경우 다소 느린 데이터 집계에 한정되어 사용된다. 빅데이터는 애초에 불러오지도 못한다. 대신 알고리즘을 다룰 수 있는 도구를 사용하면 빅데이터도 다룰 수 있고, 훨씬 빠르게 패턴을 일반화하며 더욱 정확한 정답을 도출할 수 있다.

관련 도구들은 많지만, 그 중 하나라도 익숙해져 잘 다룰 수 있다면 우리는 기계의 적이 되는 것이 아니라 인간을 뛰어넘는 기계를 친구처럼 곁에 둘 수 있는 세상에 살게 되는 것이다. 따라서 내가 못하는 것, 나의 핸디캡 등을 숨길 필요가 없다. 기계에게 대신하게 하고, 기계를 내 곁에 둘 수만 있다면 오히려 그것을 나의 경쟁력으로 활용할 수 있는 세상이 된 것이다.

<그림2.11> AI 의사결정 과정에서 인공지능의 발전으로 기계에게 넘겨주는 역할 이해

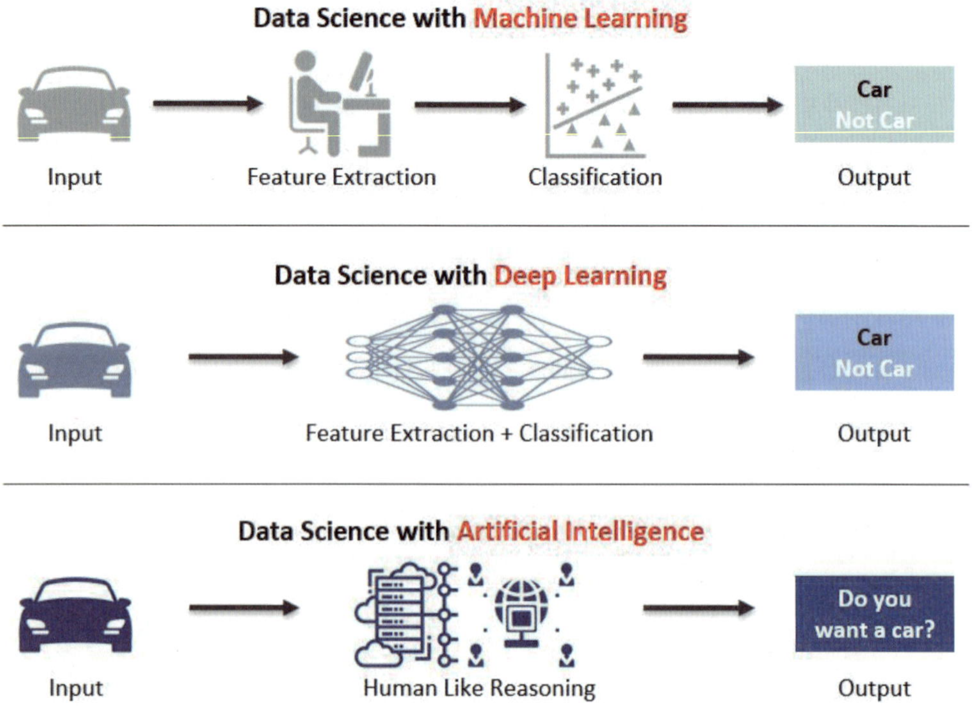

인간이나 데이터 정리 도구인 엑셀과 달리, 데이터를 학습하는 알고리즘 기술은 인간의 수준보다 훨씬 고도화되어 통계추론, 기계학습, 딥러닝을 넘어 안정적인 인공지능으로 발전하고 있다. 이러한 흐름은 사람이 수동으로 데이터의 패턴을 확인하는 것과, 상관분석처럼 패턴을 시각화하는 작업들을 포함하여 자동화를 이룬 것이 딥러닝 알고리즘이라 볼 수 있다. 게다가 사람이 하고 있는 수많은 영역에 적용해 인간적인 추론까지 담아내는 것이 바로 인공지능 알고리즘이다. 지금 이 순간에도 인공지능 알고리즘은 계속해서 발전하고 있다는 사실을 잊어서는 안 된다.

통계는 주장하고, 기계학습은 증명한다

여기서 잠시! 궁금하거나 불필요한 진화로 오해할 만한 질문을 던져본다.
"미래 예측 성능을 위해 알고리즘이 진화한 건 이해가 되지만, 나는 단순히 과거의 현상 설명만 필요할 뿐, 미래 예측은 하지 않을 것인데도 진화된 알고리즘을 사용해야 합니까?"

<표2.3> 통계에서 기계학습으로: 설명에서 더욱 현실성 높은 설명으로

구분	통계추론 모델링	기계학습 이후 모델링
목표	과거를 설명	과거를 정교하게 재현(근거) 및 예측에 활용
주체	인간의 가설과 주장	인간의 주장을 포함한 인지하지 못하는 주장 패턴
검증 방식	확률 기반 주장 채택	과거(학습) 재현성 + 미래(예측) 효과성
일반화 대상	전체 집단 특정 추정	과거 상황 재현 + 미래 상황 시뮬레이션과 예측
현실 적용	과거 문헌 비교 + 부분적 효과	과거 및 여러 가지 상황 반복적 재현 + 주장/정책의 높은 효과

수학과 컴퓨터 기술의 융합으로 출발한 알고리즘의 진화는 데이터 학습으로 완성된 모델의 성능을 검증하는 것이 필수적인 것처럼 진행한다. 한편으로는 미래에 대한 예측보다 지나간 과거에 대한 원인을 규명하거나 현상을 이해하고 싶은 전통적인 사회과학 분야에서는 그 필요성이 와닿지 않을 수 있다.

헌데 과거를 설명하기 위한 그 필요성 대비(귀무/대립) 가설을 통계적 검정을 기반으로만 채택된 가설이나 주장이 얼마나 정확한지에 대한 판단이나 검증은 다소 소홀히 하는 경향이 있다. 즉, 최종적으로 설명된 원인에 대한 가설이나 주장이 정말 우리 현실에 적용되었을 때 얼마나 효과적인지 검증하는 과정은 상당한 시간과 비용이 소요되기에 많이 집중하지 않는 편이다. 그럼에도 내가 제시한 가설이나 주장을 통해 내가 얼마나 깊이 고민했고 전문적인지 전통적인 문헌들과 사례들을 비교하며 자신을 어필하는 부분에 훨씬 많은 노력을 기울인다. 허나 이러한 노력들과 연구들이 소수를 기반으로 전체도 그럴 것이라는 일반화에 집중되어 사람들을 관리하거나 일반적인 정책을 제시하는 근거로 삼기엔 도움이 되지만, 정말 개개인 하나하나에게 도움되고 필요한 부분을 효과적으로 긁어주는지 또는 모든 사람들에게 만족하는 정책

인지 생각해보면 그렇지는 않다. 그렇기 때문에 미디어에 등장하는 수많은 전문가들이나 정치인들의 발언에도 매번 불만이 쏟아지는 편이고, 오히려 너무 많은 불만들로 인해 사건이 끊이질 않는 경우를 보면, 더더욱 개인 맞춤형 정책은 아니라는 것이 입증된다.

따라서 단순히 미래 예측을 위해 모델링을 하지 않더라도, 우리가 도출한 현상 설명을 위한 가설, 검증 그리고 정책이 얼마나 과거의 상황을 완벽하게 반영하고 있는지, 그리고 미래의 많은 사람들에게 효과적인지 판단이나 검증하는 용도로 활용되기에 성능 확인은 필요한 것이다! 왜냐하면 (1) 과거 데이터에 검증 성능이 높다는 것은 일부 사람의 가설, 경험, 주장 등을 포함하여 우리가 인지하기도 어려운 주장들의 패턴까지도 모델이 반영해서 훨씬 정교하게 우리의 과거를 재현했다는 근거가 되기 때문이다. 나의 직감이나 경험 또는 기분이 아니라 명확한 데이터와 알고리즘 학습을 통해 과거를 최대한 근접하도록 재현해 낸 강력한 근거가 된다는 뜻이다. 더 이상 어떤 근거가 필요할까? 과거의 상황을 재현해 내었으니 더 이상의 추가적인 설명이나 설득도 필요 없을 것이다. 그러므로 검증 성능이 좋을 경우에는 최고의 근거로 자리매김하게 될 것이고, 만약 성능이 좋지 않다면 지속적으로 데이터나 알고리즘을 업데이트하며 근거를 만드는 과정을 반복할 것이다. 반복을 통해 과거 상황을 정확하게 재현할 수록, 어떤 원리들이 작용하고 있는지 인간의 경험과 직관을 넘어 인간이 알지 못하는 패턴까지 굉장히 높은 근거를 손에 넣게 되는 것이다. 이제 우리는 미래에도 이러한 원리와 근거가 이어질 수 있다는 가정하에, 미래 데이터의 실제 추론/예측 과정에 활용할 수 있다. 만약, (2) 미래 데이터에 검증 성능이 높다면, 그것은 그만큼 모델이 담고 있는 다양한 주장과 정책들을 기반으로 한 설명력이 미래에 많은 사람들에게도 현실적 도움이 됨을 입증하는 근거가 되며, 따라서 **전통적인 설명력은 검증으로의 진화가 필요하며 모델의 예측 검증은 설명을 더욱 신뢰할 수 있게 만든다.**

그만큼 통계적 검정을 포함하여 나의 가설/주장/정책이 얼마나 효과적인지 추가적인 판단 근거로 사용할 수 있는 것이다. 따라서 알고리즘의 진화를 통해 성능 향상은 예측을 포함하여 가설/주장/설명을 얼마나 신뢰할 수 있는지에 대한 근거로서 오히려 더 필수적이며 관련이 없는 것이 아니다! 이제 조금 더 전통적인 통계량과 통계추론부터 시작해서 왜 알고리즘의 진화가 우리의 모든 문제와 영역에서 관련성이 높은지 이해가 되었을 것이다.

답변요약

- 설명만으로는 부족하다: 검증과 예측은 설명의 신뢰도를 증명하는 도구다.

→ "정책이 설득력 있으려면, 미래에도 효과성이 증명된 설명이어야 한다."

- 알고리즘의 진화는 기술의 업그레이드가 아니라, 판단력의 정교화다.

→ "딥러닝은 단지 미래를 예측하는 것이 아니라, 과거를 더 정확히 이해하는 도구이기도 하다."

- 예측을 하지 않아도, 성능을 검증하지 않으면 설명은 주장에 그친다.

→ "과거 현상에 대한 설명이 진짜가 되려면, 내일도 효과가 있을 것이라는 설득력이 있어야 한다."

인간이 기계에게 넘겨주는 역할을 다시 정리해보면, 데이터 집계를 통해 데이터의 패턴을 사람이 머리가 아프지 않을 정도의 2차원으로 표현한 데이터 집계에서 출발하여, 집계 정도는 기계로 자동화하여 요약된 수치들이나 관련성을 이해하기 위한 노력으로 진화하여 패턴을 시각화하거나 상관관계를 분석하는 방식으로 진화하였다. 그뿐 아니라 소수의 데이터에서 다수의 전체 집단을 이해할 수 있는 통계추론을 통해 기계에게 거시적인 특성이나 변화를 추론할 수 있도록 진화하였다. 그런데 빅데이터 시대에서는 전체의 움직임보다 미시적인 특성과 변화가 더욱 중요해졌다. 이러한 변화의 취향을 존중하여 과거의 모든 데이터 패턴을 학습하여 미래를 예측할 수 있는 기계학습 프레임워크로 기계를 진화시키고, 훨씬 현실 활용성을 높이며 인간의 수준을 넘어 인간보다 훨씬 합리적이고 정량적으로 패턴을 모두 학습 및 일반화할 수 있는 기계의 지능을 만드는 딥러닝과 인공지능 알고리즘으로 진화시킨 것이다.

제 3 장

인간중심 AI 의사결정:
빅데이터와 AI로 재편된 의사결정

제 3 장 인간중심 AI 의사결정: 빅데이터와 AI로 재편된 의사결정

인간 중심 AI 의사결정의 출발점

우리는 지금 인간의 인지 능력을 뛰어넘는 기계 인공지능(AI)을 우리의 일상 속 도구로서 언제 어디서든 다룰 수 있는 시대에 살고 있다. 이제 기계는 과거보다 훨씬 빠르고 정교하게 학습하고 분석하며 예측할 수 있다. 그렇다면 우리는 무엇을 해야 할까? 이 **강력한 도구를 두려움의 대상으로 바라보는 것이 아니라, 우리의 사고와 결정력을 증폭시키는 파트너로 삼을 준비**가 되어 있어야 한다.

우리는 이 도구로 AI 의사결정을 수행함으로써 기계와의 경쟁이 아닌 우리의 경쟁력으로 만들어야 한다. AI 의사결정이 단지 기술의 나열로 끝나지 않고 실제 삶과 조직의 문제를 해결하기 위해서는, **데이터 분석의 본질이 "무엇을 분석할 것인가"에 달려 있다는 사실**을 직시해야 한다. 이제부터 우리는 기계가 대체할 수 없는 인간만의 질문, 인간만의 직관, 그리고 인간만의 상상력을 중심으로 AI와의 공존을 넘어 상생의 길을 모색하고자 한다.

따라서 AI 의사결정을 위한 데이터 분석 프로세스에 대해 간략히 정리함으로써, 기계에게 맡기고 있는 역할들이 아닌 우리가 집중해야 하는 문제의 본질에 좀 더 깊이 있게 관여하고 분석하여 기계와의 상생을 통한 미래로 나아갈 수 있을 것이다. 본 목적을 달성하기 위해 이번에 전달하고자 하는 주요 내용은 총 3가지이다.

(1) 데이터 분석 프로세스의 맥락 속 인간 vs 기계의 역할 구분

단순히 데이터를 다루는 기술에 그치지 않고, **각 단계에서 인간이 어떤 질문을 던지고, 어떤 결정을 내려야 하는지** 살펴본다. "데이터 기반 의사결정의 시작점은 어디이며, 언제 끝을 선언할 수 있는가?"라는 질문에 답을 찾기 위해, 인간과 기계의 역할이 어떤 차이가 있는지 명확히 구분하고 비교하며 이해도를 높인다. 이를 통해 AI 의사결정의 전체 구조와 각 단계별 목적, 그리고 인간이 집중해야 할 포인트를 조망한다.

(2) 현실 속 데이터 분석과 AI 의사결정의 실제 활용성 점검

아무리 이론을 잘 이해해도 현장에서는 예상치 못한 변수와 복잡성이 도사리고 있다. 반복적인 데이터 분석 과정 중, **현재 우리가 어디에 있는지 정확히 인지하는 것**이야말로 실질적인 문제 해결의 출발점이다. 각 단계별 현실적 이슈와 함정, 그리고 이를 극복하기 위한 인지 프레임워크를 다룬다. **독립적인 분석 수행을 위한 판단 능력**을 기르기 위한 실전 중심의 사고가 핵심이다.

(3) 기초 지식의 체계적 정리와 실제 적용을 위한 기반 마련

데이터 분석과 AI 의사결정에는 반드시 숙지해야 할 최소한의 개념들이 존재한다. 단순한 도구 학습을 넘어, **문제 정의-분석 수행-결과 해석-의사결정 적용**이라는 일련의 흐름 안에서 각 도구와 개념이 어떤 의미를 가지는지 직관적으로 설명한다. 이를 통해 AI 시대에도 **창의적 문제 해결자로서의 인간의 자리**를 확보하고, 기계와 협업하여 가치 있는 결과를 도출하는 전략을 제시한다.

이러한 주요 내용을 학습하게 된다면, 흔들리지 않고 탄탄한 AI 의사결정을 시작할 수 있을 것이며 현 상황을 명확하게 인지하여 향후 방향성을 정할 수 있을 것이다. 아울러, 여러분이 독립적인 AI 의사결정을 할 수 있게 될 것이다. 또한, 기계에게 맡긴 데이터 분석 프로세스의 전체적인 기술들을 제외하고 **무엇을 어떻게 정량적으로 분석하여 효과적으로 해결할 것인가?**에만 집중할 수 있는 여유와 경쟁력을 갖추게 될 것이다.

우리가 AI를 활용한다는 말은, 곧 **기계에게 맡길 것과 인간이 책임져야 할 것을 구분하는 일**이다. 이제는 도구를 넘어 **본질을 다룰 준비가 되어야 할 시간**이다. "무엇을 분석할 것인가?"라는 질문에 **정확하고 용기 있는 답을 내릴 수 있을 때, 우리는 AI 시대에서도 흔들림 없이 중심을 잡고 나아갈 수 있을 것**이다.

3.1 데이터는 기계가 읽고, 의미는 인간이 만든다

AI 의사결정: 왜 인간은 반복해서 틀리고, 기계는 반복해서 배우는가

요 약

"사람은 주장부터 하고, 기계는 근거부터 찾는다."
"인간의 회의는 기분을 남기고, 기계의 분석은 증거를 남긴다."
"데이터 기반 의사결정은 결국 '사람의 방식'을 더 잘 따라한 것이다."

앞서 우리 개개인을 포함하여 우리로 구성된 집단, 기업, 사회 모두 **학습 및 추론/예측 과정**으로 구성된 AI 의사결정을 하고 있음을 이해할 수 있었다. 그리고 각 과정은 **입력(X) → 처리(f) → 출력(Y) → 검증(Y)** 프로세스로 구성되어 있었다. 이제는 다소 기계보다는 인간의 관점에서 데이터 분석 단계와 목적을 이해해 보고, 어떤 이슈가 발생할 수 있는지 그리고 어떻게 선제적으로 대응하는 것이 효과적인 AI 의사결정을 위한 것인지를 이해하는 것을 목표로 하자.

우선 AI 의사결정의 토대가 되는 데이터 분석이 무엇인지 정의해 보자. 우리 인간은 다소 비이성적, 비효율적, 감정적으로 속단하여 의사결정을 하는 경우가 이미 존재한다. 이를 대신하여 **좀 더 정량적, 체계적, 합리적으로 의사결정하도록 다양한 분석 도구를 활용하는 것을 데이터 분석**이라고 한다. 그리고 이것은 갑자기 등장한 것도 아니며, 인간의 방식을 모방하여 체계를 만든 것에 불과하다.

즉, 데이터 분석을 이해하고 잘 다루는 것은 결국 인간을 이해하는 것과 크게 다르지 않다고 언급한 적이 있다. 끊임없이 살펴본 인간의 의사결정 과정을 관찰해 보면, 어떤 현상을 보고 문제를 느끼거나 호기심을 갖는 것에서 출발한다. 그리고 왜 그런 일이 발생했는지를 경험을 통해 판단할 수도 있고, 직감이나 감정에 따라 판단할 수도 있으며, 직접적인 지인이나 간접적인 온라인 검색을 통해 정답의 후보들을 만들게 된다. 그런 후보들 중에서 나름대로 본인의 생각과 유사한 것을 주장하기 위해 대충 나름대로의 근거를 갖추며 의사결정을 주장하게 된다. 그러면 제시한 주장이 얼마나 합리적이고 효과적인지를 여러 주장들을 비교하며 토론하고, 간접적인 시뮬레이션으로 최종적인 의사결정을 협의하거나 선택해야 할 것이다.

<표3.1> 인간과 기계의 단계별 의사결정 모습 비교

의사결정 모습	인간(개인경험 및 회의)	기계(빅데이터 모델링)
호기심/문제	어떤 현상을 보고	어떤 현상을 보고 검증 목표 정의
관찰	왜 그런 일이 발생하는지 경험/직감/인터넷으로 짧게 조사하고	왜 그런 일이 발생하는지정량적 및 체계적으로 대량의 정보 수집
주장 후보	적당한 근거로 이유를 주장한 후	여러 주장 후보들을 나열만 한 후학습 모델로 각 후보별 미래 시뮬레이션 예측
검증	나와 의견이 같은지 다른지 확인	예측된 미래 현상을 기반으로 가장 효과적인 합리적 주장을 입증
의사결정/해결	???	목표 해결 및 미래에도 사용

그러나 일반적으로 사람들은 이러한 평가나 검증을 좋아하지 않는 편이다. 우선 그러한 효과성을 검증하는 것은 귀찮고 힘든 일이다. 그리고 궁극적으로 나의 평가로 귀결될 수 있기 때문에 조심스러운 부분도 있다. 그러다 보니 나 혼자만의 의사결정으로 충분한 상황이 아니라면, 통상 여러 사람의 의견이 충돌되는 미팅이나 회의 자리에서는 다소 비정량적으로 의사결정이 이루어지게 된다. 힘 있는 의사결정자의 의견을 따르거나 따르지 않거나 둘 중 하나가 된다. 힘 있는 의사결정자이든 그렇지 않든, 누구든 미팅이나 회의를 거치면 기분이 양극단으로 구분되는 경험을 한 적이 있을 것이다. 대부분은 나와 의견이 같으면 기분이 좋고, 그렇지 않으면 짜증이 나며 욕이 나오기 마련이다. 이러한 현상은 개인이든 대학이든 기업이든 사회든 어떠한 집단이든, 다 고만고만한 사람들의 집단임에도 불구하고 나타난다. 의견이 같으면 일단 좋고, 그렇지 않으면 일단 싫으며 그 자리도 싫고, 어찌 보면 하루 기분이 나빠지기도 한다. 이러한 모습은 다소 안타깝지만 인간 의사결정에서 나름 검증하는 방식이다.

그런데 이러한 비합리적인 검증이 애초에 궁금했던 문제나 호기심을 효과적으로 해결할 수 있을까? 아마도 쉽지 않을 것이다. 반쪽짜리 해결일 수도 있다. 왜냐하면 경험이나 직감, 인터넷 등은 사실 정답이 아니라 보기 후보들이기 때문이다. 그 중 하나를 내가 마음에 드는 것을 그냥 선택하는 것이다. 그리고 미팅이나 회의에 들어가서 내 의견과 같은지 다른지를 구분만 하고 나오는 것뿐이다. 그리고 하나로 만장일치가 되지 않으면, 항상 옳은 방식이 아닐 수 있는 다수결로 그저 귀결될 뿐이다. 다수결로 내 의견이 다수가 되면 기분이 좋고, 아니면 기분이 나쁘며 그게 전부다. 실제 문제나 호기심의 원인을 경험, 직감, 온라인 정보 등의 정답이 아닌 보기로 속단하고 끝내는 것이다. 실제 효과가 없는 것이 당연하다. 이게 무슨 효율적인 회의이며 미팅인가? 검증이 아니고 그냥 편가르기일 뿐이다. 특별한 해결책도 아니고 일시적인 해결일 뿐이기 때문에, 시간이 흐르면 결국 모두 잘못된 의사결정이었다는 것이 드러나게 된다.

하지만 이러한 인간 의사결정의 한계 때문에 데이터 및 AI 기반 의사결정이 등장하게 된 것이다. 데이터 분석 과정에서는 어떤 현상을 보고, 어떤 문제에 대해 어떤 결과가 나타나면 문제가 해결되었는지 또는 미해결인 것인지를 명확하게 정의한다. 그리고 인간 개개인의 경험이나 직감, 그리고 온라인상의 정보를 포함하여 최대한 많은 근거들을 모아 빅데이터처럼 정량적이고 체계적으로 수집한다. 그런 다음, "이게 정답인 것 같아"라고 대충 내 느낌에 맡기기보다, 각 정답 후보의 근거들을 시뮬레이션한 후 A 보기가 효과가 있을 확률은 45%, B 보기와 C 보기가 효과가 있을 확률은 각각 30%와 25%로 체계적인 비교 검증을 통해 정답으로 추대하기 위한 주장을 펼치는 것이다. 각 보기에 따라 어떤 사람들이 의견을 편가르기하는 것이 아니라, 얼마나 합리적인 주장인지를 학습된 알고리즘을 통해 미래 시뮬레이션으로 효과성을 예측 및 재현함으로써 나의 주장이 정답임을 입증(근거)하는 것이다. 인간의 의사결정과는 방식이나 절차에서 차이가 없지만, 합리적 의사결정인지 여부에는 매우 큰 차이가 있다. 미래에 사용 가능성이 낮은 인간의 의사결정 대신에 훨씬 더 효과적으로 문제나 호기심의 원인을 규명하게 되고, 힘 있는 의사결정자의 의견이 중요해지지 않으며 꾸준하게 미래 전략에도 사용하게 되는 것이다.

<표3.2> 인간의 정성적 의사결정과 기계의 정량적 의사결정 비교 정리

구분	정성적 인간 의사결정	정량적 AI 의사결정
출발점	직감, 경험, 감정, 기분	데이터 기반 문제 정의
정보 수집	주관적 경험, 소문, 인터넷	다양한 정형/비정형 데이터 수집
분석 방식	비공식적 대화, 설득	알고리즘 기반 모델링, 시뮬레이션
검증 방식	회의, 다수결, 상사 결정	예측 정확도, 검증 데이터 활용
결정 기준	힘 있는 사람 또는 감정 흐름	수치 기반 최적안
지속 가능성	일회성, 재현 불가	반복 가능, 모델 재학습 가능
의사결정 리스크	감정적, 주관적 오류	데이터 품질 및 모델 한계 기반 오류
재사용 가능성	일회성, 불가	모델 재학습, 유사 문제 반복 적용
사례 예시	〉 문제: 마케팅 비용이 너무 많아서 줄여야 한다는 요청 - 마케팅 부장: "저는 TV광고 예산을 줄이는 게 좋다고 생각합니다." - 영업팀: "SNS 광고 성과가 좋은데요?" - 대표: "전시회가 중요하다고 봅니다." - 회의 끝: 대표 의견으로 결정 → 평가 없음, 근거 없음, 회의는 끝났지만 기분만 남음	〉 문제: 마케팅 비용을 최적화하면서 매출을 유지해야 함 - 입력: 각 채널별 과거 투자비용(X)과 매출(Y) - 모델링: 예측 모델로 각 채널의 매출 기여도 분석 - 시뮬레이션:(1) TV 광고 축소 시 매출 - 10%(2) SNS 유지 시 매출 유지(3) 전시회 유지 시 비용만 증가, 기여도 낮음 - 추천안: SNS 유지, TV·전시회 최적화 → 정확도 88%, 시뮬레이션 기반 합리적 제안

AI 의사결정 딥다이브: 문제는 도구가 아니라 사람에게서 시작된다

요 약

"AI 분석 도구는 문제를 풀어주는 해답지가 아니라, 문제를 풀 수 있게 해주는 연필일 뿐이다."
"모든 데이터가 준비되어 있어도, 문제 정의가 잘못되면 아무 해답도 얻을 수 없다."
"AI는 정답을 낼 수 있지만, 어떤 질문을 할지는 오직 인간만이 결정할 수 있다."

<표3.3> AI 의사결정 단계별 역할과 활용 도구

AI 의사결정 단계	목적	활용 도구	인간 vs 기계 역할
(0) 문제 정의	현실 문제를 데이터 문제로 변환(Planning)		인간 중심
(1) 데이터 수집	소스별 데이터 추출 및 저장(Loading)	데이터 집계	인간 + 기계 중심
(2) 데이터 전처리	붙이기(Merge)	데이터 집계 및 시각화, 상관분석, 기술적 분석 등	기계 중심
	지우기(Remove) 및 채우기(Fill)	데이터 집계 및 시각화, 상관분석, 기술적 분석 등	
	필터(Filter) 및 데이터 분리(Split)	데이터 집계 및 시각화, 상관분석, 기술적 분석 등	
	변경하기(Transform) 및 표준화(Scaling)	데이터 집계	
	저장(Data Warehouse) 및 정리(Data Mart)	데이터 집계	
(3) 모델링	기초 통계(Descriptive Statistics)	데이터 집계, 상관분석, 기술적 분석 등	기계 중심
	학습(Algorithm)	통계 추론, 확률적 검정, 기계학습, 딥러닝, 지도학습, 비지도학습, 강화학습 등	
(4) 검증	검증(Evaluation)	검증 지표, 실제 성능 검증 등	기계 중심
	에러 분석(Error Analysis)	잔차 진단, 검증 지표 등	
(5) 결과 활용	시각화(Visualization/Dashboard)	데이터 시각화, 상관분석 등	인간 중심
	의사결정(Decision Support)		
	지식화(Knowledge) 및 공유(Reporting)		

AI 의사결정을 위해 우리가 효율성과 생산성을 높일 수 있도록 활용할 수 있는 도구들을 세부적으로 확인해보자. 이를 위해서 앞서 살펴본 **호기심/문제 → 관찰 → 주장 후보 → 검증 → 의사결정/해결**로 표현했던 일반적인 의사결정 단계를 분석적 관점에서 좀 더 세부적으로 구분하고, 어떤 도구들을 활용할 수 있는지 〈표3.3〉에 정리하였다. 이를 통해 데이터 기반 의사결정의 시작은 무엇이고 끝은 어딘지 알게 되며, 현재의 AI 의사결정 상태를 정확하게 확인할 수 있을 것이다. 그리고 무엇을 더 해야 하는지, 언제 끝내고 의사결정을 확인할 수 있는지 방향에 대해서도 더욱 잘 이해할 수 있을 것이다. 따라서 전체적인 프로세스와 함께 각 단계별로 어떤 목적 달성이 필요한지, 어떤 관점에 집중해야 하고 관련 도구를 사용할 수 있는지 이해할 수 있다.

우선, 우리가 관심 있는 호기심이나 문제를 데이터 기반 문제로 변환하는 것이 필요하다. 왜냐하면 문제나 목적이 달라지면 적절한 데이터가 달라질 수 있기 때문이다. 데이터를 활용하는 관점에서 일반적으로 많이 오해하는 것 중 하나가 **빅데이터가 있으면 마치 모든 질문에 답할 수 있다?** 라고 생각하는 것이다. 어느 정도는 맞고 어느 정도는 틀렸다. 양적으로 빅데이터일 뿐 아니라, 질적으로도 정말 모든 세세한 항목들을 수집하고 있다면 모든 질문에 활용할 수 있을지도 모른다. 하지만 그렇다고 하더라도 문제마다 모든 데이터를 활용하는 것은 시간과 비용을 쓸데없이 허비할 뿐더러, 성능에도 도움되지 않을 데이터를 억지로 학습하는 것이기 때문에 효과적이지 않을 수 있다. 따라서 현실적으론 분석 문제와 관련 있는 데이터만 빠르게 활용하는 것이 효과적이다. 따라서 **문제 정의 단계는 우리의 문제를 어떤 데이터를 기준으로, 어떤 결과와 성능에 도달했을 때 문제가 해결된 것으로 판단할지 여부를 명확히 하는 것**이다. 이 것이 데이터를 포함한 이후 모든 과정에 영향을 미치기 때문이다.

데이터 기반 문제 정의가 명확해진 후, 다음은 데이터 수집 및 전처리 과정이다. 문제와 관련이 높을 것으로 예상되는 다양한 소스(Source)별 데이터를 수집한 후 **전처리의 주요 목적은 데이터를 알고리즘에게 학습시킬 때 알고리즘이 이해할 수 있는 형태로 전달하는 것**이다. 전처리는 세부적으로 여러 가지 단계가 있지만, 매우 상식적이고 수동적인 당연한 절차이다. 만약 다양한 소스에서 여러 개의 데이터를 불러온다면, 이를 붙여서(Merge) 하나로 만들고 굳이 필요 없을 법한 항목들은 제거(Remove)하는 것이 좋으며, 혹시 값들이 비어 있으면 학습 과정의 왜곡을 줄이기 위해 임의의 값으로 채워야(Fill) 한다. 그리고 필요에 따라 일부 최근 샘플이나 관련 항목만 추가로 선별(Filter)할 수도 있고, 학습 과정에 사용할 Train 데이터와 예측/추론 과정에 사용할 Test 데이터로 분리(Split)한다. 또한 각 데이터 중 문자로 되어 있는 것은 컴퓨터가 이해할 수 있도록 숫자로 변환하거나, 해석을 위해 특정 항목을 여러 개로 나눌 수도 있는 변환(Transform)이 필요할 수 있다. 마지막으로, 숫자의 크기가 중요한 의미로 학습되는 것을 방지하기 위해 일반적으로 변수들의 크기를 동일하게 맞추는 표준화(Scaling)를 진행한다. 이러한 과정에서 데이터 집계와 시각화, 상관 분석을 포함한 패턴을 간단하게 확인하는 전통적인 기술적 분석(Descriptive Analysis) 등과 같은 분석 도구들을 활용하여 데이터를 최종적으로 저장(Data Warehouse) 및 정리(Data Mart)하며 마무리한다.

이제 기계에게 준비된 데이터를 학습시키는 모델링 과정이다. 간단하게 준비된 데이터가 온전한지 통계적으로 확인(Descriptive Statistics)한 후, 다양한 알고리즘에 학습시킬 때도 있고, 새로운 알고리즘을 별도로 만들어 보기도 한다. 모델링이 완성되고 나면 실제 Train과 Test에서 효과가 있는지 검증(Evaluation)하게 된다. 성능이 좋은 경우 분석을 마무리하고, 학습된 모델을 사용해서 개개인의 문제나 비즈니스, 사회의 문제를 우리 인간을 대신하여 해결할 수 있도록 시킬 수 있는 것이다. 그렇지만 성능이 좋지 않은 경우, 우리가 오답 노트를 만들 듯이 에러가 어떻게 나타나는지 정도와 크기를 확인하는 분석(Error Analysis)을 통해 향후 데이터나 모델의 업데이트 방향을 결정하게 된다. 이러한 과정에서 필요한 관련 지식은 통계 추론, 확률적 검정, 기계 학습과 딥러닝, 지도 학습, 비지도 학습, 강화 학습, 검증 지표, 에러 분석 등이다. 마지막으로 성공적인 AI 의사결정 내용을 향후 유사한 문제에 활용하거나 널리 쓰이게 하기 위해, 의사결정 이후 지식화 및 공유를 하게 된다.

한 가지 주의할 점은, 우리가 AI 의사결정을 위해 직접적 또는 간접적으로 사용하게 되는 분석 도구들에 매몰되어서는 안 된다. 여러분의 관심도에 따라 분석 도구나 이론들을 더욱 깊이 있게 학습할 수도 있겠지만, 그러한 과정에서 마치 기술이나 도구가 데이터 분석의 전부라고 생각하며 본래의 목적을 잊어서는 안 된다. 예를 들어서, 데이터 집계나 시각화는 분석 단계에서 쓰이지 않는 곳이 없을 정도로 매우 빈번하게 사용된다. 그래서 마치 이러한 기술 하나하나가 데이터 분석이라고 생각하는 분들이 많다. 아니다, 그저 도구일 뿐이다. 우리가 숟가락을 밥을 먹는 데만 사용하는 것이 아니라 우리 마음대로 다양하게 활용할 수 있다. 또는 우리가 하고 싶은 것이 파워풀한 컴퓨터를 써보는 것도 아니고, 멋진 알고리즘을 만들어서 자랑하는 것도 아니다. 그리고 최신 기술을 써보는 게 목적이 아닌 것이다.

도구 자체의 기능을 익히는 것과 도구를 어떻게 쓰느냐는 전혀 다른 문제다. 각 단계마다 어떤 도구를 쓰면 좋을지 가이드를 하긴 했지만, 사실 도구를 어디에 어떻게 쓸 것인지는 매우 창의적인 영역이라 정답이 없다. 하물며 문제 정의, 결과 활용 부분은 활용 도구를 가이드하지 않은 이유이기도 하다. 분석 도구가 절대로 문제를 해결해 주지 않는다! 도구와 문제는 아무 관련도 없고 독립적이다. 오히려 문제에 따라 사용하는 도구는 쓰는 사람의 역량과 느낌에 따라 얼마든지 달라질 수 있다. 그리고 이러한 도구들의 결합으로 나온 결과물을 우리 문제에 어떻게 적용하고 활용할지는 기계가 절대로 해주지 않는다. 따라서 우린 활용 도구들로 우리의 일상과 비즈니스, 그리고 사회의 실제 형상과 문제를 정교하게 시뮬레이션해서 합리적인 미래의 의사결정을 하는 것이 우리가 가져가야 할 창의적 본질이다!

정리하면, 빅데이터 기반 AI 의사결정은 사람이 비이성적, 비효율적으로 의사결정하는 방식을 안타깝게도 오랜 세월 동안 끊임없이 관찰해 왔고, 이를 정량적, 체계적, 합리적으로 의사결정할 수 있도록 다양한 분석 도구들을 활용하는 것이다. 그리고 분석 도구들은 만병통치약이 아니다. 도구들을 익히면 저절로 문제가 해결되는가? 그렇지 않다. 어떤 문제도 해결해 주지 않는다. 어떤 문제를 풀어야 하는지 정의해 주지도 않는다. 빅데이터를 최신 기술에 전달하면 문제가 해결되는 게 아니다. 이건 우리 인간만이 가질 수밖에 없는 창의성에 달려 있다. 우리의 어필 능력, 소통 능력, 대화 능력, 문제 해결 역량, 기획 능력, 설명 능력, 인내심 등을 기반으로 한 창의성에 달려 있다~

3.2 빅데이터와 AI가 실패한 것이 아니라 질문이 없었다

혁신적으로 보이는 AI 의사결정 프로세스: 도구는 많은데 문제는 없다

요 약

"아무 문제도 정의되지 않은 프로세스는 아무 문제도 해결하지 않는다."
"예쁜 프로세스는 많지만 문제를 푸는 그림은 드물다."
"그림은 그럴듯한데 문제는 시작조차 안 했다."

AI 의사결정 프로세스에 따른 활용 도구들에 대해 현실과 분석 도구들과의 관련성을 이해할 수 있었다. 그런데 아마 여러분들이 데이터 사이언스, 디지털 플랫폼, AI 자동화, 디지털 전환 등 수많은 새로운 산업혁명에 관련된 데이터 기반 의사결정 프로세스 그림들을 한 번쯤 본 적이 있다면, 아마도 〈그림3.1〉과 같이 굉장히 깔끔하고 예쁜 프로세스였을 것이다. 학습이나 예측 과정, 입출력, 알고리즘의 진화, 한계점 등이 실제 내용과는 많이 다를 수 있다.

<그림3.1> 혁신적으로 보이는 AI 의사결정 과정의 현실

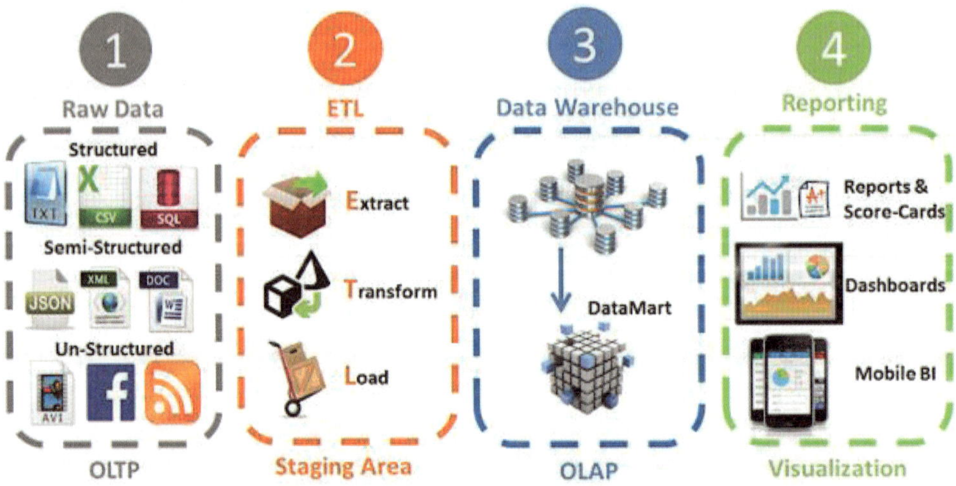

(Deep Learning-Based Education Decision Support System for Student E-learning Performance Prediction, Scalable Computing(2023))

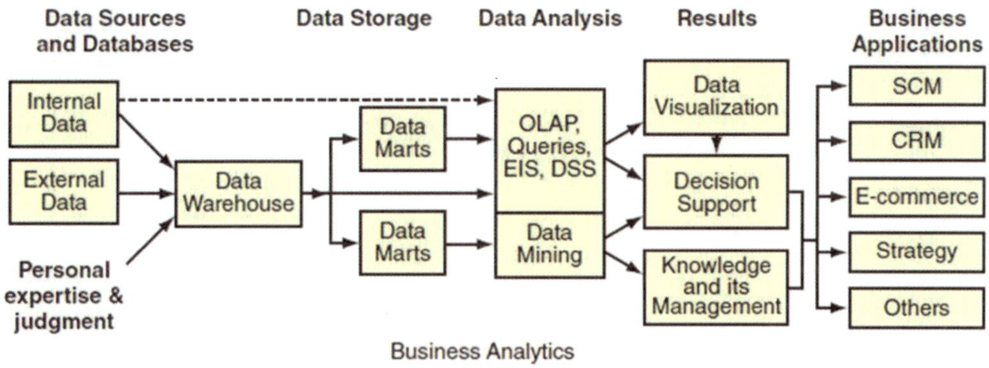

(Data Management: Warehousing, Analyzing, Mining, and Visualization, SNU Open Courseware(2011))

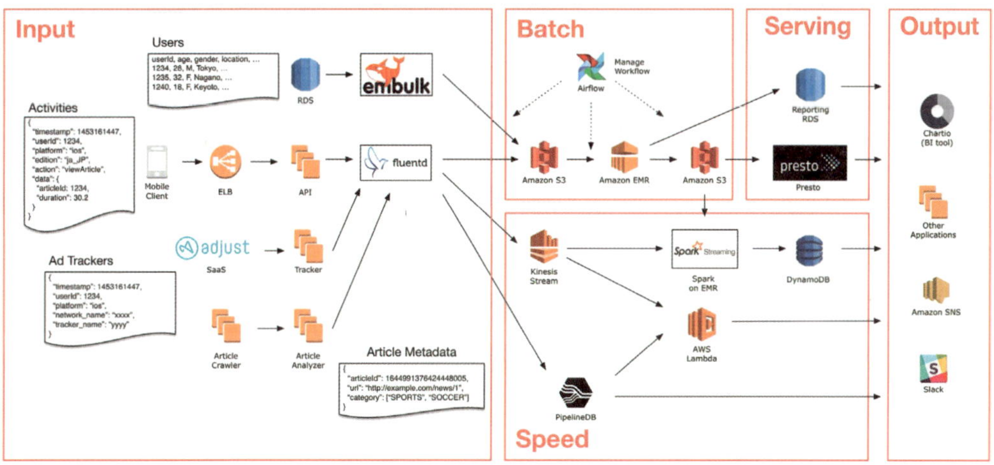

(How SmartNews Built a Lambda Architecture on AWS to Analyze Customer Behavior and Recommend Content, AWS(2016))

마치 마케터들이 "여기 보세요, 저 좀 보세요"처럼 그럴듯하게 그려둔 예시들이 무엇을 의미하는지 설명하면서 여러분이 직접 이슈가 없는지 확인해 볼까? 첫 번째 그림은, [Raw Data] 여러 가지 소스들을 통해 데이터가 다양하게 수집되고 있고, 어떤 데이터는 정답이 없는 것도 있고 텍스트로만 이루어진 것도 있을 것 같고, 결합할 수 있는지 모르겠지만 결합하는 것 같네? [ETL+Data Warehouse] 그리고 필요한 것들은 뽑아내고 변환해서 불러온 후 한 군데 모아 정리하는 군. [Reporting] 분석 결과를 공유하기 위해 결과를 요약하고 대시보드나 앱에 보여주고 있구나. 한 번에 완벽하게 비즈니스가 효과를 볼 수 있겠구나?

두 번째 그림은, [Databases+Data Storage] 사람의 경험과 직감을 포함하여 내·외부 데이터를 모두 모아서 한 번에 정리를 했네? (가능한가?) [Data Analysis+Results] 그리고 데이터 집계(Queries)를 하거나 기계학습으로 분석 결과를 시각화하고, 지식을 통해 의사결정을 하나 봐. [Business Applications] 이는 SCM, 영업팀, 전략팀 등에 전달해서 한 번에 모든 부서가 디지털 전환에 따른 데이터를 기반으로 완벽하게 비즈니스에 적용했나 봐.

세 번째 그림은, [Input] 복잡해 보이지만 다양한 데이터베이스들을 결합할 수 있나 봐. [Batch+Serving] 이를 자동화하여 실시간 저장이 되어 있고, [Speed+Output] 아마존이든 스파크든 플랫폼을 통해 빠르게 빅데이터가 분석되어서 결과를 다양한 플랫폼에 전달해, 마치 한 번에 작업 효율이 높아질 것 같아.

〈그림3.1〉 세부 그림들을 보면 한 번에 빅데이터와 AI 기반 의사결정이 완성되어 이미 혁신적인 변화가 일어나고 있는 것처럼 보인다. 그런데 **문제 정의, 검증 효과성, 결과 활용은 어디에 있는가?** 모든 그림이 **데이터 수집 → 분석 → 결과 공유**와 같은, 기계가 매우 수동적으로 처리하는 기술적인 모습만 있는 것처럼 보이지 않는가? 어떤 문제를 해결한다는 것인지 어디에도 설명되어 있지 않다. 출력된 결과를 공유한다는 건 좋은 자세인데, 어떤 결과가 나왔는지, 어떻게 사용될 수 있는지, 얼마나 효과적이었는지 그 어디에도 나타나지 않는다. 그럼에도 우리가 학교든 기업이든 사회든, 미디어에서든 "핫(Hot)"하다는 빅데이터와 인공지능을 기반으로 빠르고 깔끔하게 처리되어 획기적인 무언가가 나올 것 같은 이런 그림들을 매우 빈번하게 볼 수 있다.

기계는 준비됐지만, 인간은 아직 시작하지 않았다

요 약

"도구를 정비했다고 의사결정이 되는 건 아니다."
"기계는 분석하지만, 현실은 여전히 인간이 해결해야 한다."
"AI가 만들어준 숫자를, 삶의 변화로 연결하는 건 당신의 몫이다."

<그림3.2> 스몰 데이터와 인간 지능 기반 의사결정의 현실 예시

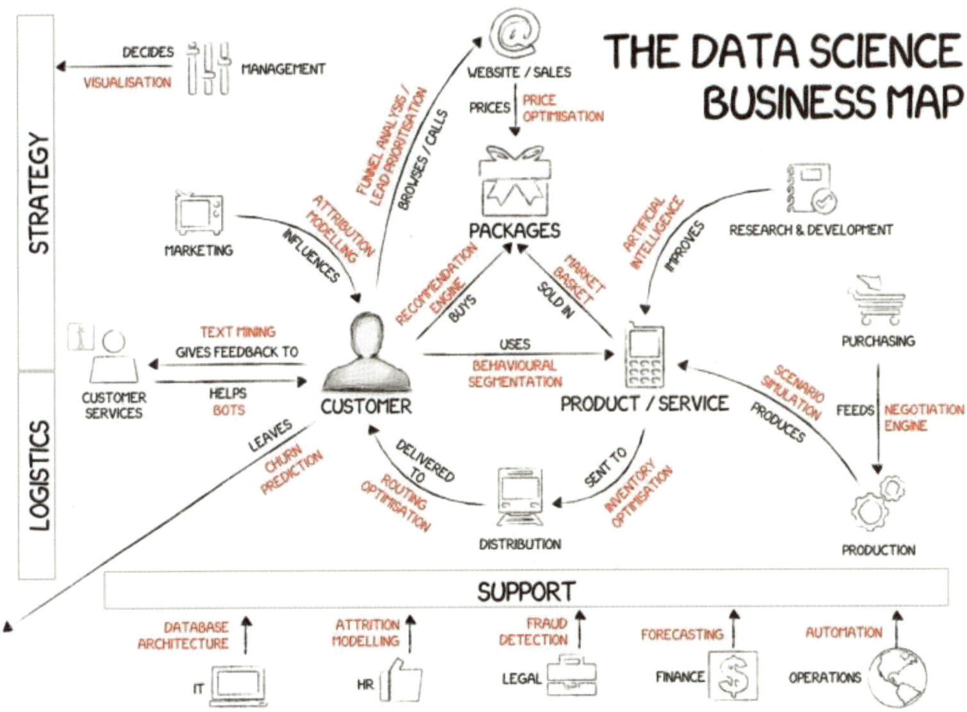

(The 20 data science projects at the core of every successful business, David Foster(2017))

성공적인 AI 의사결정을 위해서는 현실을 명확히 확인하고 이슈부터 찾아야 할 것이다. 〈그림 3.2〉와 같이 지금까지 보아왔던 깔끔하고 고급스러워 보이는 프로세스와는 많이 달라 보인다. 솔직히 엉망진창처럼 보이기도 한다. 그림의 X축은 일반적으로 기업에서의 지원 부서(Support)를 의미하고, Y축은 실제 생산·유통(Logistics)을 담당하는 부서들과 비즈니스 전략(Strategy)이나 기획을 하는 부서들을 의미한다.

지원 부서들은 직접적인 생산이나 수익에 관여한다기보다는 운영을 효율적으로 하거나 불필요한 업무를 자동화하는 것이 목적이다. IT 부서나 운영팀은 시스템을 만들고 데이터베이스를 구축하며, 필요에 따라 자동화를 하게 될 겁니다. 그리고 인사팀은 인재를 채용하거나 기존 인력을 훈련할 것이고, 재무팀은 자본의 효율적 운영과 경직을 막기 위해 노력할 것이며, 법률팀은 내·외부 비즈니스 과정에서 발생하거나 발생할 수 있는 법적 이슈에 대응하게 될 것이다. 이러한 부서들의 지원 속에서, 생산·유통 관련 부서들이 재료를 구매하고 연구해서 실제 상품이나 서비스를 만들고, 효율적인 유통 과정을 통해 고객에게 전달하는 것이 목표일 것이다. 그리고 전략팀은 많은 고객에게 전달하기 위해 마케팅이나 홍보를 할 수 있고, 마지막 전달 과정에서 포장을 한다. 또한 전달된 상품에 대해 고객이 만족했는지, 아니면 불만이 있는지 등을 대응하는 것이다. 우리는 전자상거래 또는 모바일 거래 과정에서 단순히 몇 번의 클릭으로 구매를 하게 되지만, 내부적으로는 매우 복잡한 조직들의 시너지가 기반된다. 물론 국제적으로 일부 부서의 역할은 인건비나 비즈니스 환경에 따라 다른 나라에서 수행되기도 하며, 더욱 복잡해질 수도 있다. 그리고 이러한 과정은 화살표 방향으로 한 번에 끝나는 것이 아니라, 각 부서나 과정마다 역으로 진행되거나 반복적으로 수행되기도 한다.

하나의 과정이라도 누락되거나 진행되지 않으면 비즈니스 고객에게 제대로 전달되기 어렵기 때문에, 현실은 훨씬 복잡하고 최적의 과정을 결정하는 것이 쉬운 일이 아니다. 그런데 도대체 데이터 기반 AI 의사결정과 무슨 관련이 있다는 것일까? 특정 부서가 담당할 건데 굳이 이러한 과정을 알아야 하는지 의아할 수도 있다. 한 가지 질문을 던져보면 이해가 될 것이다. 앞서 "어떤 문제를 풀 것이냐"에 따라 데이터는 변경될 수 있고, 어떻게 결과를 활용할지 계획이 없는 기술의 나열은 무용지물이라는 표현을 했다.

데이터 사이언스 비즈니스 과정에서 데이터는 과연 어디에 있을까? 또는 "다음 주 매출을 10% 향상시키려면 데이터를 기반으로 어떤 AI 의사결정이 필요할까?"라는 질문을 일반적으로 듣게 될 텐데, 어떻게 해야 할까? 연구개발팀 외, 그림 어느 곳에도 요즘 매우 핫한 생성형 AI, 강화 학습, Transformer, Python, 딥러닝 등은커녕, 지금까지 계속 언급되었던 분석 도구인 데이터, 시각화, 인공지능, 통계 추론, 알고리즘, 성능 검증 등의 단어들이 존재하지 않는다. 왜냐하면 활용 도구들은 수단일 뿐 본질이 전혀 아니기 때문이다. 기업의 대표가 어떤 프로그래밍 도구로? 어떤 방식으로? 결과를 가져왔는지는 전혀 관심이 없다. 이것이 현실이다. 어디에도 AI 의사결정을 위한 부서나 기술적 표현이 존재하지 않는다. AI 의사결정 과정의 성능이 99%가 나왔다고 해서 환호하며 끝내는 것이 아니다. 그때부터가 우리의 본질을 해결할 준비가 갖춰진 것일 뿐이다. 유관 부서들과 함께 결과를 비판적으로 토론하고, 설득을 통해 비즈니스 전략 중 하나로 건의해 보고, 실제 비즈니스의 효과성이 없을 경우 책임에서도 자유롭지 않다. 할 수 있는 노력을 모두 AI 의사결정 과정에 녹여서 99% 성능이 나왔으니 자신 있게 해보고 싶겠지만, 그렇지 않은 현실을 믿기 어렵고 어떻게 해야 하지?라며 암담함을 한 번쯤 느껴보게 된다.

여담이지만, 한국의 몇몇 대기업들은 저자에게 이런 질문을 종종 한 적이 있다. "데이터 사이언티스트들을 많이 양성했고, 데이터 클라우드로 한 데 모아 효율적인 분석이 가능하도록 플랫폼도 적용을 마쳤음에도 우린 왜 아직 성공 사례를 볼 수가 없습니까?" 사실 이러한 주제로 비공개 강의를 여러 번 하기도 했고, 그 원인은 여러 가지가 가능하지만, 우리의 AI 의사결정 자체로만 보았을 경우 〈그림3.2〉와 같이 단순히 기술 도구들만 설치했고, 분석 결과만 효율적으로 나오는 시스템만 구축되었을 뿐이다. 이것부터가 시작이다. 결과를 기반으로 비즈니스 본질에 적용하는 노력은 어떠한 시스템이나 플랫폼, 또는 자동화로 대체될 수 없다. 이것이 바로 기계에게 넘겨줄 수 없는 본질이자, 우리 인간이 영원히 가져가야 할 본질이다!

빅데이터의 현실은?

요 약

"데이터는 시스템에 있는 게 아니라, 조직 곳곳에 흩어져 있다."
"데이터를 결합하는 일은 기술이 아니라 커뮤니케이션이다."
"기계는 분석할 준비가 되어 있다. 문제는 인간이 데이터를 준비하지 못했다는 것이다."

데이터는 "있다"가 아니라 "쓸 수 있어야" 한다. 다시 본질로 와서 우리의 데이터는 과연 어디에 있을까? 아마도 마케팅팀이 기존 고객과 잠재 고객들의 개인정보 및 마케팅을 진행해 반응했던 이력 또는 온라인 웹사이트에서 어떤 상품에 관심을 보였고 구매했는지에 대한 이력 등이 있을 것이다. 생산물류팀은 재료를 구매해 가공하고 새로운 상품과 서비스가 만들어진 과정 데이터와, 고객에게 인도되기까지의 물류 또는 유통 데이터를 보유하고 있을 것이다. 그리고 인사팀은 사내 구성원들에 대한 활동과 움직임을 모두 데이터로 보유하고 있을 것이다. 재무회계나 법률팀은 매출과 영업이익 같은 대차대조표(Balance Sheet) 정보를 포함한 재무적 금융 이력과, 법률적 이슈가 되었던 기록 및 해결 과정에 대한 데이터를 보유하고 있을 수 있다. 마지막으로, 상품이나 서비스 인도 후 고객의 피드백을 고객 서비스팀이 직간접적으로 추적한 데이터가 있을 것이다. 이것이 일반적으로 기업들이 보유하고 있는 데이터의 현황이다.

교육기관에서 배우듯, 데이터가 미리 한 곳에 준비되어 있지 않다. 모든 데이터가 클라우드에 있을 거라고 생각하면 오산이다. 모든 것은 다 비용 및 매출과 직결된다. 집단의 규모가 작든 크든, 일반적으로 데이터는 여기저기에 산재되어 있다. 그리고 일반적으로 데이터 결합부터 AI 의사결정을 시작해야 한다. 다 불러와서 붙이면 되는 것 아닙니까?라고 쉽게 말할 수 있지만, 그리 만만한 일은 아니다. 왜냐하면 데이터는 기본적으로 개인이나 기업의 개인정보 및 기밀이 포함되어 있다. 이것이 외부로 유출되었을 때 발생할 수 있는 고객이나 기업의 위험을 생각해야 한다. 따라서 마케팅팀에 가서 "데이터 공유 부탁합니다"라고 한다고 선뜻 "네, 알겠습니다"라고 하지 않는다. 어디에 사용할 것이냐? 개인정보가 필요하냐? 법률 검토는 받았는지? 어떠한 용도로 사용할 것이며, 사용 이후에는 보안을 위해 어떻게 관리 및 폐기할 것인지, 또한 언제까지 사용할 것입니까? 이슈가 생길 경우 부서의 책임자는 누구입니까? 활용 과정에서 컴퓨팅 보안은 어떻게 세팅되어 있습니까? 등을 고려할 수밖에 없다. 그리고 데이터가 여러 부서에 분산되어 있듯, 각 부서마다 이러한 커뮤니케이션 과정을 반복해야 한다. 아니, 아직 시작도 하지 않았는데 그걸 어떻게 압니까? 이는 정확히 알아오라는 뜻이 아니라, 이 정도의 범위를 고려해서 안전하게 사용해야 한다는 것이다. 이것이 처음으로 마주하게 될 데이터 기반 AI 의사결정의 비즈니스적 현실이다. 프로세스 상 데이터 수집 단계를 설명하긴 했지만, 데이터가 다 준비되어 있다고 얘기하진 않았다.

다소 너무 올드해 보이거나 이상해 보일 수도 있지만, 사실 어찌 보면 잘하고 있는 것이다! AI 의사결정 성능을 높이려면 데이터가 많을수록 좋은 것은 맞지만, 필요할 때 기술적으로만 결합해서 사용하면 되는 것이지 굳이 한 곳에 다 모아서 클라우드에 올리고 거버넌스(Governance)를 굳이 구축할 필요는 없다. 왜냐하면 계란을 한 바구니에 담지 말라는 금융경제학적 포트폴리오 이론이 있기 때문이다. 데이터 역시 마찬가지이다. 한 곳에 모으면 일부 데이터가 유출되면 전체가 다 유출되는 위험도가 높아진다. 그리고 일반적으로 여러 개의 데이터를 결합하면 각각의 용량 합보다 훨씬 용량이 증가하여, 활용 시간과 비용이 기하급수적으로 높아질 수 있다. 왜냐하면 결합 과정에서 샘플들이 복제되어 증가하기 때문이다. 따라서 데이터는 오히려 분산되어 보관하는 것이 효율적인 경우도 있다.

<그림3.3> 여러 데이터를 결합하여 빅데이터를 생성하기 위한 Key-Value 연구

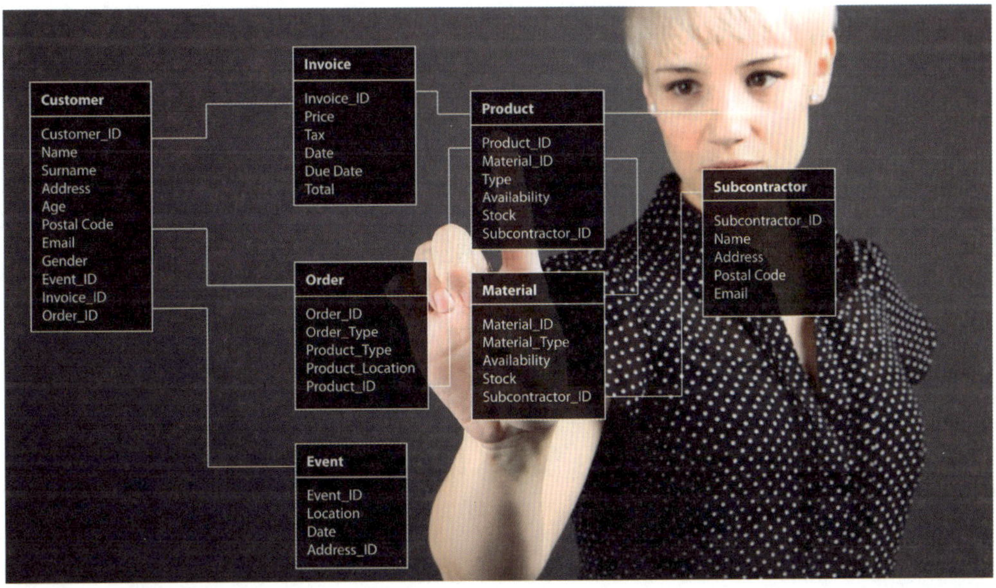

(Custom Database Solutions Designed for YOUR Business, YOUR Budget & YOUR Needs, DATA FUTURES)

이제 데이터가 어디에 있는지 확인했고, 시간이 흘러 여러분의 노력으로 각 데이터에 접근할 수 있게 되었으면 결합을 해야 할 것이다. 그런데 결합 전에 데이터마다 변수명이 무엇인지 알 수도 없고, 무엇을 수집하고 있는지 이해하기도 어렵다. 담당자에게 질문을 해도 링크를 주면서 설명서(Description)를 받을 것이다. 헌데 링크가 열리지 않기도 하고, 겨우 들어갔더니 설명서는 내가 보고 있는 데이터와 다르다. 이유를 물어보니, 해당 설명서를 만든 담당자가 퇴사해서 모르겠다고 한다. 응? 후임에게 문의하라고 해서 두드렸더니, 신입이라 아직 잘 모른다는 답변만 내게 주어진 게 현실이다. 너무 힘들어서 작은 회사로 이직하고 싶을 수도 있다. 장단점이 있을 것이다. 커뮤니케이션은 줄어들겠지만, 데이터는 생각보다 적을 수도 있다. 어쨌든 데이터 접근이 가능해졌는데, 결합을 시작하는 것조차 버거울 수 있다.

그럼에도 잘 헤쳐 나와 데이터의 의미를 이해했다고 치자. 모든 데이터가 무작정 결합되는 것은 아니다. 우리가 자동차를 만들 때에도 규격이라는 것이 존재하고, 사이즈가 맞아야 결합이 가능한 것처럼, 〈그림3.3〉과 같이 데이터도 공통된 변수라는 키(Key) 규격이 일치해야 이를 기준으로 결합이 가능해진다. 따라서 이에 대한 명확한 확인이나 추론이 필요하며, 규격이 일치하지 않는 경우에는 결합조차도 학습과 예측을 통한 분석으로 추론해서 붙여야 하는 매우 어려운 과정이 될 수도 있다. 그렇지 못한다면, 사실 데이터 결합은 일반적으로 모두 가능하지 않고 일부만 붙여서 활용하게 된다.

의사결정은커녕 분석을 시작하기 위한 데이터를 준비하는 것부터 만만치 않은 상황에 직면할 수도 있다. 하지만 이것은 AI 의사결정 과정에서 인간만이 문제를 정의하고 관련 데이터를 창의적으로 결합할 수 있는 유일한 방법이다. 그리고 다행히도 데이터만 준비되면 〈그림3.1〉처럼 나열된 도구들을 차례대로 건너면서 전처리와 알고리즘 학습, 검증 등의 과정은 매우 수동적이고 쉽게 가능하다.

이러한 현실 때문에 기술 개발을 우선적으로 하는 것일지도 모른다. 문제의 본질은 해결되지 않더라도 효율성을 높일 수 있는 나름 쉬운 길이기 때문이다. 따라서 우리는 AI 의사결정을 위해 사실 데이터 분석 과정을 인지할 필요가 있지만, 직접적으로 관여할 필요는 없다. 이미 생성형 AI와 같은 도구들이 문제 정의 이후의 과정을 자동으로 실행해 우리에게 전달하기 때문이다.

3.3 성공적 AI 의사결정 본질: 문제 정의·데이터 기획·설득

성공적인 AI 의사결정: 문제와 설득

요 약

"모든 데이터를 다 넣는 것이 아니라, 올바른 문제에 필요한 데이터만 넣어야 한다."
"문제는 데이터가 아니라, 문제를 데이터로 바꾸지 못하는 인간이다."
"기계는 예측하고, 인간은 설득한다."

이제 여러분들도 〈그림3.1〉과 같이 분석 도구들의 나열만으로 실제 문제의 본질을 해결해 주지도 못함을 이해할 수 있을 것이다. 그럼에도 우리가 데이터 분석 과정의 효율성을 높여준 덕분에, **우리가 유일하게 집중하기만 하면 되는 것은 바로 "문제 정의와 결과 활용" 단계**만이 남아있다. **풀어야 할 현실 문제를 데이터 문제로 어떻게 변환할 것인가? 그리고 출력된 분석 결과를 어떻게 가치를 설득할 것인가?** 이렇게 2가지가 바로 **우리가 절대 기계에게 넘겨주어서도, 넘겨줄 수도 없는 것이자 성공적인 AI 의사결정을 위해서 가장 집중해야 하는 것**이다. 이를 위해 우리가 고려해야 할 중요 포인트를 정리하고자 한다.

[문제 해결과 관련이 높은 데이터만 선별해야 한다] 예를 들어, 모든 기업의 마케팅 담당자나 CFO와 같은 의사결정자들이 고민하는 포인트 중 하나는, 현재 고객들에게 마케팅을 하고 있는 방법(또는 채널) 100여 개 정도에 각각 많은 비용을 투자하고 있는데 최적 조합을 분석해서 의사결정하는 것이다. 여러분들에게 전문가니 AI 의사결정으로 해결해봐라는 질문을 듣게 될 겁니다. 바로 네 하고 대답한 후 시작할 수 있을까요? 현실 문제를 해결하기 위해 기업에 존재하는 모든 데이터를 일단 다 가지고 오고 기계한테 학습시키면 되는 것인가? 마케팅 문제가 아니라 만약에 효과적인 채용 프로그램을 위한 분석을 또 요청받는다면 동일하게 모든 데이터를 가져와서 기계한테 학습시키면 되는 것인가? 그렇지 않다. 시간과 비용이 무궁무진한 것이 아니라면 현실 문제에 따라 관련도가 높은 데이터만 수집하면 된다. 그렇지 않고 모든 데이터를 가져오는 순간 여러분은 전처리하는 데 영원한 시간을 바쳐야 할 지도 모른다. 그리고 당연히

문제가 바뀌면 데이터도 바뀔 수밖에 없다. 그리고 데이터가 바뀌면 자동화되어 있지만 전처리 방식도 달라져야 하고 사용할 수 있는 알고리즘이나 검증 방법도 달라진다. 이 모든 것이 결국 문제에 따라 다 달라지는 것이다!

[현실 문제를 데이터 문제로 변환할 수 있어야 한다] 데이터 중 어떤 정보들과 정답을 학습시켜야 할지 데이터 기반의 문제로 변환할 수 있어야 한다. 즉, Y=f(X)라는 입력, 처리, 출력의 과정을 정의할 수 있어야 한다. 무엇을 X로 하고 무엇을 Y로 할지에 따라 필요한 데이터가 달라질 것이며 사용할 수 있는 f도 달라진다. 또한 성능 검증을 위한 Y의 형태에 따라 검증 방법론도 달라진다. 다시 마케팅의 문제로 돌아가서 투자 비용을 줄이기 위해 최적 조합을 찾아달라는 의미라고 생각은 든다. 그런데 그래서 어떻게 해야 하는가? 데이터 분석을 할 수 있는가? 무엇이 X이고 무엇을 Y로 사용하면 되는가? 전혀 감이 오지 않을 것이다. 이러한 현실 문제를 데이터 문제로 변환할 수 있어야 한다. 이것이 데이터 기반 분석 기획이다. 최적 조합이라는 게 무엇인지 데이터로 펼쳐야 한다. 다시 CFO에게 질문을 해야 할 것이다. 최적 조합이라는 것은 투자 비용을 최소화할 수 있냐는 것인가요? 만약 그렇다면 그냥 줄이면 되는 건데 무엇을 목적으로 줄이는 것인가요? 아하 현재는 경기가 좋지 않으니까 올해와 유사한 매출 달성을 위해 비용을 줄여보자는 것인가요? 아니면 최적화라는 것이 현재와 동일한 비용 대비 내년엔 매출을 늘려보자는 것인가요? 이러한 질문의 답변과 대응을 통해 좀 더 세부적인 데이터로 모델링을 할 수 있는 가능성을 높여야 하는 것이다. 모든 현실 문제를 모든 데이터를 넣어 엔터만 친다고 해결되는 것이 절대 아니다.

최종적인 데이터 문제는, 현재 고객들에게 마케팅을 하고 있는 방법(또는 채널) 100여 개 정도에 각각 많은 비용을 투자하고 있는데 각 채널마다 투자 비용을 어떻게 변경해야 내년의 전체 매출이 현재보다 증가할 수 있는지이다. 각 채널마다 투자 비용을 줄일 수도 늘릴 수도 있겠지만 매출의 증가보다 비용의 증가가 많다면 의미가 없을 수 있다. 따라서 최소한의 비용으로 최대한의 매출을 끌어올리는 것이다. 따라서 사용할 데이터 선별을 위해 전체 매출(Total Y)은 각 마케팅 채널의 매출들의 합일 것이다. 그리고 각 마케팅 채널마다 투자한 비용(X)과 매출(Y)을 사용하여 모델링을 해야 할 것이다. 따라서 마케팅별 매출을 예측하고 이것의 합으로 전체 매출을 추론하는 처리(f)를 진행한 후, 각 마케팅 투자 비용을 변경했을 때 전체 매출이 어떻게 될지 확인하면 될 것이다. 이것이 바로 데이터 문제로 변환하는 방식이자 자연스럽게 필요한 데이터가 선택되는 방법이다. 전체 데이터를 가지고 와봤자 넣어둘 공간도 없이 들고다니느라 모든 시간을 쏟게 될 것이다.

그런데 데이터 문제로 변환한다고 해서 이제 분석을 달리기만 하면 되겠다는 아니다. 아쉽지만 실제 시작을 해보면서 상황을 보며 재판단을 해야 한다. 만약에 예를 들어, 마케팅 부서에 가서 각 채널별로 매일 투자하는 비용과 매출 데이터를 "주세요"라고 요청을 했다. 그런데 각 부서는 매출 데이터는 알 수가 없어요 또는 측정하는 데 시간과 비용이 많이 들어서 굳이 확인하지 않아요라고 한다면 어떻게 할 것인가? 애써 데이터 문제로 변환했지만… 다시 정의해야 한다;; 그래서 각 마케팅의 매출 대신 전체 매출(Total Y)로 대신 사용하고 데이터 활용에 이슈가 없는지 확인한 후 온전히 데이터 문제로 변환이 완성된다.

[분석 결과를 창의적으로 설득하여 현실 문제 해결을 위해 최선을 다해야 한다] 학습 과정을 통해 전체 매출과 각 마케팅 투자 비용 간의 관련성을 기계에 학습시켰다. 기계는 우리 회사의 마케팅과 매출 간의 관련 패턴을 모두 학습하여 어떤 관계가 있는지, 인간을 뛰어넘는 수준으로 도달했을 것이다. 그럼 이제 추론/예측 과정으로 넘어가서, 일단 간단하게 내일 매출이 증가할지 감소할지 물어보니 오늘 대비 상승할 것이라고 한다. 그리고 정확성은 85%라고 한다. 인간의 직감으로는 사실 증가와 감소가 절반의 확률이라 50%일 텐데, 기계는 더욱 높은 정확성을 제시하였다. 대단한 것이다.

그런데… 이러한 설명을 들은 고객이나 기업의 대표는 이렇게 질문할 수도 있다.
85%? 왜 100%가 아니죠? 전문가의 분석 결과라면 100%가 나와야 하는 거 아닌가요? 아니면 투자 결과에 책임을 질 수 있나요? 100%로 정확성을 올려주시면 투자할게요!
이런 생각이 자연스럽게 들 수 있다. 고객이 아니라 기업의 대표가 저런 질문을 했다고 해서, "이 회사 비전이 없네, 망했네"라고 생각이 들거나… "절이 싫으면 중이 떠나야지"라는 생각이 든다면, 본질을 놓친 채 혼자만의 세상에 빠져있는 것과 다를 바 없다고 생각한다.

본 저서의 독자들이라면 데이터와 인공지능에 관심이 있거나 어느 정도 배경지식이 있어서 말도 안 되는 질문으로 여길지도 모르지만, 청자의 지식 수준을 논하는 것이 아니라 청자의 지식이 없는 상황에서도 우리의 결과를 설득시킬 수 있어야 하는 것이 전문가라고 생각한다. 우린 기술을 잘 아는 사람들을 추종하려는 것도, 기술을 아는 사람과 모르는 사람을 구분하려는 것도 아니다. 우리의 결과를 사용할 수 있도록, 어떠한 고객과 상황이 닥치더라도 펼치고 신뢰를 보이며 설득해야 한다. 이것은 빅데이터나 AI와 아무런 관련이 없고, 이것이 우리의 삶이자 본질인 것이다! 기술만을 추종하며 이러한 본질을 놓치는 자들을 너무나 많이 보아 왔다. AI 의사결정의 역사는 인간의 역사의 일부이다. 그리고 기계를 위해 일하는 것이 아니라, 우리는 인간을 위해 일하는 것이다. 따라서 85%라는 의미를 어떻게 전달하는 것이 좋을지 고민해야 하는 것이 AI 의사결정의 빛을 볼 수 있게 하는 과정이다.

(예시 답변) 기업의 비즈니스나 인간의 인생은 사실 여러 개의 상황을 시뮬레이션하는 것이 불가능합니다. 그저 한 번의 선택만이 가능하고, 다른 선택지들은 어떤 삶이 펼쳐질지 예상해 볼 수 없죠. 하지만 AI 의사결정은 이것이 가능합니다! 예를 들어서, 저희는 어제 대비 오늘 매출의 증감을 검증할 수 있었죠? 이러한 과정을 한 100일 정도 실행한 후, 매출의 증감을 반복적으로 검증할 수 있겠죠? 따라서 85%라는 정확성이란 100번 중에 85번 정도 맞출 수 있다는 것입니다. 100번 모두 맞추는 것은 쉽게 가능하지도 않을 뿐더러, 적어도 인간의 경험과 직감에 의존한 선택 대비 높은 확률입니다. 그리고 우리가 나아가야 할 방향은 100번을 모두 맞출 수 있도록 빅데이터와 AI 알고리즘을 최대한 사용해서 고객님께서 만족할 수 있도록 높여가는 것입니다. 그리고 만약 100%의 정확성을 달성했다고 하더라도, 고객의 투자 가치를 높이기 위해 저희와 함께 정말 100%인지 함께 검증해 주시는 것이 더욱 중요할 것으로 생각됩니다. (이것이 컴퓨터 앞에서의 단순한 숫자 결과들을 실제 우리 현실에 반영하고 설득해서, 우리의 삶을 변화시키며 나의 경쟁력으로 완성하는 방법이다)

성공적인 AI 의사결정 프로세스

요 약

"기계가 할 수 없는 것을 잘해야, 기계가 잘하는 것을 쓸 수 있다."
"AI 분석은 직선이 아니라 나선이다."
"정답이 없는 문제를 푸는 능력이 바로 AI 시대의 인간 역량이다."

결국 성공적인 AI 의사결정을 위해선 기계에게 넘겨주고 있는 것들보다 인간이 넘겨줄 수 없는 3가지를 어떻게 효과적으로 해결하냐에 달린 것이다. (1) 현실 문제를 어떻게 데이터 문제로 변환하는 것이 효과적인가 (2) 문제와 가장 관련이 높은 데이터들이 무엇이고 어떻게 결합할 것인가 (3) 기계가 전달해주는 분석 결과를 효과적이고 창의적으로 현실 문제 해결을 위해 어떻게 설득할 것인가

<그림3.4> 성공적인 AI 의사결정을 위한 반복적이고 현실성 높은 실제 데이터 분석 프로세스

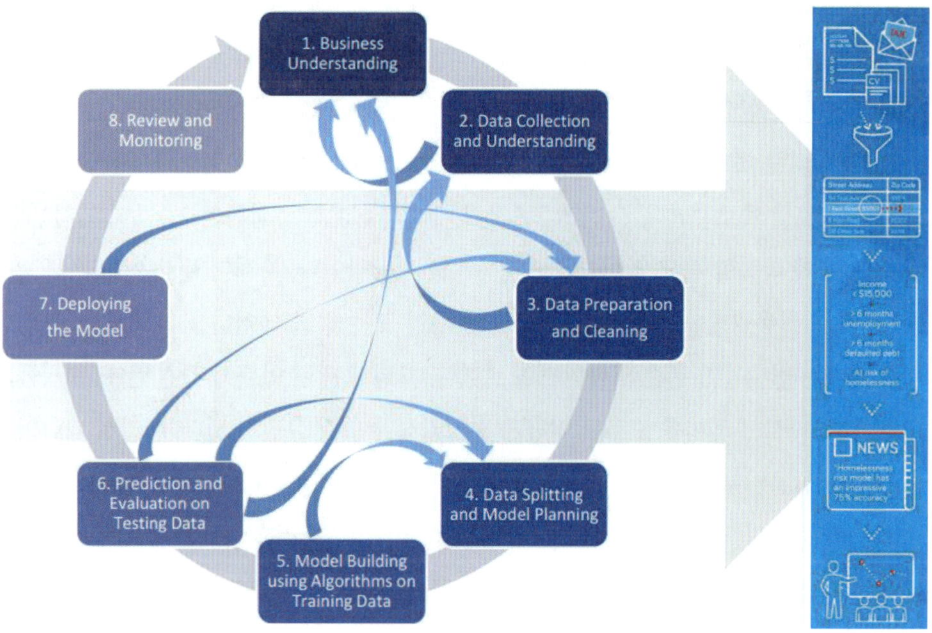

따라서, 이러한 이유 때문에 성공적인 AI 의사결정을 위해선 한 번에 완성될 것처럼 보이는 〈그림3.1〉과 달리 〈그림3.4〉와 같이 주요 분석 단계들이 필요에 따라 유기적으로 변경되거나

반복될 수밖에 없다. 비즈니스의 현실이 이렇게 복합적인데, 어떻게 예쁘게 보이는 한 번의 분석 프로세스만으로 끝날 수 있을 것인가? 게다가 더욱 복잡한 사회의 문제가 과연 이러한 프로세스 한 번으로 해결될 수 있을 것인가? 현실을 다소 과하게 얘기한 부분도 있지만, 〈그림 3.1〉은 어찌 보면 합법적인 사기에 가깝다고 볼 수도 있다. 분석 도구의 나열일 뿐 실제 문제 해결을 위한 과정이 아닐 가능성이 매우 높다는 것이다.

성공적인 AI 의사결정에서는 〈그림3.4〉과 같이 순환적이지 않은 아래와 같은 과정들이 펼쳐질 수 있을 것이다.

(1) 일단 비즈니스 문제를 이해한다. 마케팅 채널 100개를 최적화해야 한다.

→ (2) 매우 복잡한 커뮤니케이션과 개인정보 이슈에 대응하기 위해 법무 검토를 철저히 진행하고 데이터를 공유받게 된다.

→ (3) 그런데 데이터들을 수집해 보니 최적화라는 변수는 존재하지 않는다. 100개의 방법론 설명 문서만 가지고 있지, 이것으로 뭘 할 수 있을지 모르겠다.

→ (1) 다시 처음으로 돌아가서 최적화하는 대상이 무엇인지 데이터 기반 입출력 관점에서 문제를 새롭게 정의한다. 매출과 비용의 관계성을 모델링하고 최적 투자 비용을 제시하는 것으로 이해를 한다.

→ (2) 데이터를 하나씩 들여다보니 최대 2년 정도의 채널에 따른 연도별 투자 비용과 매출에 대한 정보를 확보하였다. 그런데 2년치의 데이터라고 해도 샘플이 2줄밖에 되지 않는다. 굳이 기계에 학습할 필요 없이 인간도 알 수 있는 상황이다. 분석이 필요가 없다.

→ (2) 다시 커뮤니케이션과 법무 검토 후에 주별 또는 일별 데이터를 확보하게 된다. 그런데 이번에는 변수들이 무슨 의미인지 모르겠다. 채널에 대한 이름이 있긴 한데, 수치들의 단위가 모두 다르고 의미를 모르니 어떻게 전처리해야 할지 고민이 된다. 따라서 기술이 아니라 비즈니스 용어부터 시작하여 채널별 운영 과정을 우리가 철저하게 이해하고 우리 스스로 학습해야 한다. 그리고 채널별 투자 비용을 날짜라는 키(Key)에 맞춰 결합했더니 샘플이 50% 이상 줄어들었다. 즉, 채널에 따라 수집된 데이터의 날짜가 모두 다르고 결합하는 과정에서 비어있는 값들이 드러난 것이다. 비어있는 것도 많고, 비용인데 문자도 들어가 있고, 내가 요청했던 것과 다른 데이터가 있기도 하다. 전반적으로 데이터 품질에 의심이 든다.

→ (2) 변수들이 무엇을 의미하는지 담당자들을 만나서 확인하고 비어있는 이유를 파악한 후,

이를 채우기 위해 다시 데이터 수집을 한다. (반복 중략)…

→ (3) 운이 좋게도 빠르게 데이터 확보와 결합이 완료되었다고 하자. (시간상 + 지면상 + 너무 지겨우니…) 운이 좋게도 변수별 단위도 확인을 했고, 빠르게 전처리가 끝났다고 하자.

→ (4) 학습과 검증, 그리고 예측을 위해 데이터를 분리하고, 모델링을 위해 어떤 AI 알고리즘들을 사용해 볼지 계획을 세운다. 그런데 지금까지 뭔가 시간과 노력은 너무 많이 들였는데 고작 데이터 수집밖에 없어서 화딱지가 나서, 요즘 핫하다고 하는 인간의 바둑을 이긴 최신 알파고 알고리즘을 일단 써보기로 한다.

→ (5+6) 어랏? 그런데 이상하다… 최신 AI 기술이고 생성형 AI가 코드도 제대로 만들어 준 것 같은데, 학습을 하고 검증 데이터로 성능을 확인해 보니 50%이다. 믿을 수가 없다. 믿기지가 않는다. 왜? 알파고는 바둑만 알지, 마케팅을 모른다… 알파고가 학습한 건 투자 비용 값의 위치이고, 승률이 아닌 매출을 학습하였으며, 이게 무슨 값들인지 구조적으로 이해하지 못한 것이다. 아… 그래서 인간의 바둑을 이긴 알파고가 여전히 우리 집에 있는 설거지도 해주지 않고, 청소도 안 해주며, 심지어 내 차도 운전을 못 해주고 있구나 싶다.

→ (3 or 4) 방법은 2가지밖에 없다. 알파고의 구조를 내가 새롭게 만들어서 비용과 매출의 관계를 학습할 수 있도록 변경하거나, 아니면 알고리즘을 바꿔야 한다. 전자는 뭔가 힘들고 어려울 것 같고, 후자는 최신 기술이 아니라서 고객이 쓸 수 없을 것 같다고 이상한 소리를 할 것 같긴 하지만… 빠르게 해볼 수 있는 게 후자이기 때문에 알고리즘을 변경한다.

→ (5+6) → (3 or 4) → (5+6) → (3 or 4) → (5+6) → (3 or 4) → (5+6) → (3 or 4) → … (반복 중략)… 드디어 검증 성능이 90%를 넘겼다!

→ (7) 분석 결과를 현업에 적용하려고 했더니, 대표 또는 고객이 "왜 정확성이 100이 나니?"라며 못 쓰겠다고 한다.

→ (1 or 3 or 4 or 5 or 6) 우리의 선택은 2가지이다. 100을 만들 때까지 수단과 방법을 가리지 않고 이전 단계들을 하나하나 다시 업데이트하거나, 아니면 창의적으로 설득하는 것이다. 청자의 입장에서는 당연한 표현이다. 얼마나 현실보다 나은 결과인지, 100이라는 것이 얼마나 어렵고 어떻게 달성할 수 있을 것인지 설명하고 납득시켜야 하는 것이 바로 AI 의사결정을 지휘하는 우리가 해야 할 역할이다. 기계에게 넘겨줄 수도 넘길 수도 없는, 우리가 가져가야 할 마지막 역할이다!

→ (8) 운이 좋게도 90이라고 현업 적용을 해볼 수 있겠다고 설득되었다고 치자. 그러면 이제

함께 비즈니스 성능을 모니터링하게 되고, 시스템 또는 플랫폼이라 불리는 서비스로 확장할 수 있는 계기가 되는 것이다.

이제 독자들에게 다시 물어보겠다. 〈그림3.1〉과 같이 수집 끝났고 → 분석 끝났고 → 결과 나왔고 → 곧 디지털화, 플랫폼화도 끝납니다. (도구들만) 완성! 문제가 해결되었을까, 과연? 저자는 단 한 번도 본 적이 없다. 왜 아직도 알파고가 바둑만 두고 있을까? 빅데이터는 클라우드에 모두 실시간으로 수집되고 있고, 분석은 생성형 AI와 같은 자동화된 플랫폼을 통해 빅데이터를 가공받아 효율적으로 출력하는 도구를 사용할 수 있는 환경에 살고 있다. 그런데 왜 기업들은? 사회는? 여전히 체감할 수가 없는 것일까?

우리의 삶이든, 기업이든, 사회든 내부 구조는 워낙 다양한 구성원과 환경, 그리고 다양한 변화 속에 살고 있기 때문에 우리가 생각하는 것 이상으로 엉망진창이고 그 어떠한 것들보다 유기적으로 복잡하다. 데이터 수집조차 현실은 쉽지 않다. 빅데이터의 시대라고 하는데, 여러분은 데이터를 과연 보유하고 있는가? 공공데이터가 많이 열리고 있는데 한 번쯤 열어보면 생각했던 것만큼 가치가 느껴지는가? 데이터는 운이 좋게도 있다고 하자. 현실의 문제를 데이터 문제로 변환하는 것은 또 다른 문제다. 정답이 존재하지도 않는다. 저자가 예시로 든 사례는 매우 간단한 경우이며, 어떤 데이터 문제로 변화해야 효과적인지 정답은 없다. 결국 여러 문제들을 기반으로 분석 프로세스를 반복해 보고, 효과가 있으면 정의한 데이터 문제가 효과적인 것이고, 그렇지 않다면 분석은 많이 했으나 사용할 수 없거나 풀 수 없는 데이터 문제라고 판단할 수밖에 없다. 또한 한 번의 분석 기술이나 도구들을 하나씩 통과한다고 해서 문제가 절대로 해결되지 않는다. 끊임없는 반복 작업과 창의적인 설득을 통해 우리의 삶부터 기업, 그리고 사회가 훨씬 효율적으로 변화할 수 있는 것이다. 따라서 기계에게 넘겨주는 역할과 그럼에도 불구하고 우리가 기계에게 넘겨줄 수 없는, 우리가 집중해야 하는 본질은 무엇인지 잊지 말아야 한다.

실패할 수밖에 없던 우리의 AI 의사결정 민낯

요 약

"AI 의사결정의 실패는 기술이 부족해서가 아니라, '무엇을 풀지' 모르고 시작하기 때문이다."
"현실에 없는 변수로 현실을 바꿀 수 없다. 데이터는 문제에 따라 새로 만들어야 한다."
"AI 분석에서 가장 화려한 순간은 종종 '가장 의미 없는 결과'일 수 있다."

마지막으로 우리가 성공하지 못할 수밖에 없는 AI 의사결정 과정의 현실을 들여다보며, 앞으로의 방향 본질을 확인하도록 하자. 우리는 다음과 같은 현실 문제를 해결해야 한다. **아이폰 고객은 왜 갤럭시 고객보다 더 충성도가 높지?**

(1) 문제 정의:

우린 이러한 현실 문제를 다 듣기도 전에, 명확하게 이해하기도 전에, 데이터 문제로 변환하기도 전에, 주변 동료들이 어떻게 해결해야 할지, 뭘 분석해야 할지 의견이 모두 다르고 혼란스러운데도 통상 데이터 분석 기반 프로젝트는 착수 보고가 완료되었다는 소식부터 접하게 된다. 일단 가만히 있을 수는 없으니, 핫하다고 하는 분석 도구들이나 플랫폼에 뭐가 있는지 찾아보고 구매하려고 클릭하는데, 분석 계획과 완료 일정까지 보고되었다는 소식도 추가로 접하게 된다. "충성도가 뭐지? 충성도라는 데이터나 변수가 있다는 것인가?"라는 생각이 머리에서 떠나기도 전에, 우린 할 수밖에 없구나라는 생각이 든다. 또한, 만약 우리가 갤럭시 스마트폰을 만드는 기업의 직원이라고 하자. 해당 문제를 분석하려면 갤럭시 사용 고객과 아이폰 사용 고객의 패턴이라도 비교해 봐야 하는 거 아닌가?라는 생각이 미치면서, "아이폰 데이터는 없는데 어떡하지? 결과가 나올 수 있는 게 없네"라는 생각이 들지만, 이미 프로젝트는 시작되었다. 문제 정의 단계에서는 활용할 수 있는 특별한 기술이나 도구가 없다. 기계에게 넘겨줄 수도 없고 인간만이 할 수 있는 것이다. 무엇을 어떻게 풀어야 할지 고민이 필요한데, 그건 생각하지 않고 파이썬? 플랫폼? 아마존? 클라우드? 장비들은 기가막히게 다들 설치되어 있다. 이것들을 어떻게 사용해야 할지 아무 생각 없이 멍하니 있는데, 구매부터 하고 써보고 신기함과 재미를 느낀다. 재미를 느꼈으니 완료 일정에 맞춰 계획만 실행하면 된다. "응? 뭘 풀어야 하는지 모르겠지만 다양한 플랫폼은 충동 구매를 했고, 언제까지 완료해야 하는지 주별 계획과 완료 일정이 최종 문제 정의 단계의 산출물인가?" 그런가 보다 하며, 일단 어떻게든 누군가 책임을 지겠지 생각하고 시작해 본다.

(2) 데이터 수집:

우리는 무엇을 풀어야 하는지 문제를 알지 못하지만 데이터를 수집해야 한다. 각자 폴더를 뒤져서 존재할 거라고 생각했던 데이터가 A4 용지에 작성되어 있다. (다른 예시지만 인사 데이터는 여전히 대부분 수기로 작성되어 있다.) 이런 데이터는 안 본 척하고, 일단 존재하는 파일들을 열어보며 데이터 집계(Cross Table)를 해보며 데이터를 이해해 보려고 한다. 하지만 이 데이터를 만든 사람은 이미 퇴사했고, 아무도 설명해 줄 수 있는 사람이 없다. 그럼에도 버리기는 아깝고 프로젝트가 시작되었으니, 일단 구매한 플랫폼도 써볼 겸 클라우드에 저장해 둔다. 그런데 아무리 생각해도 쓸 수 없을 것 같다. 다시 한 번 A4 용지에 작성된 데이터를 엑셀로 옮겨 보라는 용기를 내 본다. "내가 이러려고 고등교육을 받았나?" 싶어서, 신입사원에게 건네볼 만한 사람을 물색하게 된다. 학교에서 최신 AI 알고리즘으로 데이터를 학습해서 경진대회 1등을 하든 꼴등을 하든, 신입사원은 A4 용지의 데이터를 엑셀로 옮겨 적는 임무부터 수행하게 된다. 결국 데이터 수집 단계의 산출물은 어떤 신입사원에게 데이터 정리를 시킬 것인지 결정하는 것인가? 다행히 운이 좋게도 사람을 찾았다고 치자. 신입사원은 빅데이터를 다룰 줄 아는 역량으로 입사했는데, 엑셀에 수기로 반영된 데이터는 빅데이터가 아니네? 그리고 수기로 입력해서 그런지, 여러 개의 엑셀 파일을 결합했더니 모두 빈 칸이다. 데이터 수집 결과 오타만 잔뜩 생겨 사용 못하게 되는데, 충분하지 않은 것 같은데 어떡하지? 어찌하긴, 이미 빅데이터 기반의 데이터 수집은 완료되었다고 보고되었으니, 빅데이터라고 자기 최면을 걸어 보며 퇴사 고민을 하면 된다. 무엇을 풀어야 할지 모르지만, 플랫폼은 내 연봉보다 비싸게 주고 샀으며 완료 일정과 계획도 보고되었고, 데이터는 수집되었지만 애매하기도 한데 이미 빅데이터 수집이 완료되었다고 보고되었다.

(3) 데이터 전처리:

앞서 우린 빅데이터를 생성했다는 자기 최면을 걸어 수집을 완료했다. 알고리즘 학습을 위한 전처리를 해야 한다. 일단 데이터를 만든 사람은 없으니, 어떻게든 직감을 기반으로 의미를 해석하고 이상해 보이는 데이터를 삭제해 본다. 그런데 남는 게 없나? 어떻게 해야 하지? 얘기하기도 애매한데? 교육기관에서 불필요한 것들은 삭제하라고 배웠고, 그런가 보다 하며 넷플릭스나 시청했지만, 갑자기 적극적으로 의견을 개진하며 지우는 과정을 거치지 않고 임의로 데이터를 채우는 용기를 드러낸다. 어차피 나 말고는 아무도 모른다는 사실을 알기 때문이다. 데이터 분석 과정의 80%가 데이터 전처리라고 배웠던 것 같은데, 할 게 많을 줄 알고 겁났는데, 이상하게도 생각보다 할 게 없다. 데이터 시각화나 기술적 분석, 그리고 집계나 상관 분석 등 내가 할 줄 아는 것도 많은데 쓸 수 있는 게 없네;; 그러면서 가만히 있으니, 빅데이터가 무결점으로 완벽하게 준비되었다고 보고되었다는 소식을 듣게 된다. 사무용 PC만으로도 충분할 것 같지만, 월급 받은 것도 있고 사둔 플랫폼이 아까우니 플랫폼에 전처리가 완료된 데이터를 업로드한다. 업로드 속도가, 용량이 작은 파일임에도 초스피드인 것을 보고 한 번 정도는 놀라게 된다. 그리고 뭔가 중요한 걸 해봐야 할 것 같긴 한데 플랫폼 사용법도 잘 모르겠고, 갑자기 사양이 궁금해져서 플랫폼이나 클라우드의 사양을 체크해 보며 한 번 더 놀라게 된다. 와우, 비싼 하드웨어를 사용했네. 그러는 와중에 플랫폼에 데이터 이관이 완료되고 분석 착수가 가능하다는 보고까지 듣게 되며 등골이 오싹해진다.

(4) 모델링 및 검증:

데이터 준비가 끝났기(?) 때문에, 데이터 학습을 통한 모델링과 성능 검증 작업을 시작하면 된다. 이 날을 위해 수많은 지식들을 갈고닦았다. 기술적 분석, 통계 추론, 데이터 집계, 상관 분석, 기계 학습, 딥러닝, 비지도 학습, 강화 학습 등 그간 의욕 넘치던 순간들이 영화의 장면들처럼 하나하나씩 스쳐 지나간다. 이 순간을 얼마나 기다려 왔던가… 내가 꿈에 그리던 빅데이터(?)를 사용해 최신 AI 알고리즘을 고성능 플랫폼으로 구동해 볼 수 있다는 기대감에 너무 행복하다. 비록 최면 걸린 빅데이터지만 무엇을 분석해야 하는지도 모르면서, 손가락의 힘을 풀고 여러 가지 스킬을 통해 분석을 시작한다. 간단하게 기초 통계로 기술적 분석을 하는데, 갤럭시 고객들의 전체 수와 클릭 수만 존재하는 것을 보고 횟수(Count) 확인(분석)을 할 수 있었다. 가장 많이 쓰는 기능이 무엇인지 확인하다가, 사용하지 않는 기능들은 과감히 빼버리기로 결심하고, 그것이 전원 버튼임을 알았다. 하마터면 찔릴 뻔한 위기를 가까스로 모면하고, 더 이상 데이터는 직접 손대지 않기로 한다. 바로 최신 플랫폼에 탑재된 최신 알고리즘에게 학습을 시킨다. 기능 분류를 해 보니, 기대했던 바와 다르게 최신 AI 알고리즘조차 가장 많이 쓰는 기능과 가장 잘 쓰지 않는 기능이 전원 버튼임을 알려준다. "이미 내가 알고 있는 거네?" 다른 걸 해 볼까 싶어 횟수 예측이 필요한지 모르겠지만, 횟수 예측을 해

본다. 성능은 95%가 나와서 "우와" 한다. 딱히 더 할 게 없어서, 비싼 플랫폼에 탑재된 최신 알고리즘은 아니지만 기계 학습이나 전통적인 선형 회귀 분석도 해 본다. 어랏? 기계 학습 알고리즘의 횟수 예측 성능은 99%네? 뭐지? 최신 알고리즘을 써야 보고할 때 그럴듯해 보이는데, 성능이 떨어지네? 이론과 많이 다른 현실을 보고 더 이상 할 수 있는 것이 없음을 깨달으며 검증을 마친다.

(5) 결과 활용:

기능 분류와 횟수 예측 정도를 분석했는데, 갤럭시 스마트폰의 충성도가 낮은 것과 무슨 상관인지 이제야 생각해 본다. 전원 키를 자주 누르는 사람은 충성도가 높은 건가? 터치 횟수가 낮은 사람들이 충성도가 낮은 건가? 그럼 클릭을 많이 하도록 하면 충성도가 높아지는가? 뭔가 하긴 했는데 안 한 건 아닌데, 얘기하기엔 조금 이상하면서도 안 했다고 하기에는 그렇지 않으니, 일단 결과하면 그림이지!라고 생각하며 있어 보이는 그림 몇 개가 들어가야 한다고 상상하며 그림을 하나씩 그려 본다. 결과를 활용하고 설득하는 영역은 창의성이라고 배웠던 것 같은데, 나는 창의성이 별로 없다는 첫 번째 인사이트를 느낀다. 그리고 뭔가 배운 건 많은데 별로 써보지도 못한 것 같아 찝찝하긴 한데, 그래도 최신 기술을 한 번 써본 건 재밌었다는 두 번째 분석 인사이트를 정리 및 회상해 본다. 더 이상 할 수 있는 것이 없다는 세 번째 인사이트를 듣게 되었을 땐, 분석이 완료되었고 인사이트가 곧 쏟아질 것이라고 보고되었다고 한다. 보고 날짜는 다가오는데 불안하다… 도대체 나는 무슨 문제를 푼 거지?라고 다시 생각해 본다. 갤럭시보다 아이폰의 충성도가 높은 이유를 풀어야 했다. 그런데 내가 만든 결과는 뭐지? 뭔가 단단히 잘못되었음을 이제야 발견한다. 그럼에도 결과를 정리해야 한다; 그림에 글자도 키워 보고 숫자도 넣어 보고 멋진 글씨체도 적용하며, 점점 창의성이 없는 디자이너가 되어가는 나의 모습을 발견하며, 나에게 이런 능력도 있었구나라고 살짝 감탄해 본다. 보고받을 사람들이나 설명을 이해해야 할 사람들 중 친분이 있는 사람들에게 우선적으로 결과를 보여준다. 대부분은 "뭘 한 건지 모르겠다"고 한다. 보고하기에는 안 될 것 같다는 신호들만 쌓여 간다. 그럼에도 완료 일정이 내일이 되었다. 그래서 퇴사를 해야 하는 건지, 뭔가 나와 적성이 안 맞는 것 같다는 느낌도 들고, 잠이 오지 않는다. 잠이 덜 깬 상태로 발표 자료 최종본을 상사에게 건네 드린다. 상사의 표정이 심상치 않다. 그래서 본인이 수정을 하겠다고 한다. 나도 상사도 뭘 하고 있는지는 모르겠지만, 무슨 문제를 얼마나 해결했는지는 전혀 모르겠지만 서로 이것저것 찾아서 집어넣고 업데이트한다. 그런데 나의 발표 자료를 들고, 나의 상사는 〈그림3.1〉처럼 매우 효율적으로 분석 프로세스를 한 단계씩 거쳤고 최신 플랫폼을 기반으로 안정적인 분석이 진행되었으며, 뭔가 성과가 났다고 열심히 보고하는 멋진 모습을 보게 된다. 그래서 "여기까지 살아남으셨구나"라는 네 번째 인사이트를 느끼며, 동시에 교육기관에서 배웠던 명확한 문제, 깔끔한 데이터, 그리고 수년 간에 걸쳐 배웠던 수많은 AI 알고리즘(비록 써보진 못했지만)을 알려주시는 친절한 튜터가 있는 기말고사나 캐글(Kaggle)과 같은 경진대회와 실제 현실은 다르다는 다섯 번째 인사이트를 느끼며, 생각보다 그래도 회사는 다닐 만하다는 결론으로 분석을 마친다.

AI 의사결정: 문제 정의에서 결과 활용까지의 냉정한 현실과 성공 조건

요 약

"AI 의사결정의 실패는 알고리즘이 아니라 잘못된 문제 정의에서 시작된다."
"데이터의 양보다 질, 그리고 현실성 있는 해석이 성공 여부를 좌우한다."
"모델의 성능보다 중요한 것은 비즈니스에서 통할 수 있는 검증과 활용이다."

아무도 무엇을 해결해야 하는지 모르고, 아무것도 없는 상황에서 착수하였으며 데이터를 수집하고, 방향이 없는 상황에서 일정이 계획되어 데이터 준비가 완료된 것처럼 보이며, 무엇이든 알고리즘에 학습시켜 결과를 보고할 때쯤 퇴사를 고민하며 AI 의사결정의 현실을 왜곡하게 된다. 이러한 우리의 안타까운 AI 의사결정 과정은 그럼 어떻게 변화해야 할 것인가?

다소 냉정한 표현으로 비춰질 수 있지만, 이러한 표현을 통해 독자들이 쓸데없는 고생을 줄일 수만 있다면 가치가 있을 것이라 판단된다.

(1) 문제 정의:

전체 단계 중에서 가장 많은 커뮤니케이션 비용을 투자하고 방향을 명확히 하는 데 최선의 노력을 기울여야 하는 단계다. 내가 생각하는 방향이 아니라 모든 구성원이 한 목소리로 동의할 수 있는 문제를 풀어야 한다. 혼자 마음대로 문제를 정의하고 결과 출력과 검증까지 끝냈는데, 주변 사람들이 "그건 할 필요가 없는 문제인데 왜 한 거야?"라고 반응할 수도 있다. 따라서 문제 정의 단계에서 내가 이것을 해결하려는 이유가 무엇인지, 왜 하는 것인지, 그리고 어떻게 검증할 것인지, 어떤 비즈니스의 개선이 예상되는지 등 모든 사람들이 동의할 수 있도록 끊임없이 커뮤니케이션을 해야 한다.

만약 문제 정의가 다수의 동의를 받지 못하거나 제대로 완료되지 않았다면, 사실 애초에 분석을 시작할 필요가 없다. 왜냐하면 결과가 활용될 가능성이 거의 없기 때문이다. 내가 저녁에 간단히 식사하고 영화를 볼 계획인데, 무엇을 먹어야 행복감이 극대화될지 분석할 필요는 없는 것이다.

또한, 문제가 정의된 후에도 분석 과정에서 결과의 성능이 낮거나 활용도가 낮을 것으로 예상된다면, 빠른 문제 정의의 변경이 중요할 수 있다. 아이폰 고객 데이터가 없는데 갤럭시 고객 데이터만 분석해서 어떻게 아이폰 고객의 충성도를 알 수 있는가? 이건 알파고도 진화를 거듭해도 해결할 수 없는 문제다. 재료가 없는데 어떻게 음식이 만들어지겠는가?

현실 문제를 데이터 기반 문제로 기획한다는 것은 거짓말을 하거나 사기를 치라는 얘기가 아니다. 냉정하게 접근할 수 있는 부분과 우리가 하고자 하는 방향, 그것을 확인하고 설득을 통해 가장 가치 있고 활용도가 높을 것으로 판단되는 기획 방향부터 시작하자는 것이다! 그래야만 수많은 사람들의 노고가 빛날 가능성이 높아지고 쓰이지 않고 버려질 일이 줄어들 것이다. 마치 구입한 장비를 써보려고 분석하는 것이 아니다. 굳이 할 필요가 없는 것에 애쓸 필요가 없지 않는가? 진짜 해결할 수 있는 문제의 방향인지 아닌지 냉정하게 판단하고, 불가능한 문제라면 과감히 변경하며 가치 있는 방향으로 빠르게 업데이트해야 할 것이다.

(2) 데이터 수집:

데이터가 없는데 분석이 가능할 수는 없다? 재료가 없는데 요리가 어떻게 가능한가? 아마존과 같은 생존 프로그램에서도 재료가 없으면 끊임없이 재료를 찾아 헤매며 요리 장비만 만들고 있지는 않는다. 수많은 학습 알고리즘 기술들… 이론적으로 멋지고 기가막힌 도구들을 나열하는 것보다 중요한 것은 데이터를 지금부터라도 제대로 수집하는 것이다.

만약 데이터가 수십 테라바이트가 넘을 만큼 많이 있다고 자랑한다고 치자. 저자의 경험상 데이터에 자신이 있는 경우, 아무리 대충 분석하더라도 풍부한 인사이트가 나올 수 있기 때문에 일반적으로 데이터에 대한 자랑이나 알고리즘에 대한 질문들은 별로 하지 않는다. 오히려 문제 해결 전략과 방향성에 대한 컨설팅을 더욱 선호한다. 반면, 센서들이 1초마다 수십 개씩 샘플을 찍어내는데 변수는 시간, 작동 횟수 등 고작 1~2개만으로 용량을 차지하는 의미 없는 데이터를 가진 경우, 오히려 데이터의 용량에 대한 얘기부터 꺼내는 경향이 있다. 그것 말고는 해본 것도 없고 아는 것도 없기 때문이다.

요리로 치면, 제가 쌀을 만들었습니다. 알이 1초마다 100개씩 나옵니다. "맛있게 드세요?"

라고 할 것인가? 쌀도 있고, 반찬도 있고, 고기도 있고, 맛있게 먹을 수 있는 가이드도 드립니다. 설득력이 있을까? 데이터의 양보다 더욱 중요한 것은 질이다. 그래야만 분석의 가치가 나타나는 것이다.

데이터가 없으면 지금부터라도 새롭게 수집하던지, 아니면 기존 데이터를 잘 결합해서 빅데이터를 만들기 위한 연구를 해야 한다. 그리고 데이터가 쓸데없이 양만 많아도 의미가 떨어진다. 질적으로 가치를 높일 수 있도록 데이터를 정교하게 준비해야 할 것이다.

또한, 데이터 수집은 무념무상으로 단순히 존재하는 데이터를 가지고 오는 과정만은 아니다. 수집되는 데이터의 양과 질을 보면서 예상되는 정답의 후보들을 가늠할 수 있어야 한다. 여러분은 AI가 주는 출력들을 무작정 신뢰할 것인가? 그렇지 않고 출력값들의 신뢰성을 판단할 것이라면 바로 수집 과정에서 판단 근거들을 예상해 보는 것이다.

앞서, 예시로 퇴사자를 예측하는 AI 기반 의사결정 문제를 다시 떠올려보자. 데이터는 근무시간 패턴과 휴가 사용 패턴밖에 없었다. 이 데이터로 출력된 결과들을 가지고 퇴사 예정자로 판단할 수 있을 것인가? 무작정 인공지능이 출력했다고 무조건 맹신하는 사람은 없을 것이다. 아무리 AI 알고리즘이 발전한다고 해도, 쉬는 시간이나 휴가를 많이(또는 적게) 사용하는 사람의 여부가 출력되었다고 해서 퇴사 확률이 추론되지는 않을 것이다. 물론 해당 정보들이 퇴사와 연관성이 있을 수는 있지만 동일하지는 않기 때문에 해석에 매우 주의를 기울여야 한다. 냉정하게 가능한 출력의 후보를 기반으로 해석과 활용 가능성의 범위를 가늠해야 한다. 이를 통해 AI가 출력하는 결과들의 신뢰성을 판단할 수 있을 것이다. 또한, 분석기획의 현실성과 사기성(?) 여부를 구분해서 효과적인 시간과 비용의 투자에도 도움이 될 수 있다.

칼이라는 도구가 문제가 될 순 없다. 결국 이를 어떻게 누가 사용할지에 따라 좋은 도구일 수도, 나쁜 도구가 될 수도 있다. 따라서 도구가 출력하는 해석을 신뢰할 수 있을지 여부를 판단하기 위해 예상되는 정답 후보들을 미리 머릿속으로 그려볼 필요가 있을 것이다.

정리하면, 성공적인 AI 의사결정을 위해 데이터 수집 과정에서는, (1) 데이터가 없다면 꾸역꾸역 분석할 게 아니라 지금부터라도 정교한 패턴을 다시 수집해야 하며, (2) 쓸데없이 양만 많은 데이터라면 질을 늘리기 위한 데이터 기획이나 결합과 같은 노력들을 기울여야 한다. (3) 그럼에도 데이터가 부족하다면 AI 기반 분석 결과의 신뢰성 판단을 위해, 수집된 데이터로 예상되는 정답의 후보들을 가늠해 보며 과도한 해석을 자제하고 현실에 맞는 활용을 해야 한다.

(3) 데이터 전처리:

우리의 데이터는 무결점이고 빅데이터가 잘 결합되어 수집과 준비가 끝났다고 보고되었겠지만, 현실은 아무 것도 없는 공허함으로 가득할 수 있다. 그럼에도 데이터를 기계에게 학습시키기 위한 형태로 변경하는 것이 목적인 전처리 과정은 매우 필수적이다. 데이터의 소스가 여러 개라면 이를 결합(Merge)해야 할 것이고, 문제 해결에 도움이 되지 않을 법한 샘플이나 변수들은 제거(Remove)가 필요하다. 또한 값이 비어 있거나 스펙에 맞지 않는 오류 값들이 있다면 이를 어떻게든 채워야(Fill) 기계가 학습 과정에서 현실을 왜곡하거나 오해할 가능성이 줄어든다. 또한 무작정 전체 데이터를 사용하기보다 학습 시간을 줄이기 위해서 또는 너무 오래된 데이터들이 현실과 차이가 있다면 이를 필터링(Filter)할 수도 있다. 그리고 학습(Train)과 추론/예측(Test)에 사용하기 위한 데이터로 분리한다. 또한, 인간 관점에서 필요한 해석과 기계도 유사하게 이해할 수 있도록 데이터 형태를 변경하거나(Transform), 변수들의 값의 범위를 일정하게 맞추어(Scaling) 공정한 학습을 유도해야 할 것이다. 최종적으로 전처리가 완료된 데이터를 클라우드와 같은 보안이 높은 곳에 무결점으로 저장하고(Data Warehouse), 기계에게 학습을 하기 위한 준비(Mart)를 마친다. 이러한 과정을 반자동 또는 자동화 도구들도 많이 등장하고 있지만, 결과의 신뢰성을 높이기 위해서는 방향이 적정한지 인간이 확인할 필요가 있어서 알아두어야 한다. 또한 전처리는 일회성으로 끝나는 것이 아니다. 데이터는 실시간으로 생성되는데, 플랫폼에 데이터가 업로드되면 과연 끝이겠는가? 애초에 일회성 기술로 완료될 것으로 언급하는 사람들은 현실을 제대로 알지 못할 가능성이 높다. 끊임없이 데이터를 확인하고 업데이트하며 진화시켜야 하는 것이다.

또한 이러한 전처리가 분석 과정의 80% 이상을 차지할 만큼 비중이 높으며, AI 알고리즘이 절대 대신해 줄 수 없다. 예를 들어, 모델링의 성능이 좋았지만 현실 적용에서 성능이 낮았다고 치자. 우리가 업데이트할 수 있는 것은 입력(X)과 처리(f)라고 했다. 처리의 학습 알고리즘을 변경하는 것은 매우 쉽다. 새로운 모델을 불러와서 적용이라는 몇 줄의 과정을 통해 수동적으로 쉽게 할 수 있다. 그런데 입력을 변경하는 것은 그렇게 말처럼 간단한 것이 아니다. 문제가 바뀌거나 처리가 바뀌면 당연히 데이터의 수집부터 전처리의 모든 과정이 변경될 수밖에 없기 때문이다. 문제에 맞는 데이터를 새로 수집해야 하고, 대응되는 출력(Y)도 변경될 수 있으며, 알고리즘이 변경된 만큼 이에 맞춰 전처리 과정을 새로 진행해야 할 가능성이 높다. 우리가 AI 활용 수업이나 강의, 또는 경진대회와 같은 곳에서 살펴보게 되는 공공 데이터들은 이미 이러한 과정을 모두 완료하여 깔끔하게 정제된 것을 사용하는 것이다. 하지만 현실은 이걸 여러분이 해야 하는 것이며, 전체 분석 업무의 80% 이상을 차지할 가능성이 높다. 게다가 빅데이터라면 여기에 투입되는 시간과 비용은 말할 것도 없다. 이후의 모델링, 검증, 실행 등은 매우 단순하고 수동적인 과정일 뿐이다.

(4) 모델링 및 검증:

최신 알고리즘에 데이터를 학습시키고 분석이 완료되어 곧 인사이트가 쏟아질 것이라 보고 되겠지만, 어느 정도는 맞고 어느 정도는 틀렸다. 모델링과 검증은 사실 이론적인 난이도가 높은 건 사실이지만, 진행하는 방식은 매우 수동적이고 창의성도 필요 없이 누구나 할 수 있다. 데이터를 다루고 문제를 정의하는 과정에서 수반되는 수많은 커뮤니케이션은 어렵지만, 이후 과정들은 사실 거의 반자동 또는 자동화된 것이기에 자세히 몰라도 되는 부분이다. 정해진 로직으로 학습을 하고 정해진 검증 방법에 따라 성능이 표현되고 끝이다.

단, 우리가 집중해야 할 것은 알고리즘 기술의 구조를 뜯어보는 것보다 명확한 결과의 이해, 신뢰성 및 해석이다. 예를 들어 정확도가 90%가 나왔다. 이게 매출에 얼마나 기여한다는 것인가? 내일 주가라면 얼마가 된다는 것인가? 무슨 의미인가?처럼 단순히 나열되어 있는, 수학적으로 계산된 검증 지표들을 해석하는 데 훨씬 심혈을 기울여야 한다. 게다가 이후 현실 검증에서 사용되는 비즈니스 검증은 단순한 수학적 검증과는 또 다른 문제다. 왜냐하면 PC 앞에서 수학적으로 성능이 좋은 것과 비즈니스 현실에서 성능이 잘 나오는 것은 다르기 때문이다.

앞선 예시처럼 퇴사 예정을 예측하는 문제에서 단순히 95%의 과거를 재현할 만큼 모델링이 훌륭하다고 하자. 이를 현실에서 검증하려면 실제 퇴사 예정자로 예측된 사람들에게 일일이 찾아가서 "언제 퇴사할 거예요?"라고 물을 것인가? 설령 진짜라고 하더라도 매우 당황스러워할 수 있다. 현실에서는 사실 이렇게 검증하는 것 자체가 도리가 아니기에 할 수 없는 것도 많다. 그리고 당황하지 않고 답변을 받았다고 해도 그 말을 순순히 믿을 수 있을 것인가? 현실 검증이 그렇게 간단한 것은 아니다. 더욱이 '퇴사'라는 표현은 자주 논의되는 편한 단어도 아니기 때문이다.

따라서 다른 방법으로 현실 검증을 하기 위해 직원들의 회사 만족도를 측정하는 것으로 대신할 수도 있다. 아무래도 직원들의 만족도가 높다면 퇴사를 덜 할 것이다. 이것이 현실 검증의 지표가 될 것이다. "만족도"라는 것은 수학적으로 표현할 수 없는, 효과적인 인간만의 현실 지표다. 따라서 모델링의 검증과 현실 검증은 절대로 같을 수 없다.

역으로 얘기하면, 모델링 검증과 현실 검증이 같다면 3단계를 하더라도 않은 것과 같다. PC에서도 3단계 데이터를 분리해서 동일하게 하는 것과 차이가 없기에 굳이 시간과 비용을 투입할 필요가 없는 것이다. 또한 현실을 반영하지 못하는 지표기 때문에 3단계의 성능은 더욱 낮아질 것이 당연하다.

즉, 현실 검증 지표를 만족도로 하느냐 불만율로 하느냐, 또는 어떤 방향으로 해야 효과를 높일 것인가에 기반한 결과를 해석하고 이해하는 데 창의적인 고민을 해야 할 포인트이지, 알고리즘 기술을 뜯어보거나 적용하는 것이 핵심이 아니다. 이러한 목적을 위해 기술적 분석, 통계 추론, 알고리즘 학습, 검증, 에러 분석 등을 배우고 적용하는 것이지, 기술 자체를 뽑아내기 위함이 아니다. 그리고 이건 이제 아무나 하는 세상이다. 기술을 하나하나 손으로 익히고 수학을 아는 것만이 중요한 게 아니다. 왜 하는 것이지, 무엇을 위해 하는 것인지 우리는 알고 사용해야 한다!

(5) 결과 활용:

마지막으로 결과의 활용은 시각화를 하든 지식화나 공유를 하든 정형화된 방법이 없다. 단순하게 리포트나 그림 1~2장이 나왔다고 해서 끝인 것이 아니다. 대시보드, 의사결정, 리포팅 등 분석 도구나 과정도 정해진 것이 없고, 오로지 청자에 맞게 설득해야 하는 창의성의 영역이다. 앞선 단계들을 반복적으로 업데이트해서 결과가 많은 사람들에게 납득되고, 플랫폼으로 연결되며, 박수를 칠 때까지 반복하는 것이다. 인사이트가 도출되고 우리의 현실이 변화될 때까지 반복하면 된다. 고객이나 대표가 납득할 때까지 충분한 설명력을 제공하기 위한 도구일 뿐, 일반화된 결과 활용 방향은 없다고 볼 수 있다.

성공사례 부재 혁신의 착시: 기술이 아니라 질문이 성공을 만든다

혁신의 착시: 기술 도입 = 성공?

요 약

"기술을 도입하면 뭔가 될 줄 알았다. 그런데 도입 이후 바뀐 건 아무것도 없었다."

최근 수년간 기업과 정부 기관은 AI 시스템을 도입하고 클라우드 기반 분석 플랫폼을 구축하며 수많은 데이터 사이언티스트들을 영입했다. 그러나 정작 성과는 미미하다. 왜 우리는 이렇게 많은 자원과 기술을 투입하고도 "변화"를 체감하지 못할까? 그 이유는 단 하나! AI는 도입되었지만, 문제는 정의되지 않았기 때문이다. 최신 인공지능 기술을 도입하고도 누구도 결과를 활용하지 않는 조직, 이런 기업은 기술이 부족한 게 아니라 "정의되지 않은 문제"를 기술로 푸는 착각 속에 있다.

〉사례 1: 국내 유통 대기업 A사

- 배경: AI 기반 수요 예측 시스템 도입
- 문제: 정확도는 97%였으나 실제 매장 운영자는 해당 결과를 참고하지 않음
- 이유: 본사 시스템의 결과보다 매장장의 "직관"이 더 믿을 만하다고 판단
- 결과: 시스템은 형식적인 보고용 도구로 전락

〉사례 2: 금융기업 B사

- 배경: 고객 이탈 예측 모델 도입, 외부 컨설팅까지 진행
- 문제: 고객 이탈 가능성이 높은 고객 리스트를 영업팀이 활용하지 않음
- 이유: 기존 CRM 프로세스와 충돌, 성과 평가 방식이 바뀌지 않음
- 결과: 고도화한 분석은 리포트 파일로만 존재

> **〉사례 3: 공공기관 C기관**
> - 배경: 민원 대응 자동화 시스템 구축
> - 문제: 성능은 기준치 이상이나 민원 담당자가 여전히 수작업을 진행
> - 이유: 잘못 대응될 경우 책임이 모호하다는 이유로 AI 시스템을 회피
> - 결과: 자동화 시스템 사용률 10% 이하, 사실상 폐기

문제를 정의하지 않고 도구만 나열한 결과

〈그림 3.2〉는 우리가 얼마나 기술 중심적으로 의사결정을 오해하고 있었는지를 보여준다. 그림 속에는 우리가 익히 들어온 생성형 AI, 강화 학습, 딥러닝, Transformer, Python 같은 기술 키워드는 보이지 않는다. 대신 수많은 부서들의 얽히고설킨 관계, 반복적인 피드백 루프, 전방위적인 커뮤니케이션 과정이 있다. 이것이 실제 비즈니스의 "현장"이다.

AI 시스템은 문제를 스스로 정의하지 못한다. 무엇을 해결할 것인지 결정하는 것은 여전히 인간의 역할이다. 그런데 많은 조직은 이를 건너뛴 채 고성능 알고리즘과 모델, 예쁜 대시보드 구축에만 집중한다. 그러다 보니 분석은 됐지만 아무도 그 결과를 어떻게 써야 할지 모르게 된다. 혹은 아무도 신뢰하지 않는다.

데이터는 시스템에 없고, 조직에 흩어져 있다

대다수 기업은 데이터를 클라우드에 통합했다고 생각한다. 하지만 실제로는 마케팅, 물류, 인사, 재무, 법무, 고객 대응 등 각 부서에 분산되어 있고, 서로 다른 형식과 규약, 접근 권한이 존재한다. 문제는 이 복잡한 데이터 생태계 속에서 누구도 '데이터를 어떻게 수집할 것인지'조차 기획하지 않는다는 점이다.

AI는 데이터를 먹고 자란다. 하지만 아무리 정교한 알고리즘이라도 데이터가 누락되거나 왜곡되거나 맥락 없이 결합되면 제대로 작동할 수 없다. 그럼에도 여전히 많은 프로젝트는 "데이터는 클라우드에 있으니 그냥 돌려보자"라는 식으로 진행된다. 분석의 실패는 기술의 문제가 아니라 기획의 실패다.

99% 성능, 0% 변화

AI 모델의 성능이 99%라고 하자. 하지만 그 모델이 어떤 비즈니스 결정에 어떻게 연결될지, 실제 고객과 접점에서 어떤 행동 변화로 이어질지를 논의하지 않았다면 결과는 아무것도 바뀌지 않는 것이다.

AI 의사결정의 진짜 시작은 모델 성능을 넘어서 유관 부서들과의 협의, 조직 내 신뢰, 정책 설계, 책임 구조, KPI 반영까지 이어지는 실질적 적용 과정이다. 이건 AI가 해줄 수 없다. 오직 인간만이 할 수 있다. AI는 성능을, 인간은 전략을 책임져야 한다.

<그림 3.5> 실패를 낳는 AI 의사결정 활용 흐름도

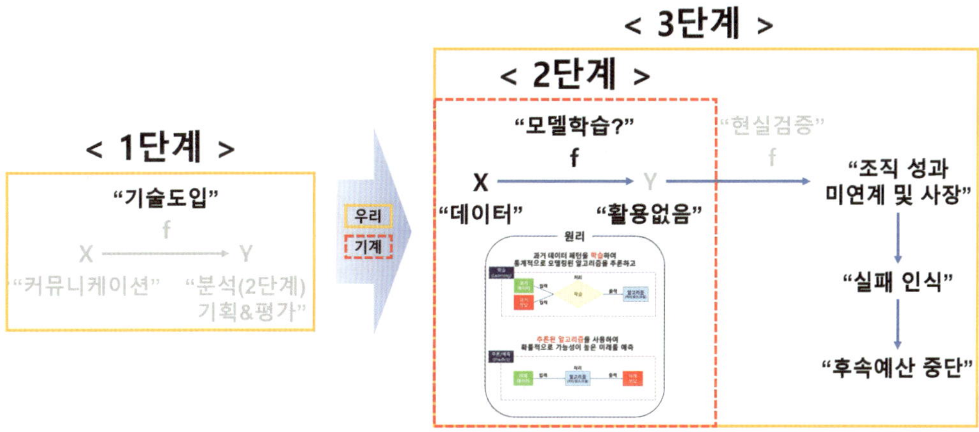

성공적인 AI 의사결정의 조건: 인간만이 할 수 있는 일

요 약

문제 정의가 먼저다 – 기술이 아니라 질문이 출발점이다.
데이터는 조직의 맥락을 이해해야 한다 – 단순히 가져오는 것이 아니라 '왜' 필요한지를 기획해야 한다.
AI의 결과를 해석하고 설명할 수 있어야 한다 – 이를 위한 토론, 설득, 비판적 사고는 인간만이 할 수 있다.
기술의 성능보다 조직의 변화가 중요하다 – 실제로 쓰이고 변화를 만들 수 있는 구조가 없으면 아무 의미가 없다.
AI는 문제를 풀 수 있지만, 무엇이 문제인지는 인간만이 알 수 있다.

AI의 기술적 성숙도는 이미 상업적으로 활용 가능한 수준을 넘었다. 기계는 학습한다. 그러나 "무엇을 학습할지", "그 학습 결과를 어디에 어떻게 쓸지"를 정하는 것은 인간의 고유한 창의성과 통찰력이다. 기술이 아니라, 그 기술을 왜, 무엇을 위해, 어떻게 쓸지를 정의하고 연결하는 인간의 문제 정의 능력과 설계 역량이다. 어떤 시스템도 이 과정을 대신할 수 없으며, 이것이 바로 AI 시대에 인간의 역할이 더욱 중요해지는 이유다. 다시 말해, "AI가 실패한 게 아니라 인간이 실패한 것"이다. 그리고 지금 이 시점이 그 실패를 바로잡을 마지막 기회다. AI 시대의 인간 역할은 줄어들지 않았다. 오히려 명확해졌다. 기획자, 질문자, 해석자, 전략가로서의 인간. AI 도입이 실패하는 이유는 기술이 부족해서가 아니라, 우리 인간이 책임져야 할 본질을 포기하고 기술에게 전가했기 때문이다. 이제 다시 인간의 역할을 재정의할 때다.

제 4 장

AI 시대의 협업:
질문하는 인간, 답하는 기계

제 4 장 AI 시대의 협업: 질문하는 인간, 답하는 기계

어색한 협업을 통한 가치 창출

안타까운 AI 의사결정의 현실을 뒤로 하고… 앞으로의 방향에 집중하자. 데이터 사이언티스트, 애널리스트, 엔지니어 등 어떠한 직업군이든 결국은 동일한 프로세스를 통해 AI 의사결정을 한다. 이들은 현존하는 가장 효과적인 분석 도구들을 활용하여 인간이 다루기 어려운 빅데이터를 처리하고 기계에 학습시키며 우리의 해결하고자 하는 현실 문제를 해결하는 데 집중한다.

반면, 우리의 고객 또는 나의 상사와 같이 간접적으로만 빅데이터와 AI를 활용하는 사람들은 분석 도구로 무엇을 사용했는지, 어떤 기술이며 최신 버전인지는 전혀 관심이 없다. 이들은 어떤 문제를 해결했는지, 또는 어떻게 결과를 활용해서 효과적인 설득을 하는지만 관심이 있을 뿐이다. 하지만 달리 생각해보면 굳이 알아야 할 필요는 없지 않을까?

더욱이 **우리는 분석 도구나 기술에 빠져 데이터 분석 프로세스의 중요성을 외면하는 것에 주의해야 한다!** 오히려 우리가 집중해야 할 것은 우리의 일상과 비즈니스, 사회의 본질적인 문제다. 주객이 바뀌어 기술이 AI 의사결정의 전부인 양, 그러한 태도는 매우 위험할 수 있다.

우리가 진정으로 주목해야 하는 것은 도구나 기술 자체가 아니라 바로 **빅데이터와 AI를 활용하여 실질적인 변화와 가치를 어떻게 창출할 것인가에 대한 통찰**이다. 기계는 데이터를 학습하고 반복적인 계산을 자동화할 수 있지만, 문제를 정의하고 그 결과를 현실에 연결하는 작업은 여전히 인간만이 할 수 있는 고유한 역할이다!

AI는 이제 도구가 아니라 동료로서 자리 잡고 있다. 데이터와 알고리즘이 제공하는 정량적 기반 위에서, **인간은 보다 창의적이고 윤리적인 판단을 통해 "왜, 무엇을, 어떻게" 결정할 것인가를 주도**해야 한다. 결국 기계는 분석을 하지만 결정은 인간인 우리가 한다. 이것은 단순한 역할 분담이 아니라, 앞으로의 시대를 살아가는 AI 리터러시를 갖춘 인간의 기본 역량이 될 것이다.

우리는 이제 함께 결정함으로써, 정량적, 체계적, 합리적인 결과를 도구로 삼아 비즈니스, 금융 경제, 사회 및 우리의 일상적인 문제에 어떻게 적용할지 최선을 다함으로써 합리적 의사결정으로 현실 문제를 해결하기만 하면 되는 것이다!

4.1 인간과 기계, 서로 다른 강점으로 현실을 바꾸는 협업 해법

인간과 기계의 협업을 통한 AI 의사결정

요 약

"기계가 '정답'을 알려줘도, 인간이 '해결'을 이끌어야 한다."
"예측은 자동화할 수 있어도, 설득은 인간의 고유 영역이다."
"데이터는 문제를 정의하는 순간부터 비로소 의미를 갖는다."

<그림4.1> 인간과 기계의 역할과 협업을 통한 성공적인 AI 의사결정 프로세스

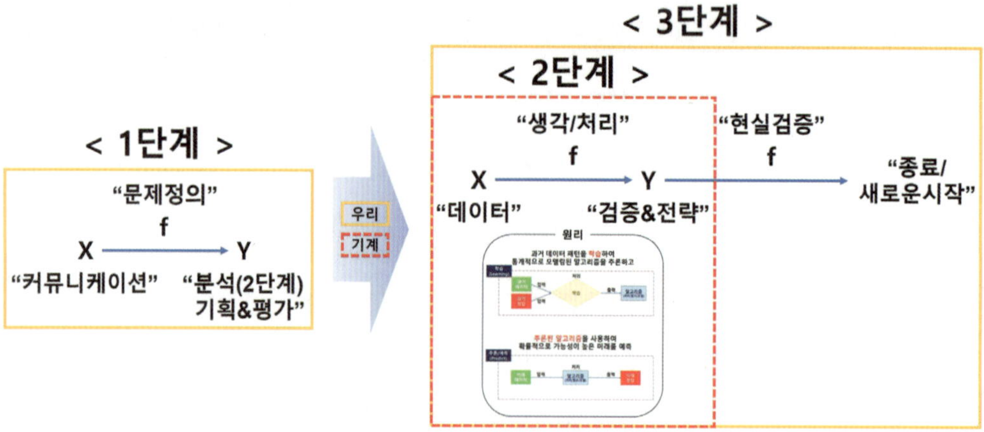

따라서 인간과 기계의 강점 기반 구분과 협업 관점에서 우리의 AI 의사결정 프로세스 현실 전체를 제대로 정리해 보았다 〈그림4.1〉. 우리가 기계를 통한 AI 의사결정 범위는 1단계, 2단계, 그리고 3단계로 나뉜다. 그 중에서 우리가 빅데이터와 AI를 활용하여 데이터 수집, 전처리, 모델링, 검증, 결과 활용 등의 학습과 추론/예측 과정은 바로 2단계만을 의미한다. 본 저서를 제외하고 빅데이터와 AI의 이론과 함께 분석 사례들을 소개하는, 어디서든지 접할 수 있는 대부분의 강의는 실제 우리가 데이터를 사용해서 의사결정을 해보거나 비즈니스 현실 문제를 풀기 전까지는 결국 2단계만을 소개하는 것이다! 따라서 결론부터 얘기하자면, 성공적인 AI 의사결정을 우리가 체감하기 어려운 것은 2단계에 천문학적인 인력과 자본과 기술을 투자하고는 나

머지 1단계와 3단계를 하지 않기 때문이다.

그럼 과연 1단계와 3단계는 무엇일까? 그것은 바로 인간인 우리가 기계에게 넘겨줄 수도 없는, 유일하게 집중해야 하는 문제 정의(1단계)와 결과 활용(3단계)을 의미한다. 그림과 같이 **AI 의사결정의 시작은 데이터 수집이 아니라 바로 문제 정의부터다**. 그리고 바로 이 1단계가 2단계 및 3단계의 방향성과 성공 가능성과 밀접한 관계가 있기 때문에 비교도 되지 않게 훨씬 중요하다.

1단계와 3단계를 좀 더 체감할 수 있도록 하나의 분석 문제를 생각해 보자. 과거와 달리 요즘 기업들의 기술 유출이나 인력 유출은 기업 경쟁력과 가치에 매우 치명적이다. 따라서 여러분들이 인사팀의 인적 자원(Human Resource) 담당자가 되어 어떤 사람이 과연 퇴사를 계획하고 있는지, 유출을 줄이는 것을 목표로 해 보자.

[1단계] 그럼 이러한 문제를 해결하기 위해서는 어떠한 데이터를 입력(X)해야 할까? PC에 저장되어 있는 데이터를 밀어넣고 보는 게 아니라, 일단 문제에 따라 어떤 데이터를 기계에게 학습시켜야 할지 고민해야 한다. 또는 데이터를 줄 때까지 손가락을 빨며 멍하니 기다리는 것이 아니라, 데이터를 찾아 다녀야 한다. 결국 퇴사할 사람을 찾으려면 어떤 데이터를 써야 되지? 아마도 퇴사를 생각하거나 계획하는 사람들은 회사에 머무르는 시간이 상대적으로 지루하지 않을까? 따라서 임직원들이 사무실에서 집중을 덜 하거나 휴가를 빠르게 소진하려고 할 것 같다. 따라서 첫 번째 사용할 데이터는 임직원들의 PC 사용 기록이나 건물 내 이동 경로를 분석하여 업무 외 시간 활용 패턴을 생성한다. 두 번째 사용할 데이터는 임직원들의 근무 기간과 비례하는 휴가나 연차 관련 데이터를 기반으로, 과거의 사용 패턴 대비 올해 사용 패턴의 변화를 산출하고 평소 대비 빠르게 소진되고 있는 정도의 패턴도 생성한다. 이렇게 해서 2단계의 X가 결정되었다. 다음으로 우리가 풀고자 하는 문제는, 마치 객관식 문제의 정답을 찾는 것처럼 퇴사 또는 미퇴사할 사람을 구분하는 것이다. 이러한 문제에서 사용할 수 있는 AI 알고리즘의 후보들을 준비한다 (f 완성). 이를 통해 X를 알고리즘별로 기계에게 학습시켜서 자연스럽게 각 임직원별 퇴사 가능성 확률이 출력(Y)일 것이다. 그리고 50%를 기준으로, 그 이상은 퇴사할 사람, 그 미만은 그렇지 않을 사람으로 구분할 수 있다. 이렇게 구분된 임직원들을, 학습에 사

용되지 않은 검증 데이터를 활용하여 모델링 성능을 확인할 수 있다. 이러한 검증 과정을 통해 모든 임직원을 일일이 만날 필요 없이, AI 의사결정으로 퇴사할 것으로 예측된 임직원들만 만나 퇴사를 방지하는 전략을 효과적으로 적용할 수 있을 것이다. 따라서 이러한 고민을 통해 **현실 문제를 데이터 문제로 변경하고, 분석 방향을 기획하며 어떻게 성능을 평가할지 결정하는 것이 바로 1단계의 목표**이다. 이를 통해 2단계는 매우 수동적으로 자연스럽게 완료되고, 미래 대응 전략을 효과적으로 마련할 수 있다.

[3단계] 만약 2단계의 모델링을 통해 퇴사할 사람의 예측 성능이 95%가 나왔다면, 처음 접근한 AI 의사결정 치고는 높은 수치다. 미래에 100명 정도를 기계에게 누가 퇴사 또는 미퇴사할지 알려달라고 한다면, 95명을 맞춘다는 것이다. 이러한 연구 성과를 보고하고 미리 준비한 전략을 실제 적용하여 퇴사를 방지하겠다고 결정했다. 그래서 실제 임직원들 10명을 뽑아, 이들에게 퇴사를 할 것 같느냐, 아니면 계속 다닐 것 같느냐고 물어보고 예측 수치를 받았다. 1번부터 6번까지의 임직원은 퇴사를 하지 않을 거라고 하였고, 7번부터 10번까지의 임직원은 퇴사를 할 것이라고 기계가 답변하였다. AI와 빅데이터 덕분에 우리는 매우 수월하게 예측할 수 있다. 그래서 인사팀 담당자들이 7번부터 10번 임직원 4명을 한 명씩 만나면서 정말 그러한지, 모델의 검증이 아닌 현실 평가를 실행한다. 7번님과 8번님은 쉬는 시간을 너무 많이 가지시던데, 무슨 일이 있으신 건가요? 혹시 업무에 집중하기 어렵거나 이직을 고려하고 계신지요? 그리고 9번과 10번님은 상대적으로 다른 분들에 비해 연차를 최근 급속도로 사용하고 계십니다. 혹시 다른 회사에 면접을 보시거나 다른 이슈가 있으신지요?라는 질문에, 4명 모두가 화들짝 놀라고 말았다! 인사팀은 미소를 잃지 않고 "요 놈들 잡았다!"라는 표정으로 바라보고 있다. 그런데 돌아오는 답변은 오잉? "저는 코로나 이후 기침이 많이 생겼는데, 실내에 있을 경우 점점 심해지는 경향이 있어서 주변 사람들에게 방해하지 않으려고 쉬는 시간을 많이 가지게 되었습니다. 저도 최근 에어컨이 너무 추워서 감기에 걸릴까 봐 자리 이동을 빈번하게 하고 있습니다. 저 역시 집안에 아픈 가족이 있어서 부득이하게 연차를 많이 사용하였습니다. 저도 아픈 건 아닌데, 지난달까지 업무가 너무 몰려서 거의 제때 퇴근을 하지 못했습니다. 그래서 이번 달은 상대적으로 업무가 적어서 체력을 비축하려고 가급적 쉴 수 있을 때 쉬려고 합니다." AI 의사결정 성능은 분명 검증 데이터 기준으로 95%가 나왔다. 그런데 지금 10명 중 4명을 실제 현실에서 평가했더니 모두 틀렸다. 나머지 6명도 평가를 해봐야겠지만, 맞춘다고 해서 현실 평

가 성능은 최대 60%를 넘지 못한다. 아니, 최신 AI 기술을 사용했는데도 이런 일이 발생한다고?

그렇다. **알고리즘의 성능 검증 수치와 현실 검증 수치는 절대 같을 수 없다. 오히려 일반적으로 현실 검증 수치는 감소하는 경향이 있다.** 그 이유는 무엇일까? 크게 두 가지 가능성이 있다. 첫 번째는, 준비된 데이터의 패턴이 너무 단순하기 때문이다. 임직원이 수백만이라 샘플 수는 많을 수 있지만, 우리가 퇴사자를 예측하기 위해 사용한 변수는 고작 2개다. 쉬는 시간 패턴과 연차 패턴. 이 두 가지가 퇴사 여부와 관련성이 높을 수도 있지만, 그렇지 않을 수도 있다. 퇴사한 사람들에 대한 정보는 있지만, 퇴사와 직접적인 관련이 있는, 예를 들어 "퇴사 욕구? 회사 만족도?"와 같은 변수는 현실에서는 없다. 우리 문제와 연관성이 100%인 변수는 없다. 간접적인 변수들로 추론을 하는 것이다. 만약 직접적인 변수가 있다면 1~2개의 변수만으로도 충분하겠지만, 간접적인 변수들로만 퇴사자를 예측하려면 다다익선처럼 간접적인 변수들의 상호작용을 포함한 다양한 패턴을 기계에게 학습시키는 것이 도움이 될 것이다. 두 번째는, 아무리 최신 알고리즘 기술을 사용한다고 해도, 과거 데이터를 학습하여 미래를 추론/예측하는 프로세스 자체의 구조적인 문제가 있다. 매우 합리적인 것은 맞지만, 이러한 프로세스는 과거의 패턴이 미래에도 반복될 것이라는 매우 단순한 가정을 기반으로 하고 있다. 사실 이것은 기계의 프로세스라기보다 인간의 의사결정 프로세스의 구조적 문제를 의미하기도 한다. 어느 정도 과거의 패턴이 미래에 나타날 수 있지만 100%는 아닐 것이다. 과거의 경제 위기가 반복될 수도 있지만, 아무리 과거를 많은 학자들이 분석하고 원인을 파악하며 방지 대책을 만들어도 미래에는 새로운 경제 위기가 지속적으로 나타난다. 즉, 과거 데이터와 미래 데이터는 관련성이 있지만 절대적이지 않고 유사할 뿐이다. 따라서 2단계를 통해 과거의 패턴을 아무리 학습을 잘 하고 100%의 패턴 파악 성능이 있다고 해도, 미래 현실에 동일한 패턴이 100% 나타나지 않을 수 있다. 즉, 미래는 과거와 유사할 순 있지만 동일하진 않다. 따라서 근본적인 차이로 인해 3단계에서의 성능은 과거 데이터를 기반으로 한 PC 앞에서의 2단계 성능이 3단계에서 나타나지 않는 것은 당연한 것이다.

현실을 바꾸지 못하는 AI 의사결정, 무엇이 빠졌는가?

요 약

"2단계는 자동화될 수 있지만, 문제 정의와 현실 검증은 자동화되지 않는다."
"성능은 기계가 판단하지만, 설득은 인간이 해야 한다."
"AI 의사결정은 알고리즘이 아니라 '현실'에서 끝난다."

일반적으로 기업들은 데이터를 수집해서 클라우드에 무결하게 업로드한 후 대문을 걸어 잠그고, 데이터를 어디에 쓸 건지 평가하는 권한만 만들어두고 끝나는 경우가 많다. 그리고 마치 보관하고 있는 데이터가 현실에 존재하는 모든 문제를 다 해결할 것처럼 홍보하는 경우가 많다. 정말 그럴까?

만약 우리가 해결해야 할 문제가 퇴사할 사람을 찾는 것이 아니라 입사할 사람을 찾기로 변경되었다고 하자. 그러면 걱정 없지! 클라우드의 모든 데이터를 입력하고 플랫폼의 최신 AI 알고리즘으로 학습하여 인사이트가 나올 것이라고 아직도 얘기하고 다닐 것인가? 올해 1,000명의 면접 진행자 중에 최종적으로 합격한 입사자를 찾아보는 문제다. 입사할 사람을 찾는 문제인데, 쉬는 시간 데이터, 연차 데이터를 사용할 것인가? 신입사원은 아직 입사도 하지 않아서 데이터도 없을 뿐더러 관련성이 높아 보이지도 않는데, 수백 기가바이트의 클라우드에 저장된 빅데이터가 있으니 활용하면 된다고 말할 것인가? 일반적으로 문제가 바뀌면 데이터도 바꾸어야 한다. 그리고 문제도 데이터도 바뀌었는데 최신 AI 알고리즘에 학습시키면 가장 성능이 좋을 것인가? 일반적으로는 문제와 데이터에 따라 사용할 수 있는 알고리즘의 종류는 달라지는 편이다. 따라서 입력(X)과 처리(f)가 바뀌었는데 출력(Y)도 달라지는 것은 자명하다. 관련 데이터도 없어서 애초에 학습도 어려울 수 있는 문제라서 검증(Y)은 쉽지 않을 것이다. 어찌어찌해서 입사자 예측 성능이 70%는 나왔다고 치자. 그러면 현실 검증에서는 성능이 동일하게 나올까? 알 수 없지만 낮아질 가능성이 높다. 모델링 검증보다 현실 검증이 더욱 중요하고, 이를 향상시키기 위해 이제 수단과 방법을 가리지 않고 창의적으로 문제와 데이터 및 알고리즘에 대한 조합을 고민해야 한다. 따라서 저장하고 있는 **빅데이터를 자랑으로 여기면서 현실에 존재하는 모든 문제를 풀 수 있을 것으로 얘기하는 사람이 있다면 아마추어거나 사기꾼**일 것이다.

또한, 여러 예시로 AI 의사결정 과정을 설명하고 있지만 저자는 어떠한 기술이나 도구도 언급하지 않았다. 독자들도 아마 어떠한 기술이나 도구를 배우지 않았더라도 이해하는 데 특별히 문제가 안 되는 것을 느낄 것이다. 데이터 시각화, 확률, 통계, 미적분, 알고리즘, 통계추론, 기계학습, 딥러닝, 비지도학습, 강화학습, 대용량 자연어 처리 등 어떠한 기술도 언급하지 않고도 문제 해결 방향에 대해 오히려 더욱 체감되고 해결 가능성이 높을 것으로 생각되는 접근들을 설명하는 데 전혀 무리가 없다.

즉, 저자도 나름 1세대 데이터사이언티스트로 오랜 기간을 교육받고 분석하며 이제는 제자들을 가르치고 있지만, 그 수많은 시간과 비용을 들여 학습하고 역량으로 익힌 내용들은 고작 2단계에 불과하다. AI 의사결정은 1단계에 따라 어떤 입력(X)/처리(f)/출력(Y)이 필요할지 결정할 수 있고, 2단계의 변경은 결국 3단계의 변화로 구성된다. 따라서 가장 중요한 과정은 바로 1단계이다! 그런데 2단계만 익히다 마치 AI 의사결정이 2단계라고 착각하는 경우가 너무 많다. 우리가 배운 것들이 2단계이기 때문이다. 그러니 사회에 나가서도 2단계만 하고 있으니 성공적인 AI 의사결정을 만들어내지도, 체감하지도 못하는 것이 당연하다.

대부분의 강의들이나 도서들의 교육 방식과 경진대회들은 1단계와 3단계를 반영하지 못한다. 1단계는 일반적으로 아주 깔끔하게 결정되어 있다. 또한 2단계에서도 입력(X)/처리(f)를 정해두고 사용 방법만을 배운다. 어떤 경우에 사용해야 하는지 이해하기도, 체감하기도 어렵다. 당연히 시험과 같은 평가는 처리(f)와 관련된 통계추론, 기계학습, 딥러닝 등의 이론을 얼마나 암기하고 있는지만 평가한다. 그리고 현실 검증은 들어보지도 못하고, 모델링 검증 수식 계산만 해보고 끝난다. 캐글(Kaggle)과 같은 경진대회도 별반 다르지 않다. 1단계와 2단계의 방향성인 문제와 데이터가 아주 깔끔하게 이미 준비되어 있다. 데이터 수집 과정도 필요 없다. 심지어 3단계의 현실 검증은 당연히 없다. 학교에서 배우듯이 있던 힘껏 모든 알고리즘을 적용하고 개발해보는 것만 지겹도록 하여 모델링 검증의 순위를 매길 뿐이다. 끊임없이 비교하며 모델링 검증 성능을 0.1%라도 올리려고 알고리즘만 개선해서 달성하며 희열을 느낀다. 따라서 이러한 **2단계의 알고리즘만이 마치 AI 의사결정의 전부라고 착각**할 수밖에 없는 것이다.

현실은 정반대이다. 2단계의 알고리즘을 제외한 모든 것이 준비되어 있지 않다. 파이썬(Python)과 같은 프로그래밍만 설치하면, 현존하는 알고리즘은 언제든지 바로 사용할 수 있다고 봐도 무방하다. 학습과 추론/예측 과정을 통해 모델링 성능을 검증하는 것은 매우 수동적이고, 과장을 보태면 유치원생들도 할 수 있을 정도로 매우 간단하고 쉬운 과정이다. 이것을 제외한 모든 것은 준비되지 않았고, 이것을 완성하는 것이 데이터사이언티스트나 애널리스트들의 현실이며 최소한의 자격이자 현실이다.

교육기관을 통해 강의만 듣거나 기업이나 사회에서 뒤늦게 분석을 공부하고 접근하시는 분들은.. 지금도 2단계의 일부 알고리즘만이 AI 의사결정이라고 착각한 채 문제 해결은 전혀 하지 않고 있는 신입 및 경력 직원들 때문에 저자에게 여전히 자문이 들어온다. 왜 인력과 비용을 어마무시하게 쏟고 있음에도 체감할 만한 효과가 나타나지 않는지에 대해서 말이다...

수강생들의 학습력을 평가하기 위해서 2단계의 이론적인 부분만을 배우게 되는 현실도 문제지만, 마치 이것이 데이터 기반 AI 의사결정이라고 지금도 생각한다면 이 분야로 접근하지 않길 권장한다. 왜냐하면 채용한 기업이나 사회에서도 골머리를 앓고, 멋진 기대감을 가지고 현실에 발을 들인 초기 분석가들이 한 번도 겪어보지도, 납득하지도 못할 상황들에 오히려 멘탈이 무너지거나 포기하는 경우가 더욱 많아지기 때문이다.

현실을 배제한 2단계만을 책으로 AI 의사결정을 배운 초기 분석가들은 2단계가 AI 의사결정의 전부라고 생각하기 때문에 PC 앞에서 성능을 확인하고 바로 현실 검증을 하다가, 납득되지 않는 성능에 놀라고 "이제 어떻게 해야 하지? 할 수 있는 게 없는데?"라는 현실에 멘붕이 오게 된다. 하지만 이 책을 읽은 독자들은 수많은 검토와 커뮤니케이션을 기반으로 현실문제를 어떤 데이터 문제로 기획하고 평가할 수 있는지, 많은 후보들을 준비해야 한다는 것을 느낄 것이다. 당연히 매핑되는 데이터 입력(X)과 학습 알고리즘(f)도 문제에 맞게 다양하게 준비될 수밖에 없고, 검증(Y) 방법도 달라질 수밖에 없다. 이런 준비 없이 강의 듣고 데이터 시각화를 할 줄 알고, 기술적 분석을 할 줄 알고, 상관분석을 할 줄 알고, 통계추론을 할 줄 알고, 딥러닝과 강화학습을 할 줄 알면서 이제야 능력자로 거듭났다고 멋진 미래가 펼쳐질 것이라고 기대만 하고 있을 것이다. 그런 다음 현실에서 빅데이터와 각종 최신 기술들을

와~ 감탄하며 사용해서 모델링 검증 결과 99%가 나온 것을 보고 너무 멋지고 뿌듯함을 느낄 것이다. 자신 있게 TED처럼 발표를 하고 현업에 적용해보자고 자신 있게 말하는 자신의 모습이 멋있을 것이다. 그런데 어떻게 하는 거지? 나는 책상 위에서 말고는 움직여 본 적이 없는데? 그래서 어쩔 수 없이 외주를 주고, 정확성이 50%도 안 되는 현실을 보고 책임 소재를 거론하며 퇴사를 고민하게 되는 자신의 모습을 납득할 수 없게 되는 것이다. 왜 이렇지? 만 수백 번을 외치다가 조용히 사라진다... 왜냐하면 종료라고 생각했었는데 안 하느니만 못하게 되었고, 결국 새로 시작해야 하는 모습을 보며 마치 내가 햄스터처럼 바퀴를 계속 굴리고 있을 것 같기 때문이다.

AI 의사결정의 시작을 2단계부터 할 수밖에 없는 현실도 어느 정도는 맞다. 하지만 모델링과 검증이 중요한 것이 아니다. 현실 검증이 오히려 실전이다. 반대로 생각하는 분석가들이 매우 많고, 현실 검증은 하지도 않는 분석가들이 너무나 많다. AI 의사결정의 시작은 2단계가 아니라 언제나 1단계의 문제 정의다! 그리고 AI 의사결정의 종료는 2단계의 모델링 검증이 아니라 3단계의 현실 검증이다. 현실 검증 성능 향상을 고민하고 집중해서 이를 높일 수만 있다면, 모델링 성능이 10%가 나와도 상관없다. 극단적으로 말하자면, 모델링 검증을 포함한 2단계 전체는 알 필요도 없다. 2단계와 관련된 기술이나 도구를 사실 배울 필요도 없다. 알고리즘의 성능을 왜 확인해야 하는가? 기술이나 알고리즘이 핵심이 아니다. 이것을 제외한 모든 과정들이 핵심이다!

인간의 창의성과 판단, 그리고 AI 도구의 역할

요 약

"AI는 도구일 뿐, 문제를 정의하고 결과를 판단하는 것은 언제나 인간의 몫이다."
"우리는 더 나은 숟가락을 고민하는 데 머무를 것이 아니라, 어떤 요리를 만들 것인지에 집중해야 한다."
"도구의 가치란 그것을 쥔 이의 목적과 방향에 따라 천차만별로 달라진다."

효과적인 AI 의사결정을 위해서는 다소 수동적이고 기계적으로 진행하는 학습과 추론/예측 과정인 2단계를 극대화하기 위해 1단계의 문제 정의와 3단계의 현실 검증으로 확대하는 것이다. 우리의 본질은 1단계와 3단계를 통해 구현될 수 있으며, 2단계는 우리가 식사를 할 때 숟가락이나 젓가락 사용법과 같은 도구 사용법 정도에 국한된다. 2단계가 수학적 및 기술적으로 익혀야 하는 용어나 내용이 너무 많고 어렵기 때문에 마치 AI 의사결정의 본질처럼 보일 수도 있겠지만 고작 도구 사용법임을 잊어서는 안 된다. 어찌보면 우리의 지금까지의 AI 의사결정은 어떤 밥을 어떻게 먹어야 내가 행복할까를 고민하기보다 숟가락과 젓가락의 기능에만 너무나 많은 시간과 비용을 들이는 것일지도 모른다.

도구라고 하는 것은 특정 목적을 수행하기 위해 존재하는 것을 의미하며, 사람이 수행하기 어려운 작업을 더 쉽고 효율적으로 할 수 있도록 돕는 것으로 수학적 도구, 컴퓨터 도구, 심리적 도구 등 물리적인 것에서부터 비물리적인 것들까지 매우 다양하다. 이러한 도구의 발전은 사람의 작업을 보조하거나 대체할 수 있는 중요한 역할을 할 수 있으며, 기술의 발전으로 점점 더 많은 종류의 도구가 등장하고 있고 인간을 넘어서는 수준까지 올라오고 있다.

따라서 이러한 도구의 가치는 우리의 삶을 어떻게 개선하거나 변화시키는지에 따라 달라질 수 있으며, 효율성과 효과성, 경제성, 사회적 공헌 등 여러 요소들이 결합되어 평가될 수 있다. 예를 들어 칼이라는 도구에 대해 생각해보자. 우리 눈에 직접적으로 보여지는 칼이라는 도구 자체만으로 평가를 하지는 않는다. 이 도구가 누구에게 어떻게 쓰이느냐에 따라 도구의 가치 평가는 얼마든지 달라질 것이다. 만약 어떤 사람이 칼을 들고 있다고 한다. 어떤 느낌이 드는가? 강도가 칼을 들고 있으면 부정적인 효과가 연상될 수 있겠지만, 요리사가 칼을 들고 있는 것이라면 이보다 더 좋은 일은 없을 것이다.

오늘날 수많은 이론과 방법론들이 **빅데이터와 인공지능(AI)** 이라는 이름 아래 제시되고 있다. 이들은 복잡하고 정교해 보이지만, 결국 **문제 해결을 위한 하나의 도구(Tool)**일 뿐이다. 아무리 고도화된 AI 시스템이라 할지라도, 스스로 문제를 정의하고, 적절한 데이터를 수집·정제한 후, 그 데이터를 기반으로 모델을 설계하고, 예측 결과를 인간의 삶에 적용하여 의사결정을 내려주는 일은 결코 하지 않는다.

이러한 인공지능의 **비결정적(Non-decisive)** 속성은 오히려 우리에게 명확한 질문을 던진다.
〉 **"그렇다면 이 강력한 도구를 앞에 두고, 인간인 우리는 무엇을 해야 하는가?"**

하지만 답은 의외로 단순하다. 우리가 해야 할 일은 다음 2가지로 정리할 수 있다.

(1) 기계가 맡을 수 있는 분석 단계(2단계)를 빠르게 익히고, 정확하게 관리 및 감독하는 능력 확보

AI는 대량의 데이터를 처리하고 통계적 패턴을 학습하는 데 탁월한 성능을 보인다. 이는 매우 기계적이며 수동적인 작업이다. 우리는 이 과정을 깊이 있게 마스터하기보다는, 이해하고 통제할 수 있는 수준으로 빠르게 학습한 후, 결과의 타당성과 이상 유무만을 판단·관리하면 된다.

(2) 인간만이 할 수 있는 창의적 작업(1단계: 문제정의, 3단계: 의사결정 적용)에 집중

진정한 가치는 데이터 분석 이전의 문제 정의와, 분석 결과를 현실에 적용하는 의사결정에서 발현된다. 이 두 단계는 인간의 경험, 도메인 지식, 윤리적 판단, 직관과 통찰력 등 기계가 흉내 낼 수 없는 인간 고유의 역량을 필요로 한다. 우리가 진짜 집중해야 할 부분은 바로 이 지점이다.

이러한 접근 방식을 통해 우리는 AI를 단순한 "기술"로 소비하는 것이 아니라, **우리의 문제 해결 능력을 증폭시켜 주는 협업자(Co-creator)**로 삼을 수 있다. AI 의사결정은 요리를 완성하는 칼이나 불과 같은 도구일 뿐이며, 그 도구를 어떻게 활용하느냐에 따라 결과는 천양지차가 될 수 있다. 궁극적으로, **우리가 이 도구를 통해 요리사가 될 것인지, 아니면 강도가 될 것인지를 결정하는 주체는 바로 우리 자신이다**. 도구는 책임지지 않는다. 책임과 선택은 언제나 인간에게 달려 있다.

<표4.1> AI 의사결정 성공을 위한 단계별 핵심 역량 매트릭스(Roadmap)

AI 의사 결정 단계	요구 스킬 유형	세부 스킬	설명
1단계: 문제 정의	창의적 사고	예술적 의지	단순 오락적 관심(예능)보다, 집중해서 생각하고 몰입하는 과정에서 즐거움을 찾는 성향
	커뮤니케이션	생각 연결 능력	개인의 작은 아이디어를 조직·사회·시장과 연결하여 공동의 문제로 확장
	질문력	본질적 질문 제기	현상에 대한 원인, 목적, 방향을 묻는 질문을 던져 분석의 출발점을 명확히 함
	정리 능력	가능성 제시	과거 정답을 복사하는 것이 아니라, 미래 가능성을 담은 선택지(보기)를 구조적으로 정리
2단계: 학습 및 추론/예측	이론 지식	수학	선형대수, 미적분, 확률·통계 등 분석 모델의 기반 지식
		컴퓨터공학	자료구조, 알고리즘, 데이터베이스, 시스템 이해
		통계학	기술통계, 추론통계, 가설검정, 회귀·분석모델
		경영과학	최적화, 의사결정 분석, 시뮬레이션
		계량경제학	경제·금융 데이터 분석, 시계열, 패널데이터
		금융공학	위험관리, 파생상품 분석, 수리금융
		물리학	모델링, 수치해석, 복잡계 이해
		각종 엔지니어링	산업·시스템·전기·기계·화학 등 분야별 데이터 분석 역량
	실습 능력	프로그래밍 언어	Python, R, SQL, Julia, MATLAB 등 최소 1개 이상 능숙 활용
		자동화 스크립팅	데이터 수집·전처리·분석 과정의 자동화 구현
		분석 도구 활용	엑셀, SPSS, SAS, Stata, Tableau 등 상황별 도구 선택 및 활용
3단계: 현실 검증	인문학적 소양	데이터 해석	분석 결과를 맥락에 맞게 설명하고 의미를 도출
		인사이트 발견·지식화	데이터에서 발견한 통찰을 체계화하여 재활용 가능하도록 지식화
		설득 커뮤니케이션	이해관계자에게 메시지를 맞춤 설득
	시각화 능력	미적 감각	시각적 전달력과 심미성 조화
		창의적 표현	데이터 스토리텔링을 위한 시각적 아이디어 발굴
		시각화 도구활용	Python(Matplotlib, Seaborn, Plotly), Tableau, Power BI 등
	프리젠테이션 능력	청자 중심 설계	발표 목적과 대상에 맞춰 주제를 재구성
		표현문구 연구	설득력 있는 문구·메시지 창출
		스토리라인 구성	기승전결이 있는 흐름 설계
		컴퓨터 활용	PPT, Keynote, Google Slides, 시각·영상 편집 툴

4.2 우리는 뼈대(프로세스)를 세우고, 기계는 살(기술)을 붙인다

AI와 데이터라는 단어가 넘쳐나는 시대다. 누구나 파이썬(Python)을 배우고 활용하며, 기계 학습 알고리즘을 공부하며, 챗GPT와 같은 생성형 AI와 대화하는 일상이 되었지만, 정작 "분석이란 무엇인가?"에 대한 본질적 질문에는 쉽게 답하지 못하는 경우가 많다. 이는 데이터 기반 AI 의사결정을 단순히 기술의 습득으로 오해하기 때문이며, 분석의 구조적 이해 없이 도구에 매몰된 결과이기도 하다.

우리는 이 장에서 우리의 의사결정에서 요구되는 **데이터 분석을 "하나의 의사결정 과정"으로 재정의**하고자 한다. 이를 위해 분석의 프로세스를 "뼈대"로, AI 의사결정에 활용되는 기술적 용어들(확률·통계·수학·컴퓨터 관련 기술 용어)을 "살"로 비유하며, 구조와 기술의 관계를 풀어본다. 이는 AI 의사결정에서 인간과 기계의 협업을 설계하기 위한 실질적 기반이 된다.

AI 의사결정은 "구조적 사고"와 "기술적 도구"의 융합

요 약

"기계가 '정답'을 알려줘도, 인간이 '해결'을 이끌어야 한다."
"예측은 자동화할 수 있어도, 설득은 인간의 고유 영역이다."
"데이터는 문제를 정의하는 순간부터 비로소 의미를 갖는다."

데이터 분석은 복잡한 기술의 집합이 아니라, 처음부터 끝까지 하나의 의사결정 지원 과정이다. 그리고 분석은 알고리즘 이전에 질문에서 시작한다. 우리는 어떤 문제를 해결하려는가? 이 문제는 어떤 데이터를 통해 관찰되고 수치화될 수 있는가? 그 데이터를 통해 무엇을 예측하고 어떤 결정을 내릴 것인가? 이 질문의 흐름 속에 존재하는 것이 바로 **1/2/3단계로 표현했던 데이터 분석의 뼈대, 즉 프로세스(Process)**다. 분석의 뼈대는 순차적이고 반복 가능한 의사결정 구조를 갖고 있으며, 인간의 사고 과정과 밀접하게 맞닿아 있다.

이렇게 뼈대가 설계되고 나면, 그 위에 각종 기술들이 사용된다. 이들은 문제를 계산 가능하게 만들고, 패턴을 발견하며, 실행 가능한 형태로 변화하는 데 기여한다. 이러한 과정을 **분석 뼈대에 살을 붙이는 도구**라고 볼 수 있다. 세부적인 도구들을 살펴보기보다는 큰 범주에서 주로 사용되는 도구를 요약하면 아래와 같다.

(1) 확률(Probability): 불확실한 현실을 수치화하는 언어

- 우리가 관측하는 대부분의 데이터는 확률적이다. 100% 확신할 수 있는 예측은 없다. 확률은 이러한 불확실성을 수치화함으로써 의사결정의 기반을 마련해 준다. 예측 확률이 92%라는 말은 "거의 확실하다"가 아니라, 남은 8%의 리스크를 고려해야 함을 의미한다. AI의 예측력은 결국 확률의 조율 능력이며, 이를 해석하는 것은 인간의 역할이다.

(2) 통계(Statistics): 데이터를 요약하고 해석하는 기술

- 통계는 데이터 분석의 초석이다. 평균, 분산, 상관계수와 같은 기술통계는 데이터를 요약하고 패턴을 찾는 데 사용되며, 추론통계는 표본으로부터 모집단을 예측한다. 회귀분석, t검정, ANOVA 등의 기법은 분석의 논리적 근거를 수치로 정당화하는 도구

이며, 이는 데이터 기반 의사결정의 설득력을 높여준다.

(3) 수학(Mathematics): 모델링의 원리와 계산의 근간

- 수학은 모델의 구조를 설계하고 최적화하는 데 필수적이다. 예컨대 딥러닝에서의 인공신경망은 선형대수학과 미분방정식의 구조에 기반하며, SVM은 벡터 공간의 기하학적 해석에 의존한다. 또한, 수학은 분석 결과를 일반화하거나 이론적으로 해석할 수 있도록 한다. 즉, 분석의 신뢰성과 확장 가능성은 수학적 정합성 위에 세워진다.

(4) 컴퓨터(Computer Science): 분석을 구현하고 자동화하는 실천의 도구

- 마지막으로, 컴퓨터는 분석의 도구를 현실화한다. Python, R, SQL 등은 분석을 자동화하고 반복 가능하게 만들며, GPU 연산, 클라우드 기반 ML Ops는 대규모 데이터를 실시간 처리할 수 있는 실행력을 제공한다. 컴퓨터는 분석의 "손"이자 "속도"이며, 인간의 사고를 물리적으로 구현하는 매개체다.

문제는 많은 사람들이 "분석"을 배울 때 이 순서를 뒤집는 데 있다. 구조적 사고나 분석 흐름의 이해 없이, 처음부터 Python 문법, 알고리즘 구조, 모델 튜닝에만 몰두한다. 이는 마치 요리를 배우지 않고 칼질만 연습하는 것과 같다. **기술은 문제를 해결하기 위한 수단이지, 그 자체가 목적이 아니다**. 도구에만 집중하다 보면 "무엇을 분석할 것인가"는 흐려지고, 분석 결과는 현장에 적용되지 못한 채 끝나기 쉽다. 그리고 **도구는 "무엇을 할 것인가"가 명확할 때에만 유용하다!**

도구는 빠르게 변한다. 하지만 문제 정의와 분석 구조는 인류의 역사만큼 변하지 않고 유지되고 있으며 앞으로도 변함이 없을 것이다. 따라서 **성공적인 AI 의사결정을 위해서는, 우리가 기술을 배운다기보다 기술을 써서 문제를 푸는 법을 배워야** 한다. 분석의 진정한 시작은 문제 정의이고, 성공적인 마무리는 의사결정이다. 확률, 통계, 수학, 컴퓨터 등의 기술 도구들은 이 분석 여정을 돕기 위한 여러 개의 칼과 숟가락일 뿐이다. 따라서 **도구 중심의 학습이 아니라 문제 중심의 분석 구조 설계가 항상 우선시**되어야 한다. 그리고 문제를 이해하고 구조를 설계하는 힘은 인간에게서만 시작될 수 있다.

도구 이전에 있었던 사람들: 구조와 철학을 물려준 보이지 않는 선배들

요 약

"분석의 역사는 도구의 진화가 아니라, 질문을 세련되게 다듬어 온 인간의 역사다."
"AI가 코드를 만들 수는 있지만, 문제를 정의하고 책임지는 일은 오직 인간의 몫이다."
"보이지 않는 선배들이 남긴 것은 문법이 아니라, 사고를 설계하는 틀이다."
"우리는 생성형 AI와 협업하고 있는 것이 아니다. 우리는 사고의 역사와 협업하고 있다."
"분석이란 기술을 넘어선 철학이다. 철학은 도구가 아닌, 인간으로부터만 전해질 수 있다."

지금 우리는 너무나 당연하게 데이터 분석을 수행한다. "어떤 알고리즘을 쓸 것인가?", "어떤 모델이 가장 성능이 좋은가?", "이 시각화가 설득력 있는가?" 이 질문들 뒤에는 우리가 인지하지 못한 **수십 년, 어쩌면 수백 년에 걸친 지식의 연쇄와 진화**가 존재한다. 우리가 Python 코드 한 줄로 부르는 알고리즘, 마우스 클릭 몇 번으로 생성하는 시각화 차트, 통계 모델의 계수 하나까지. 그 모든 것은 누군가가, **아주 오랜 시간에 걸쳐 시행착오를 반복하며 만들어낸 사고의 산물**이다. 우리는 지금 **도구의 정점에 서 있는 것이 아니라, 도구가 가능하도록 만든 사고의 전통 위에 서 있는 것**이다. 맨땅에서부터 구조를 만들고, 개념을 정리하고, 시행착오 끝에 효과적인 분석 방식을 체계화해 온 **보이지 않는 선배 분석가들의 유산 위에서 우리는 분석**을 하고 있다.

이들은 데이터를 다루는 "기술자"가 아니었다. 오히려 **혼란스럽고 예측 불가능한 현실을 어떻게든 설명하고자 했던 해석자, 미래를 보다 정확히 예측하고자 했던 설계자, 그리고 세상의 복잡성을 모델이라는 언어로 재구성하고자 했던 사고의 건축가**들이었다. 그들에게 분석이란, 단지 숫자를 계산하는 일이 아니라, 현실을 요약하고 통제 가능한 형태로 바꾸는 작업이었고, 단지 기법을 조작하는 것이 아니라, **문제를 정의하고 질문을 구조화하며 해석 가능하게 만드는 언어**였다. 이들의 사고 방식은 분석을 하나의 **의사결정 과정(Decision-making Process)**으로 인식하게 만들었고, 그 인식이 모이고 쌓여 **분석의 프로세스(Process), 구조(Structure), 모델(Model)**이라는 개념이 태어났다.

보이지 않는 선배들은 답을 주지 않았다. 대신 질문하는 법을 남겼다. 이들은 "이 데이터를 어떻게 분석해야 하나요?"라는 질문보다, "우리가 지금 풀어야 할 진짜 문제는 무엇인가?"라는 질문을 먼저 던지게 했다. 그리고 그 질문을 푸는 과정 속에서 도출된 분석 구조와 논리 전개, 해석의 기준이 오늘날 우리가 사용하는 데이터 분석 프레임워크의 기반이 되었다. 예컨대, 우리가 지금까지 이해하게 된 프로세스들은 단지 여러 단계를 나열한 것이 아니다. 그 속에는 다음과 같은 **암묵적인 지식 체계**가 내포되어 있다.

- 문제를 어떻게 정의해야 데이터로 접근 가능한 형태가 되는가?
- 데이터는 무엇을 보여주며, 무엇을 보여주지 못하는가?
- 예측이 가능하다는 것과 해석이 가능하다는 것의 차이는 무엇인가?
- 정량적 모델과 정성적 판단은 언제 어떻게 교차해야 하는가?

이러한 **'분석의 철학'**은 표나 코드로 정리되지 않는다. 하지만 우리가 어떤 문제 앞에서 질문을 설계하고, 분석을 계획하며, 결과를 해석하고 적용할 때마다 **그들의 사고가 여전히 살아 있음을 느낄 수 있다**. 이들이 남긴 것은 문법이 아니라 사고의 틀이다.

이제 우리는 새로운 국면에 진입했다. 생성형 AI가 등장하면서 분석의 기술적 부분, 특히 **모델링과 구현(2단계)**은 압도적으로 빠르고 손쉬운 일이 되었다. 단 한 문장의 프롬프트로 복잡한 모델 코드를 생성하고, 다양한 데이터 시각화를 자동으로 완성할 수 있다.

하지만 그렇다고 해서 분석이 끝났을까? 오히려 이제부터가 시작이다. 왜냐하면, AI는 문제를 정의할 수 없다. 현실을 해석할 수도 없다. AI는 그저 배운 방식대로 출력할 뿐, "왜 이 모델을 써야 하는가", "이 결과가 우리 조직에 어떤 의미를 갖는가"를 판단하지 않는다. 즉, 우리가 물려받은 **'분석의 뼈대'**는 지금도 여전히 유효하다. 다만 그 위에 이 시대의 새로운 "살"을 붙이는 일이 우리의 몫으로 남아 있을 뿐이다.

우리는 더 이상 분석 도구를 만드는 세대가 아닐지도 모른다. 그러나 우리는 여전히 **도구를 어떤 방향으로 사용할지를 결정하는 세대**다.

- 생성형 AI에게 어떤 질문을 던질 것인가?
- AI가 제안한 결과를 어느 수준까지 신뢰할 것인가?
- 이 결과를 현실 세계의 어떤 지점에, 어떤 방식으로 적용할 것인가?

이러한 질문은 모두 **기술이 아닌 철학, 설계, 책임의 문제**다. 바로 그 지점에서, **우리는 여전히 보이지 않는 선배들과 함께 분석하고 있는 것**이다. 그들이 남긴 구조, 그들이 실패를 통해 다듬어낸 의사결정의 언어, 그들이 설계한 질문의 방식은 지금도 우리의 판단 속에 살아 있다. 즉, 분석은 하나의 의사결정 과정이라는 철학, 그리고 그 과정을 논리적으로 구조화해 온 모든 노력은 그들의 축적된 실패, 성찰, 재구성의 결과이다. 우리는 이런 선배들의 노하우를 단순히 문서나 교과서가 아닌, 그들이 남긴 분석 구조와 질문의 형식 속에서 계승한다. 그리고 이 뼈대를 그대로 이어받되, 오늘날 우리는 그 위에 새로운 "살"을 붙여야 한다는 것이다. 그것이 바로 **생성형 AI를 활용하는 시대에서의 인간의 태도와 역할**이다.

4.3 질문이 권력이다: AI는 답을 준다, 인간은 의미를 만든다

현실에 닿은 AI: 생성형 AI와 LLM, 그리고 창조의 시대

요 약

"기술이 '현실에 닿는 순간' AI는 폭발적으로 확산된다."

"생성형 AI는 데이터를 분석하는 것을 넘어 '새로운 현실'을 창조한다."

"Transformer 혁신은 AI를 규칙 기반 답변에서 맥락 기반 창조로 진화시켰다."

빅데이터는 인공지능이 사용하는 원료와 같은 개념이고, 인공지능은 인간의 지능을 통해 수행되는 수많은 의사결정을 컴퓨터가 할 수 있도록 만드는 지능 또는 기술을 의미한다. 그리고 1940년부터 꾸준히 발전하다가 21세기에 딥러닝 알고리즘을 사용한 다양한 서비스로 구현되며 AI의 개념이 대중적으로 인식되기 시작했다. 여기에 더해 2020년대에 들어 한층 더 대중들에게 쉽게 와닿게 된 서비스가 바로 "생성형 AI" 서비스다.

<그림4.2> 빅데이터 원료와 학습을 위해 AI를 활용하는 자동화된 서비스인 생성형 AI 이해

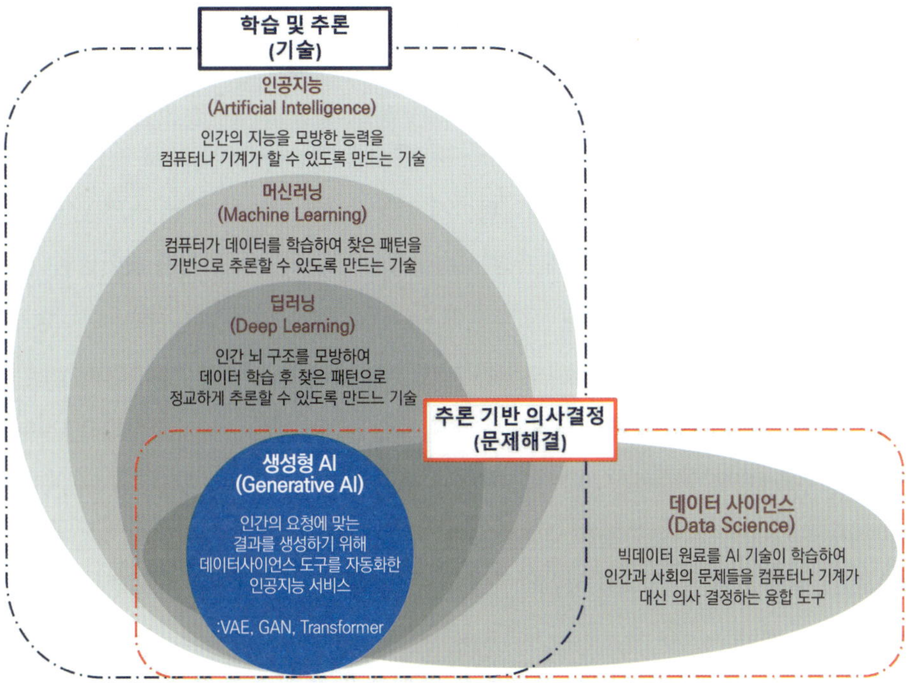

인공지능의 종류는 기술의 발전 단계와 적용 가능한 범위에 따라 크게 약한 인공지능(Weak AI)과 강한 인공지능(Strong AI)으로 구분될 수 있다 (Searle, 1980). 약한 인공지능은 인간의 다양한 능력 중 일부만 구현된 것으로, 일부 문제만을 사고하거나 해결 가능한 컴퓨터 기반 인공적 지능을 의미한다. 반면 강한 인공지능은 인간의 지능이 가지고 있는 학습 기반의 적용, 논증, 추리 등의 기능을 갖추어 어떤 문제든 범용적으로 사고하고 해결할 수 있는 인공지능을 의미한다. 아직 인간과 같은 인지 능력과 비교해서 범용 문제에 폭넓게 적용 가능한 강한 인공지능이 존재한다고 보긴 어려울 수 있지만, 대화형 인공지능 서비스인 ChatGPT의 등장으로 강한 인공지능에 한 발 가까워진 생성형 AI(Generative AI) 시대에 진입하게 되었다.

생성형 AI는 "인간의 요청에 따라 데이터 분석 결과를 능동적으로 생성하는 인공지능 기술"을 의미한다. 그리고 입력된 데이터를 학습해 인간이 요구한 질문이나 문제를 해결하기 위해 스스로 데이터를 찾아 학습 및 분석한 후 능동적으로 "새로운 데이터나 콘텐츠 등의 결과물을 창작"하는 한 단계 더 진화한 인공지능 기술이다. 그림을 스스로 그려주는 인공지능 서비스 "DALL-E", 사람의 목소리를 재현해 주는 인공지능 서비스 "VALL-E", 그리고 최근 화두인 텍스트를 생성하는 "ChatGPT" 등이 생성형 AI 알고리즘을 사용한 서비스이며, 공통적으로 세상에 존재하지 않는 무언가를 만들어낸다.

참고로 알아두면 좋을, 바탕에 깔린 딥러닝 알고리즘은 Multi-layer Perceptron(MLP), Convolutional Neural Network(CNN), Recurrent Neural Network(RNN)로 기본적인 수치뿐만 아니라 이미지와 시간에 의존적인 데이터까지 성공적으로 예측하며, 최근 몇 년 동안 크게 발전했다. 그 중에서 우리 모두의 삶에 가장 직접적으로 연관되어 누구든지 벗어날 수 없는 시간 의존 데이터를 처리하는 "시계열 데이터"에 특화된 RNN 계열 알고리즘도 Long Short Term Memory(LSTM), Gated Recurrent Unit(GRU), Attention, Transformer 등으로 진화하며 시간 의존적인 자연어 처리에서도 두각을 보이기 시작했다. 또한 Auto Encoder(AE), Generative Adversarial Nets(GAN)를 넘어 Variational Autoencoder(VAE), Transformer, Diffusion Networks 등으로 발전하며 새롭게 창조된 데이터를 생성하기에 이르렀고, 생성형 AI의 발전에 한 획을 그으며 인간의 수준을 뛰어넘는 성능 향상을 이룩했다.

DALL-E, VALL-E, Imagen, Stable Diffusion, Midjourney 등 다양하게 개발된 생성형 AI 서비스 중 가장 화제가 된 것은 불과 2년도 되지 않은 2022년 11월 OpenAI가 발표한 ChatGPT이다. ChatGPT는 인간에 필적하는 지능을 소개하며, 필자가 생각하기에는 알파고에 이어 오랜만에 많은 이들에게 놀라움을 주었다. **알파고가 인공지능 기술의 발전을 상징하는 "기술의 상징" 사건이었다면 ChatGPT는 실제로 사람들에게 직접적인 영향과 도움을 주며 훨씬 파급 효과가 크게 전달되는 "일상의 파급력"을 증명**했다. 실제 출시 5일 만에 이용자 수가 100만 명을 달성하는 전례 없는 기록을 세웠다. 또한 2023년 1월에는 1억 명의 누적 사용자가 기록되었다. 이는 **기술이 "현실에 닿았기 때문"**이라고 생각한다.

ChatGPT와 같은 인공지능 서비스에 가장 널리 쓰이는 생성형 AI는 텍스트와 같은 자연어 처리로 방대한 양의 데이터를 학습하여 인간의 요청에 맞는 결과를 생성하는 "Large Language Model(LLM)"이다. 여기서 "자연어 처리"란 인간이 사용하는 자연어를 컴퓨터가 이해할 수 있도록 처리하는 기술이다. 예전 알파고에서 자연어 처리할 때 CNN이나 RNN과 같은 딥러닝 알고리즘을 기반으로 하였다. 이후 2017년 구글의 딥마인드가 Transformer를 발표하면서 기존 딥러닝 알고리즘의 한계를 극복하고 자연어 처리의 성능을 비약적으로 발전시켜 놀라운 파급의 모태가 된 것이다 (안상준, 2023). 또한 알파고 및 기존 인공지능 알고리즘은 생성형 AI를 사용하지 않았기 때문에 자연어를 인식은 잘 하더라도 답변은 수동적으로 규칙에 따라 정해진 출력만 하였다. 하지만 이제 생성형 AI를 통해 적절한 답변까지도 스스로 생성할 수 있게 되었다. 따라서 ChatGPT는 Transformer와 생성형 AI의 결합으로 완성될 수 있었고, 이것이 LLM인 것이다.

생성형 AI 시대, 질문이 의사결정을 지배한다

요 약

"질문이 곧 권력이다. 생성형 AI의 답변은 질문하는 자의 철학을 반영할 뿐 사고 수준을 절대 넘지 못한다."
"AI는 구현을 대신하지만, 방향과 책임은 인간이 설계한다."
"도구는 더 똑똑해지고 있다. 하지만, 무엇을 만들고 싶은지 아는 능력은 여전히 인간만의 것이다."

우리가 지금 서 있는 지점은, 마치 전통 장인이 대를 이어 만든 도구를 한순간에 자동화 기계로 대체한 것과도 같다. 도구는 훨씬 정밀하고 빠르게 작동하지만, 그 도구로 무엇을 만들지는 여전히 장인의 몫이다.

오늘날 데이터 분석·AI 의사결정의 2단계, 즉 데이터 전처리·모델링·하이퍼파라미터 튜닝·예측값 생성 같은 작업은 자동화·반자동화가 일반화되었다. 몇 줄의 프롬프트만으로 복잡한 코드와 모델 설계를 제안받고, 고급 시각화까지 즉시 생성할 수 있다. 이 변화는 한 세대 전만 해도 상상하기 어려운 속도다.

생성형 AI의 등장은 단순한 기술적 업그레이드가 아니라 **분석 행위의 중심축을 이동**시켰다. 과거에는 분석가가 직접 코드를 작성하고 수십 번의 시행착오 끝에 모델을 완성했다면, 이제는 **"무엇을 만들지"만 명확히 하면, AI가 대부분의 구현을 대신**한다. 〈그림4.2〉에서 보듯, 빅데이터는 AI의 원료이고, AI는 이 원료를 기반으로 인간의 지능 일부를 대체하는 기술로 발전해 왔다. 1940년대 인공지능 개념이 처음 제시된 이후, 21세기에 들어 딥러닝이 상용 서비스에 접목되었고, 2020년대에는 생성형 AI가 등장해 누구나 쉽게 AI를 사용할 수 있는 시대를 열었다. 이러한 과정에서 한층 더 대중들에게 쉽게 와닿게 된 서비스들이 무궁무진하게 등장하고 있다.

이쯤에서 중요한 질문이 생긴다. 그렇다면 우리는 이제 분석을 하지 않아도 되는가? 답은 단호하게 "아니오"다. 오히려 **자동화된 도구가 "무엇을 해야 할지"를 물어보는 시점부터, 진짜**

인간의 역할은 시작된다. 왜냐하면 생성형 AI가 잘하는 것은 명시적 지식(Explicit Knowledge)의 자동화이기 때문이다. 예를 들어 "XGBoost로 예측 모델 만들어줘"라고 하면, AI는 이미 공개된 수많은 예제와 튜닝 방식을 바탕으로 완성도 높은 코드를 제공한다. 그러나 그 분석이 과연 지금 내 문제를 해결하는 데 적합한 방식인지, 혹은 중요한 변수를 놓치고 있지는 않은지, 결과가 어떤 사회적 또는 윤리적 함의를 갖는지는 생성형 AI는 알 수 없다.

실제 한 금융사의 사례에서, 생성형 AI는 대출 승인 예측 모델을 신속히 만들어냈다. 하지만 그 결과를 곧바로 적용했다면, 특정 지역·연령대 고객에게 불리하게 작동하는 차별적 의사결정이 발생했을 것이다. 모델의 편향을 감지하고 수정한 건 인간 분석가였다. **바로 이런 순간이 "뼈대는 인간이 세운다"는 말의 진짜 의미**다.

<표4.2> AI 의사결정 3단계 중 인간과 기계의 역할 구분

의사결정 단계	주요 내용	AI의 역할	인간의 역할
1단계: 문제 정의	해결해야 할 문제를 규정하고 분석 목표 설정	- 관련 과거 사례·데이터 검색 - 변수 후보 추천	- 문제의 본질 규명 - 사회·비즈니스 맥락 반영 - 윤리적·전략적 우선순위 결정
2단계: 분석·모델링	데이터 처리, 모델 설계·학습, 예측 수행	- 데이터 전처리 자동화 - 알고리즘 선택·튜닝 - 예측·시뮬레이션 실행	- 분석 설계 방향 제시 - 결과 검증 기준 수립
3단계: 해석·적용	결과를 현실에 반영하고 의사결정 실행	- 결과 시각화 - 대안 시나리오 제시 - 후속 분석 자동화	- 결과의 의미 해석 - 정책·전략 결정 - 실행 후 모니터링·피드백

실제로 생성형 AI는 2단계의 수동적이고 기계적인 분석 결과를 출력하는 과정을 빠르고 정교하게 수행하는 데 탁월하지만, **1단계(문제 정의: 무엇을 해결한 것인지, 왜 그것이 중요한지, 어떤 데이터가 필요한지 규정)와 3단계(AI 출력이 맥락 속에서 의미하는 바를 이해, 현실에 맞게 조율하며 실행)는 인간의 경험, 직관, 맥락 이해 없이는 작동하지 않는다. 그리고 바로 이 지점에서 인간 고유의 창의성이 발현된다**. 즉, 1단계와 3단계를 통해 창의적으로 완성 및 현실을 변화시켜야 하는 것은 여전히 인간만이 할 수 있다. 예컨대, 병원에서 환자 재입원 예측 모델을 만든다고 하자. AI는 데이터를 기반으로 높은 정확도의 모델을 제시할 수 있다.

그러나 **어떤 환자군에 적용할지, 예측 결과를 어떻게 치료 정책에 반영할지, 오판 시 어떤 부작용이 있을지는 인간의 경험·윤리·사회적 판단이 필요**하다.

많은 사람들이 질문한다. "요즘엔 그냥 ChatGPT한테 물어보면 다 알려주던데요?" 또는 "생성형 AI한테 물어보는 게 가장 쉽고 좋은 거 아닌가요?" 이 질문은 매우 타당하다. 하지만 진짜 중요한 질문은 그 다음이다.

질문

〉"그래서, 당신은 AI에게 '무엇'을 물어볼 것인가?"

질문의 질이 답의 질을 결정한다. 그리고 **생성형 AI의 능력은 전적으로 우리가 질문을 얼마나 구조적으로, 맥락적으로, 창의적으로 던지는가에 달려 있다.** 왜냐하면 AI의 성능은 이제 결국 질문 설계 능력에 비례할 수밖에 없기 때문이다. 문제의 본질을 파악하고, 필요한 정보를 구조적으로 요구하며, 결과를 맥락 속에서 해석하는 능력, 이 모든 것이 인간의 사고 구조에서 비롯된다. 따라서 여기서 다시 1단계로 돌아간다 — 좋은 질문을 정의할 수 있는가? 이 질문을 잘하기 위해서는 내가 겪고 있는 문제를 이해해야 하고, 그 문제의 본질이 무엇인지 구조화할 수 있어야 하며, 어떤 정보가 필요한지 판단할 수 있어야 한다. 즉, **AI에게 물어보는 일조차 '문제 정의' 능력이 없으면 무의미**하다.

더욱이, 생성형 AI가 학습한 데이터는 대부분 공공성과 보편성이 강한 공개된(Public) 데이터다. GPT 계열 모델이 학습한 데이터는 블로그, 논문, 책, 문서 등으로 구성되어 있고, 기업의 전략이나 현장의 미묘한 맥락, 개인의 경험과 나만이 알고 있는 미세한 개인적인 판단(Private)은 학습 대상이 아니다. 그러니 생성형 AI는 우리 개개인의 프라이빗 데이터, 감정, 의도, 사회적 맥락을 학습한 적이 없다. 그렇기 때문에, **결코 나의 현실을 완전히 이해하거나 대체할 수 없다**. 바로 이 한계가 인간의 역할을 지키는 이유다.

결국 우리는 중요한 전환점에 서 있다. 과거에는 기술적 분석(2단계)을 수행하기 위해 수학, 프로그래밍, 통계 모델을 배워야 했다. 이제는 **분석 과정의 상당 부분이 자동화되거나 최소**

한의 개입으로 실행 가능하다. 그러나 이로 인해 **인간이 더 이상 할 일이 없어지는 것이 아니라, 오히려 인간이 잘해야만 하는 영역이 더욱 명확**해졌다.

- **[AI 의사결정 뼈대]** 우리는 AI에게 무엇을 묻고, 어떤 방향으로 유도할지를 설계할 줄 알아야 한다.
- **[1단계]** 우리는 문제를 정의할 줄 알아야 한다.
- **[3단계]** 우리는 결과를 해석하고 적용할 줄 알아야 한다.

그리고 이 모든 과정의 바탕에는 여전히 보이지 않는 선배 분석가들의 구조, 철학, 질문 방식이 살아 있다. **생성형 AI는 이 전통의 모양을 흉내 낼 수 있지만, 그 속에 담긴 방향성과 책임의 무게까지는 복제할 수 없다**.

우리는 여전히 뼈대를 세우는 사람들이다

우리는 지금, 그 어느 때보다도 똑똑한 도구와 함께 살아가고 있다. 몇 줄의 문장으로 복잡한 코드를 짜고, 한 번의 클릭으로 수백만 건의 데이터를 분석하며, 생성형 AI와 대화를 나누는 일이 일상이 되었다. 그러나 그 속도를 따라잡으며 문득 깨닫는다. AI와 데이터가 넘쳐나는 시대, 우리는 기술의 눈부신 발전 속에서 분석의 본질이 무엇인지 착각하기 쉬운데, **AI 의사결정의 핵심은 언제나 "구조적 사고"와 "문제 중심의 설계"**였다. 도구는 그 위에 붙는 살이며, 살의 모양과 질감은 시대에 따라 변하지만, 뼈대는 수백 년간 이어져 온 인간의 사고 구조다.

생성형 AI가 분석의 많은 절차를 자동화하며 기술 장벽을 낮췄지만, 무엇을 묻고 왜 중요한지를 정의하는 1단계, 그리고 결과를 맥락 속에 해석하고 적용하는 3단계는 여전히 인간만이 수행할 수 있다. 예를 들어, **문제의 본질을 꿰뚫는 시선, 질문을 구조화하는 능력, 결과를 맥락 속에 녹여내는 해석의 감각 등은 그 어떤 AI도 대신할 수 없는 인간만의 영역**이다. 이는 단순한 기술 숙련의 문제가 아니라, 철학·책임·맥락을 설계하는 문제다. 우리의 손을 가볍게 해준 생성형 AI지만, 우리의 머리와 가슴을 대신하진 못했다. 도구가 아무리 정교해져도, 무엇을 만들고 싶은지, 왜 그것이 중요한지, 그리고 그것이 세상에 어떤 변화를 가져올지를 결정하는 힘은 여전히 우리에게 있다.

성공적인 AI 의사결정을 위해 우리는 다음을 잊지 말아야 한다.

- **질문이 의사결정을 지배한다**: 생성형 AI의 답변 수준은 질문의 구조와 깊이를 넘지 못한다.
- **문제 정의가 분석의 출발점이다**: 기술 이전에, 무엇을 해결할 것인지 명확히 해야 한다.
- **해석 적용이 의사결정을 완성한다**: 결과는 데이터에서 끝나는 것이 아니라 현실을 바꾸는 과정에서 살아난다.

우리는 더 이상 도구를 발명하는 세대가 아닐지도 모른다. 그러나 우리는 도구의 방향을 정하는 세대다. 그리고 그 방향은, 우리 이전 세대의 보이지 않는 선배들이 남겨준 구조와 철학 위에서, 우리가 새롭게 붙여 나가는 살 속에서 완성될 것이다. **생성형 AI 시대, 진정한 경쟁력은 빠른 구현이 아니라, 옳은 질문과 책임 있는 해석**에 있다.

AI는 답을 줄 수 있지만, 질문의 깊이는 인간이 정한다. 결국, AI와의 협업은 기술의 축제가 아니다. 그것은 문제에서 시작해 해석으로 끝나는, 인간의 사고 여정이다. 그리고 그 **여정의 첫 발걸음을 내딛는 힘은 - 변함없이 - 우리에게 있다**.

성공을 위하여 공식 밖의 해석: 데이터가 말하지 않는 것까지 읽어내는 법

데이터 분석의 진정한 품질을 결정하는 힘

분석이란 단순한 기계적 계산의 나열이 아니다. 같은 문제, 같은 데이터, 같은 도구를 가지고도 서로 다른 해석과 결론이 도출되는 이유는 바로 **분석의 본질이 정답을 찾는 것이 아니라 판단을 내리는 것**에 있기 때문이다. 이 **판단은 언제나 해석의 문제이며, 해석은 분석하는 사람의 경험과 상황, 맥락 속에서 만들어진다**.

이 장에서는 분석이 단순히 수치나 알고리즘을 넘어서 인간의 해석 능력에 깊이 뿌리내리고 있다는 점을 강조하고자 한다. 하지만 해석의 과정은 눈에 보이지 않는 다면적이고 복잡한 요소들로 이루어져 있다. 그렇다면, 우리는 어떻게 이런 "경험과 맥락"을 배울 수 있을까? 혹은, **경험을 직접 대면할 수 없는 상황에서 선배 분석가들의 "보이지 않는 지식", 즉 암묵지(Tacit Knowledge)를 어떻게 전수받고 계승할 수 있을까?** 이것이 바로 이 장에서 다루고자 하는 핵심적인 질문이다.

매뉴얼에 없는 분석가의 감각

요 약

"데이터의 수치만으로는 파악할 수 없는 현실의 문제를 해결하는 힘은 암묵지에서 나온다."
"결측값 처리나 이상치 파악은 단순한 규칙을 넘어서, 데이터가 숨기고 있는 비즈니스 맥락을 읽는 능력에 달려 있다."
"시각화와 직관적 해석을 통해 데이터 간 비선형적 관계를 이해하는 능력이 분석의 깊이를 더한다."

암묵지란 말 그대로 말로 완벽히 설명되기 어려운 지식을 의미한다. 이 지식은 분석 실무에서 중요한 역할을 한다.

(1) 모델이 높은 정확도를 보였지만, 실제로 고객 클레임이 증가한 이유를 짚어내는 감각

- **문제의 본질**: 모델이 높은 정확도를 보였다는 사실은 모델 예측의 성능이 우수함을 시사하지만, **정확도와 실제 결과 간의 차이를 짚어내는 능력은 분석의 해석에서 중요한 차이**를 만든다. 모델이 실제 비즈니스 문제를 해결하는 데 유용한지 아닌지는 단순한 수치 이상의 것이 필요하다. 예를 들어, 고객 클레임이 증가하는 현상이 모델에서 예측되지 않은 경우, 고객 불만의 본질적 원인을 파악할 수 있어야 한다.

- **해석의 중요성**: 이런 이상 현상을 발견하는 것은 경험적 통찰력에서 나온다. **정확도 외에도, 모델이 예측한 결과가 특정 집단에 치우쳐 있을 수 있음을 의심할 수 있는 능력**이 필요하다. 예를 들어, 모델이 단순히 고객의 이전 구매 데이터를 바탕으로 예측했을 때, 고객의 감정적 변화나 서비스 불만을 반영하지 못할 수 있다. 이 경우, 고객 클레임 증가를 모델의 정확도와 함께 고려하여 모델의 한계를 인지하고 조정하는 과정이 필요하다.

- **도메인 지식의 역할**: 고객 클레임과 같은 **이슈를 제대로 짚어내는 능력은 해당 산업이나 도메인 지식에서 비롯된다**. 예를 들어, 고객 서비스의 특성이나 산업의 규정에 대한 깊은 이해가 필요하며, 이러한 지식을 바탕으로 고객의 반응을 예측하고, 모델의 예측 결과와 일치하지 않는 데이터를 분석할 수 있다.

(2) 결측값을 단순히 제거하지 않고, 도메인 맥락에 맞추어 보간하거나 이를 분류 기준으로 삼는 전략

- **결측값 처리**: 결측값을 단순히 제거하는 방법은 빠르고 간편하지만, 결측값이 중요한 정보를 내포할 수 있다는 점을 간과할 수 있다. 특히, 도메인 지식이 결합되면 **결측값의 처리 방식이 단순한 수학적 방법을 넘어서 비즈니스 요구와 연결될 수 있다**. 예를 들어, 특정 고객 데이터가 누락되었을 때, 해당 결측값을 단순히 삭제하는 것이 아니라, 해당 고객의 과거 행동 패턴이나 유사한 고객군의 데이터를 통해 보간(Interpolation)할 수 있다.

- **도메인에 맞춘 전략**: **결측값을 어떻게 처리할지는 문제의 맥락에 따라 달라진다**. 예를 들어, 의료 데이터에서는 결측값을 평균값으로 대체하거나 특정 기준으로 보간하는 것이 유용할 수 있지만, 금융 데이터에서는 고객의 신용 기록과 관련된 결측값을 위험 요소로 간주하여 모델링에 중요한 변수로 활용할 수도 있다. 이렇게 각 도메인에 맞는 적절한 전략을 설정하는 것이 중요하다.

- **고도의 판단력**: **결측값을 처리하는 것은 그 자체로 중요한 판단을 요구**한다. 예를 들어, 고객 행동 데이터에서 특정 제품에 대한 구매 이력이 결측이라면, 이를 단순히 제외하기보다는 이상값을 고려하고 해당 제품의 시장 동향을 반영하여 결측값을 보완할 방법을 찾는 것이 더 나은 분석 결과를 도출할 수 있다.

(3) 1~2%의 이상치가 전체 비즈니스 전략에 미치는 영향을 직관적으로 파악하는 능력

- **이상치(Outlier) 처리**: 데이터에서 **이상치는 종종 전체 비즈니스 전략에 중요한 영향**을 미칠 수 있다. 이상치가 단순히 숫자의 범위에서 벗어나는 것이라도, 그 이상치가 의미하는 바를 정확히 이해해야 한다. 예를 들어, 소수의 고액 거래가 발생한 경우, 이를 비즈니스 전략에 반영하지 않으면 향후 수익성 분석이나 고객 세그멘테이션에서 중요한 정보가 왜곡될 수 있다.

- **경험적 통찰력**: 경험에 기반한 분석가는 **이상치가 단순한 데이터의 오류인지 비즈니스적 변화를 예고하는 신호인지를 구분**할 수 있다. 예를 들어, 1~2%의 이상치가 실제 제품의 품질 문제나 고객의 새로운 패턴을 나타낼 수 있다는 점을 직관적으로 인식할 수 있다. 이를 통해 향후 전략을 미리 예측하고, 이상치의 원인을 파악하여 비즈니스에 미치는 영향을 최소화할 수 있다.

- **비즈니스 관점의 중요성**: 이상치를 처리할 때 중요한 점은 그것이 단지 수치상 예외일 뿐만 아니라 **비즈니스 전략에 실질적인 영향을 미칠 수 있는 사건**일 수 있다는 것이다. 예를 들어, 한 지역에서 유난히 높은 판매량 증가가 발생했다면, 이를 단순히 예외적

인 데이터로 처리하지 않고, 그 원인과 영향을 분석하여 마케팅 전략이나 재고 관리에 반영해야 한다.

(4) 데이터 간의 관계가 단순히 선형이 아니라 다층적이라는 사실을 시각화를 통해 파악하는 능력

- **비선형 관계**: 많은 분석에서 데이터 간의 관계가 선형일 것으로 가정하지만, **현실에서는 대부분의 관계가 비선형적**이다. 예를 들어, 매출과 광고비의 관계가 단순히 직선적이지 않으며, 특정 광고비 수준에서 광고 효과가 급격히 변화하는 비선형적 패턴을 보일 수 있다. 이런 관계를 제대로 분석하지 않으면 정확한 예측이나 유의미한 전략 도출이 어려워질 수 있다.

- **시각화의 중요성**: 시각화는 **데이터 간의 관계를 직관적으로 이해하는 데 강력한 도구**가 된다. 예를 들어, 산점도(Scatter Plot)나 히트맵(Heatmap)을 사용하여 변수 간의 관계가 선형인지 비선형인지를 시각적으로 확인할 수 있다. 이 과정을 통해 분석가는 다층적인 관계나 복잡한 패턴을 빠르게 인식하고, 모델링에 반영할 수 있다.

- **분석가의 직관**: 데이터 간 관계가 단순한 선형 관계가 아니라는 사실을 직관적으로 파악하는 능력은 분석가의 경험에 기초한다. 예를 들어, 비즈니스 전략에서 특정 요소들이 서로 복잡하게 얽혀 있음을 파악할 때, 시각화를 통해 그 관계를 즉각적으로 해석할 수 있어야 한다. 이러한 비선형 관계를 제대로 이해하고 해석하는 능력은 분석가가 경험을 통해 얻는 중요한 통찰력이다.

이러한 형태의 지식은 대개 책이나 기술 매뉴얼에 적혀 있지 않다. 그것은 **노하우, 직관, 사례의 조합으로 구성된 실천적 지식**이며, 오랜 시간 다양한 상황을 겪으며 쌓인 경험을 통해 선배 분석가들의 머릿속에 내재된 감각이다. 우리가 이 지식에 접근하려면, **단순한 기술적 숙련을 넘어서서 경험적인 통찰력을 배워야 한다**.

분석의 품질은 "공식"이 아닌 "해석"에서 갈린다

요 약

"정량적 결과는 중요하지만, 그 결과를 어떻게 해석하고 활용할지 결정하는 것이 진정한 분석의 핵심이다."
"데이터 분석의 진정한 가치는 정량적 분석을 넘어서, 그 결과를 상황에 맞게 해석하고 의사결정에 반영하는 데 있다."
"분석 결과는 단순한 답을 제시하는 것이 아니라, 문제의 본질을 이해하고 해결책을 제시하는 과정에서 진정한 가치가 드러난다."

많은 **초보 분석가들은 분석 기술만 익히면 전문가가 될 수 있다고 믿는다**. 그러나 현실은 그렇지 않다. 정형화된 분석 기법이나 모델링 방법론은 이제 인터넷에서 쉽게 찾아볼 수 있으며, 알고리즘을 마스터한다고 해서 자동적으로 전문가가 될 수 있는 것은 아니다. **진정한 문제는 그 기술을 언제, 왜, 어떻게 써야 할지 판단하는 능력**에 있다.

예를 들어, 어떤 모델이 정확성 90%를 보였다고 하자. 그런데 이 모델이 실제로 중요한 **소수 집단의 문제를 무시한 채, 평균적인 성과만을 추구한 결과라면, 그 높은 정확도는 단순한 수치에 불과**하다. 이런 맥락을 파악하는 데는 모델링 기술만으로는 한계가 있다. 모델의 성능을 제대로 해석하려면 경험에서 비롯된 질문, 도메인에 대한 깊은 감각, 조직의 의사결정 흐름에 대한 이해가 필수적이다. 이는 오로지 분석가의 판단력과 경험을 통해 가능하다.

따라서 데이터 **분석이 중요한 이유는 단지 정량적 측정에 의한 결과를 제시하는 데 있는 것이 아니라, 그 결과를 어떻게 해석하고 활용할 것인가를 결정**하는 데 있다. 바로 이 해석의 과정에서 암묵지가 중요한 역할을 한다. 암묵지의 가치는 단순히 규칙적인 패턴을 발견하는 데 있는 것이 아니다. 오히려 그것은 **패턴을 발견하고 나서, 그 패턴을 상황에 맞게 해석하여 의사결정에 적용**하는 과정에서 가장 중요한 역할을 한다. 이 과정에서 우리는 기계적인 계산이나 모델링 기법만으로는 포착할 수 없는, **맥락에 맞는 판단**을 내릴 수 있게 된다. 예를 들어, 고객 행동 패턴을 예측하는 모델이 있다고 하자. 모델이 "이 고객은 특정 제품을 구매할 가능성이 높다"고 예측하더라도, 왜 그 고객이 구매할 가능성이 높은지, 어떤 외부 변수들이 영향을 미쳤는지는 오직 경험과 해석을 통해서만 정확히 알 수 있다.

또한, 분석의 결과는 단순한 정답을 도출하는 것이 아니라, **문제의 본질을 이해하고, 그에 맞는 해결책을 제시**하는 것이다. 분석가의 경험과 도메인 지식은 그 해결책을 도출하는 데 필수적인 요소이며, 이는 기계적인 데이터 처리나 모델링 기술만으로는 대체할 수 없다. 해결책은 경험과 맥락에서 나오며, 이는 암묵지로서 우리가 직면한 문제에 적합한 결정을 내리게 한다. 통계적 기법이나 모델링 알고리즘은 그 자체로 중요한 도구이지만, 진정한 가치와 효과는 해석과 판단에서 비롯된다. 앞으로의 데이터 분석과 의사결정의 세계에서는 이 암묵지와 경험이 더욱 중요해질 것이다.

보이지 않는 선배들과 협업하는 5가지 방법

요 약

"기술적 기법만으로는 전문가가 될 수 없다. 중요한 것은 그 기술을 언제, 왜, 어떻게 사용할지에 대한 판단 능력이다."

"실패한 분석에서 얻는 통찰은 성공적인 분석보다 훨씬 더 많은 교훈을 제공한다. 실패 사례를 통해 분석의 진정한 가치를 배울 수 있다."

"협업과 피드백을 통해 지식을 공유하고 발전시키는 과정에서 진정한 분석 역량이 성장한다."

우리는 지금 비대면과 디지털 환경 속에서 협업하고 학습하는 시대에 살고 있다. 과거에는 주로 대면 교육이나 직접적인 경험을 통한 학습이 중심이었지만, 이제는 **온라인 플랫폼과 디지털 도구를 통해 전 세계의 분석가들과 협업하고 서로의 지식을 나눈다**. 이 새로운 환경에서 중요한 것은, 직접 **대면하지 않고도 선배 분석가들의 암묵지를 흡수할 수 있는 실질적인 전략을 갖추는 것**이다. 그들이 남긴 흔적을 통해 배우고, 그들의 경험을 자기 것으로 만드는 것이 바로 진정한 지식의 승계이다. 다음 다섯 가지 방법은 이를 위한 핵심 경로이다.

(1) 오픈소스 프로젝트 및 깃허브 코드 학습

- 오픈소스 프로젝트와 **깃허브(GitHub)는 분석가에게 가장 큰 자산 중 하나**다. 수많은 선배 분석가들은 자신의 실전 프로젝트와 코드를 공개하며, 그들의 노하우와 실패담, 그리고 성공적인 분석 전략을 나누고 있다. 특히, **Kaggle이나 Hugging Face와 같은 플랫폼에서는 최신 분석 기법들이 실제로 구현된 코드와 함께 제공**되므로, 이를 학습하는 것은 분석가로서의 역량을 빠르게 향상시킬 수 있는 방법이다.

하지만, 단순히 코드를 실행하는 것에 그쳐서는 안 된다. **분석가의 진짜 학습은 그들이 선택한 분석 방법이나 모델링 기법, 하이퍼파라미터 설정 이유를 깊이 읽고 이해**하는 데서 나온다. 코드의 구조와 설계 의도를 파악하려는 노력은 단순히 실행 가능한 코드를 배우는 것이 아니라, **왜 그렇게 설계했는지를 의도와 함께 이해**하는 것이다. 이해라는 과정에서 우리는 직관을 형성하고, 문제 해결에 대한 더 깊은 통찰을 얻게 된다.

(2) 실패 사례와 반성 기록 읽기

- 분석 작업에서 성공적인 모델이나 기법도 중요하지만, **실패한 분석 사례에서 얻는 통찰은 그보다 훨씬 중요한 경우**가 많다. 실패 사례는 우리가 미처 고려하지 못한 부분이나 간과한 위험 요소를 가르쳐 주며, 분석가의 성장에 중요한 자양분이 된다. 예를 들어, 어떤 모델이 높은 정확도를 보였음에도 불구하고 고객의 반응이나 클레임이 급증하는 결과를 초래한 이유를 분석하는 것은 단순히 기술적인 문제를 넘어서 비즈니스적 맥락과 의사결정 과정의 한계를 이해하는 중요한 기회가 된다.

많은 실패 사례들은 사후 분석 보고서나 회고 글 형태로 공유되며, 이를 통해 분석가의 판단 실수, 데이터 해석의 한계, 조직 내 소통의 실패 등을 배울 수 있다. 이런 경험적 지식들은 암묵지로서, **우리가 스스로 겪지 않고도 선배 분석가들의 경험을 바탕으로 중요한 교훈**을 얻을 수 있게 해준다.

(3) 논문, 기술 블로그, 분석 보고서에서 맥락 찾기

- 논문이나 기술 보고서는 종종 기술적인 설명만을 제공하는 것처럼 보일 수 있지만, 그 안에는 **문제 정의와 전제 조건, 분석 방법의 한계점이 포함**되어 있다. 이러한 맥락을 이해하는 능력은 단순히 도구나 알고리즘을 사용하는 것을 넘어, **문제를 바라보는 시각과 분석적 사고를 길러주는 중요한 학습 과정**이다.

특히, 기업의 테크 블로그나 분석 보고서는 실무자들이 직접 겪은 시행착오와 문제 해결 전략을 나누는 소중한 자원이다. 이곳에서 우리는 **이론적 지식과 실제 현장의 지식을 연결**지을 수 있으며, 분석을 진행하면서 마주칠 수 있는 실제 문제들을 어떻게 해결할지에 대한 통찰을 얻을 수 있다. 기술 블로그는 또한 도메인 지식을 배울 수 있는 좋은 출발점이 된다.

(4) 코드 리뷰와 동료 피드백의 문화 만들기

- 혼자 하는 분석은 분명 효율적일 수 있지만, 한계도 분명하다. **코드 리뷰와 협업을 통해 서로의 분석 선택과 설계 이유를 설명하고, 피드백을 주고받는 문화**는 분석 역량을 빠르게 향상시키는 중요한 방법이다. 특히 "왜 이 모델을 선택했는가?" 또는 "이 전처리 방식이 적절

한가?" 같은 질문을 상호 토론하면서, 문제에 대한 더 깊은 이해를 나누는 과정은 분석가들의 암묵지를 공유하고 조직 내 지식의 자산화를 돕는다.

동료 피드백을 통해 각자가 가진 직관과 해석을 나누면서, 조직 내에서 공유되는 지식이 점점 더 커지게 된다. 이런 상호 작용을 통해, 우리가 자주 반복하는 오류나 누락된 고려사항을 조직 전체가 빠르게 학습할 수 있으며, 이를 통해 분석의 품질을 지속적으로 개선할 수 있다.

(5) 시각화와 스토리텔링을 통한 내재화

- 시각화와 스토리텔링은 데이터를 이해하고, 분석 결과를 명확하게 전달하는 데 필수적인 훈련이다. 데이터 간의 관계를 시각적으로 표현하고, 이를 스토리로 풀어내는 것은 **분석가가 복잡한 데이터를 직관적으로 해석하고, 분석의 목적과 의미를 명확히 전달**하는 데 중요한 역할을 한다. 특히, 분석 결과를 시각화하는 과정에서 **데이터의 상호작용을 더욱 직관적으로 파악하게 되며, 분석가의 분석 직관이 강화**된다.

또한, 프레젠테이션을 반복하면서 자신만의 분석 언어를 형성할 수 있다. 이를 통해, **분석의 구조와 맥락을 명확하게 설명하는 능력이 발전하며, 조직 내에서 분석 결과를 명확히 전달할 수 있는 능력이 향상**된다. 시각화는 단순히 데이터를 보여주는 것이 아니라, 데이터를 통해 전달하고자 하는 메시지를 강조하고, 청중의 이해를 돕는 중요한 도구가 된다.

결국, 데이터 분석은 혼자 하는 작업이 아니다. 우리가 사용하는 분석 도구와 알고리즘은 수많은 선배 분석가들의 실패와 성찰, 개선의 결과이다. 그들이 고민하고 선택한 방법과 기술을 통해 우리는 현재의 분석 도구를 사용할 수 있게 되었으며, 이 도구들에 담긴 역사적 경험을 이어받아야 한다.

분석가로서의 진정한 성장은 단순히 도구나 알고리즘을 사용하는 데 그치지 않는다. 우리는 선배들의 흔적을 따라가고, 그들이 왜 특정 분석 방법을 선택했는지, 왜 어떤 변수에 주목했는지 질문을 던지며 배워야 한다. 이러한 **질문을 통해 얻은 통찰은 단순히 분석 방법을 배우는 것을 넘어, 이전 세대의 지식을 계승하고 새로운 통찰을 창출하는 진정한 분석가로 성장하는 길이다. 협업과 지식의 공유가 이루어지는 환경에서, 우리는 비로소 진정한 분석가로서의 길을** 걸을 수 있다.

〉"좋은 분석가는 혼자 배우지 않는다. 그는 언제나 보이지 않는 선배들과 함께 문제를 해결한다."

제 5 장

AI 의사결정 실습:
정답은 AI가, 해답은 인간이

제 5 장 AI 의사결정 실습: 정답은 AI가, 해답은 인간이

디지털 시대가 발전하면서 빅데이터와 인공지능, 그리고 사물인터넷 등 다양한 과학기술의 발전이 급격하게 이루어졌고 산업혁명의 변화를 선도하고 있다. 특히 정보 전반을 다루는 기술과 모바일 디바이스의 커뮤니케이션이 강조된 ICT(Information Communication Technology) 및 **사회 전반의 급격한 기술 성장은 전 세계적으로 경제, 정치, 사회, 환경 등 다양한 영역과 결합되면서 우리 사회의 변화를 더욱 가치 있고 새롭게 변화**시키고 있다.

특히 디지털 전환에 따라 급속도로 증가하는 빅데이터에 숨겨진 다양한 패턴을 분석하여 사회 전반의 문제 해결 및 의사결정을 위한 인사이트를 찾아내는 인공지능 알고리즘은 특정 분야에서 인간의 수준을 넘어섰고 이제는 **사람과의 협업이 아닌 기계와 대화하며 문제를 해결할 수 있는 대화형 인공지능 기술로 발전**하였다.

AI 의사결정의 시대는 이미 시작되었다. 하지만 우리가 자주 착각하는 것이 있다. **최신 알고리즘과 강력한 연산 자원이 있으면 성공할 것**이라는 믿음이다. AI를 도입하는 조직이 실패하는 가장 큰 이유 중 하나는 기술 자체에 매몰되어 의사결정의 뼈대를 세우지 못한 채 도구부터 들이대는 것이다. 뼈대 없이 살을 붙이면 형체를 유지할 수 없듯, 분석의 뼈대 없이 AI를 적용하면 비즈니스 문제 해결의 방향을 잃는다.

실제로 현장에서 성공한 데이터 분석가나 조직들을 살펴보면, 놀랍게도 빅데이터나 첨단 AI 기술을 반드시 깊이 이해하지 않아도 괄목할 만한 성과를 내는 경우가 많다. 그 이유는 간단하다. 그들은 **"기계가 무엇을 할지"보다 "우리가 무엇을 해야 하는지"를 명확히 알고 시작했기 때문**이다.

뼈대 없는 기술은 흐릿한 그림자에 불과하다

요 약

"아무리 아름다운 건물이라도 기초가 부실하면 무너진다."
"아무리 날카로운 창이라도 손잡이가 없다면 휘두를 수 없다."
"아무리 정교한 악기라도 악보가 없다면 음악이 될 수 없다."

AI도 마찬가지다. **아무리 화려한 AI 모델이라도, 의사결정 뼈대가 없다면 그 성과는 나타날 수 없다.** 우리가 가진 데이터는 바다처럼 방대하고, 알고리즘은 초당 수십억 번의 연산을 해낸다. 그러나 그 거대한 흐름 속에서 "무엇을 향해 나아갈지"라는 방향이 없다면, 모든 계산과 예측은 모래 위의 성처럼 쉽게 무너진다. AI가 내놓는 수많은 숫자와 그래프는, 뼈대 없는 몸처럼 흩어지고 만다.

그래서 우리는 먼저 뼈대를 세워야 한다. 그 뼈대는 화려하지 않다. 오히려 단순하고, 직관적이며, 인간의 질문에서 출발한다. "우리가 풀고자 하는 문제는 무엇인가?", "이 예측이 우리의 결정에 어떤 변화를 가져올 것인가?"라는 **질문이 그 구조를 만든다**.

AI 의사결정의 뼈대를 세운다는 것은, 기계가 하는 일을 이해하는 것에서 끝나지 않는다. 그것은 기계가 제시한 가능성을 우리의 언어로 번역해, 실제 행동과 선택으로 연결하는 과정이다. 이 **뼈대 위에야 비로소 AI의 연산과 모델링이라는 "살"을 붙일 수 있고, 그때서야 기술은 살아 숨 쉬며 움직이기 시작한다. 오직 우리가 완성해야 할 것은, 그 시작과 끝이 모두 인간에게 있는 "AI 의사결정의 골격"이다**. 그 골격이 단단할수록, AI는 우리를 대신해 계산하고 분석하며, 우리가 내릴 결정을 더 높이, 더 멀리 밀어 올릴 것이다.

따라서, 이 장에서 우리는 우리와 기계의 협업을 통한 AI 의사결정을 실제로 완성하는 실습을 목표로 한다. AI가 분석을 맡고, 인간은 의사결정을 맡는 협업 구조를 어떻게 구현할지 단계별로 살펴본다. 핵심은 **AI가 분석을 대신할 수 있어도, 분석의 방향과 결과 해석은 여전히 사람의 몫**이라는 점이다. 이를 위해, [5.1] 먼저 성공적인 AI 의사결정이 반드시 최신 기술에 의존해야 하는 것은 아니라는 사례를 통해 출발점을 잡고, [5.2~] AI가 데이터를 어떻게 처리하는지를 관찰하고 해석하는 실습을 통해 우리의 AI 의사결정에 익숙해 질 것이다.

5.1 뼈대가 성패를 가른다: 성공과 실패를 가르는 AI 의사결정 공식

최신 AI 몰라도, 데이터로 성공을 만든 사람들

디지털 시대에서 AI로 성공적인 의사결정을 도출하기 위해 많은 조직은 데이터 분석가들에게 "최신 기술 스택"을 요구한다. 그러나 우리의 선배들은 최첨단 머신러닝이나 딥러닝 스택 없이도 현실에서 기업 의사결정에 결정적이고 훌륭한 결과를 내는 분석가들의 사례가 수없이 많다.

1) 마케팅 사례: 상위 20% 고객만으로 프로모션 효율 2배

- **상황**: 온라인과 오프라인을 통합한 리테일러의 전체 4천만 거래에서 마케팅 프로모션 반응이 낮아, 프로모션의 효과성에 대한 논란이 있고 어떤 프로모션을 다시 진행할지 열띤 논의 중
- **전략**: 전체를 보았을 때 프로모션의 반응은 낮지만, 매출 상위 20%의 특정 제품과 시간대에서는 반응이 높게 나타나므로 이를 확장하는 정량적 접근을 분석가 혼자 진행
- **절차**: 최근 6개월간 고객 ID/구매일/판매량/매출/채널/쿠폰 사용 여부의 유효 데이터만 추출 → 상위 20%와 나머지 집단으로 분리 → 상위 군의 구매 요일과 시간대별 상위 판매량 30개의 프로모션 채널별 반응 분석 → 상위 군 구매 요일별 맞춤 쿠폰 제작 및 교차 구매 할인 추가 + 나머지 집단은 재구매 쿠폰만 제공 → 2주 후 현실 검증 지표 "쿠폰 사용률/평균 구매 금액/반품율" 확인 및 200% 이상 영업이익 증가
- **요약**: 분석 대상 축소 → 설계 간결화 → 실행 속도↑ → ROI↑
- **현실**: 프로모션 도구를 새로 만들지 않고, 문제를 새롭게 정의한 후 결과를 확산하면 되었던 거네?

2) 스타트업 사례: 통계추론 + 세그먼트 분석으로 투자자 신뢰 확보

- **상황**: 서비스 구독이 주요 수익원인 스타트업에서 고객의 서비스 이용 과정에서 발생하는 매출이 지속적으로 하락하여 서비스 존폐에 대한 열띤 논의 중
- **전략**: 복잡한 딥러닝이 아닌 통계추론을 기반으로 빠르게 세부 군집별 구독 유도 시점 분석을 혼자 정량적으로 진행
- **절차**: 선형 회귀로 사용자별 평균 매출이 발생할 때까지의 시간을 계산 → 어떤 시점에서 구독으로 전환하는지 로지스틱 회귀로 확률 추론 → 각 세그먼트 군집별 고객을 확보하는 데 필요한 비용을 효과적으로 제시 → 타겟별 구독 수익률 111% 증가
- **요약**: 분석 흐름 이해 → 시점별 현금 흐름 이해 → 타겟별 이해도↑ → ROI↑
- **현실**: 서비스 존폐 이슈가 아니라 고객 현실 지표 최적화로 현금 흐름이 증가되었네?

High Impact 분석가들의 공통 습관 10가지

요 약

"질문을 지표로: 문제 정의가 반이고 나머지 반은 측정 가능한 약속이다."
"많이보다 맞게: 데이터의 가치는 '양'이 아니라 '정밀한 선택'에서 나온다."
"속도가 경쟁력: 빠른 실험과 단순한 해석이 최고의 무기다."
"모델보다 질문: 최신 모델이 아니라 질문의 고도화가 의사결정을 달성한다."

성공적인 AI 의사결정 달성 사례에 등장하는 데이터 분석가들의 공통분모는 최신 ML/DL 스택이 아니라 **문제 정의 & 데이터 선택 & 빠른 실험에 우선적으로 많은 시간을 쏟았다는 점**이다. **데이터를 많이 쓰는 것이 목적이 아니라, 정확히 필요한 데이터를 골라 쓰는 것이 목표**였다. 필요할 때만 고도화하고, 그 전에는 간단함을 무기로 삼았다. 이러한 접근은 **최신 기술이 아니라 사고 방식과 프로세스 설계의 문제**임을 보여준다. 즉, AI를 잘 활용한다는 것은 모델을 화려하게 만드는 것이 아니라 데이터 분석 과정을 잘 설계하는 것에서 시작한다.

(1) 질문을 지표로 번역한다: "왜?"가 아니라 "무엇을 결정하려고 하나?"

- 문제를 단순히 추상적인 질문으로 접근하지 않는다. 대신 구체적인 의사결정을 돕기 위한 질문으로 변환한다. 예를 들어, "왜 매출이 증가하지 않았을까?"라는 질문은 너무 광범위하고 추상적이다. 이 질문은 "어떤 고객 세그먼트가 내 수익에 가장 많은 영향을 미치고 있나?" 또는 "어떤 프로모션이 가장 많은 ROI를 낼 수 있을까?"처럼 더 구체적이고 의사결정에 직접 연결되는 질문으로 바꾸어야 한다. 질문의 구체화가 중요하며, 이 과정에서 무엇을 결정할 것인지가 명확해진다. 이 습관은 분석 결과가 실제 비즈니스 변화로 이어질 수 있도록 돕는다.

(2) 최소 유효 데이터만 사용한다: 양보다 질의 분석

- 분석의 시작은 최소한의 유효한 데이터를 사용하는 것이다. 첫술에 배부를 수 없다고, 데이터가 많다고 해서 좋은 결과가 나오는 것은 아니다. 예를 들어, 수천만 건의 거래 데이터에서 모든 정보를 사용하는 대신, 최근의 거래, 가장 중요한 변수(예: 고객 유형, 구매 주기, 지역 등) 또는 변경이 가능한 변수(예: 가격, 프로모션 등)를 선택하여 분석해본다. 이 방법은

과도한 데이터 수집과 정리에 드는 시간을 줄이고, 빠른 의사결정을 돕는 간결한 분석을 가능하게 한다. 중요한 점은, 데이터가 많을수록 의사결정에 필요한 핵심 인사이트를 찾기 어려워질 수도 있다는 점이다. 이러한 가능성을 참고하여 데이터 활용 범위를 효과적으로 결정해야 한다.

(3) 피벗 테이블 – 시각화 – 통계적 검정 3종 세트의 습관적 반복

- 효과적인 분석가는 무작정 데이터를 학습시키고 보는 것이 아니라 피벗 테이블, 시각화(그래프), 가설 검정을 반복적으로 활용하여 예상되는 결과를 미리 추론하고 더욱 효과적인 질문을 사용하거나 효과적인 데이터 범위를 결정하며 효율적인 분석을 진행한다. 예를 들어, 매출을 고객군별, 지역별로 피벗팅하여 중요한 트렌드를 찾아보고, 월별 그래프를 통해 직관적으로 이해할 수 있다. 또한 A/B 테스트 후 변화가 통계적으로 유의한지를 정량적으로 평가하여 확신을 가진다. 이 과정은 빠르고 실용적인 분석을 위해 꼭 필요하다.

(4) 가설 우선: 데이터는 문제/질문/가설을 지지하는 수단

- 문제, 질문, 가설 중심으로 데이터를 접근한다. 데이터 분석은 단지 결과를 도출하는 것이 아니라 미리 설정한 가설을 반증하거나 지지하기 위한 수단으로 사용된다. 예를 들어, "가격을 10% 인상하면 매출이 5% 증가할 것이다"라는 가설을 설정한 뒤, 이를 A/B 실험 등을 통해 증명한다. 가설이 확립되면 데이터는 그 가설을 검증하는 도구로만 사용된다. 이는 결과적으로 비즈니스 의사결정을 더욱 정확하게 내리는 데 중요한 역할을 한다.

(5) 업무 레버와 연결: "바뀔 수 있는 것"만 분석

- 분석의 목적은 결과에 영향을 미칠 수 있는 요인을 식별하는 것이다. 단순히 모든 데이터를 분석하려는 것은 시간 낭비일 수 있다. 예를 들어, 고객 충성도를 분석할 때 고객 만족도와 구매 주기가 중요한 요소로 파악되었다면, 그 외의 변수는 제외하고 효과적인 요소만을 우선적으로 분석에 활용해야 한다. 이를 통해 조직 내에서 실제로 바꿀 수 있는 부분에 집중하여 최대의 효과를 낼 수 있다.

(6) 실험 설계에 집착: 전후, 대조군, 가드레일 지표

- 실험 설계를 중요하게 생각한다. 실험을 통해 변경 전후의 결과를 비교하고, 대조군을 설정하여 실험군과의 차이를 명확히 구분한다. 예를 들어, 프로모션 효과를 측정하려면 프로모션을 받은 그룹과 받지 않은 그룹을 나누어 비교하는 것이 중요하다. 또한, 가드레일 지표(반드시 지켜야 할 안전 기준)를 설정하여 실험 중 예상치 못한 결과가 발생할 경우 이를 조기에 차단할 수 있도록 한다.

(7) 스토리라인: 배경 → 가설 → 분석 → 권고 → 성과 → 다음 액션

- 분석 결과를 전달할 때 명확한 스토리라인을 구성해야 한다. 분석의 목적은 결과를 이해하고 행동으로 이어지게 하는 것이다. 따라서 분석 결과는 항상 배경, 가설, 분석 방법, 권고 사항, 성과, 그리고 이후 행동으로 구성된 스토리로 전달되어야 한다. 예를 들어, "고객 세그먼트를 재조정한 후, 매출이 15% 증가했다"라는 최종 결과를 전달하는 것보다는 어떤 고객군을 대상으로 어떤 전략을 사용했는지에 대한 상세한 설명이 추가되어야 신뢰성이 높아진다. 이 스토리라인은 결정자가 쉽게 이해하고 실행할 수 있도록 돕는다.

(8) 측정 가능한 약속: 오로지 결과로만 말함

- 분석가는 항상 측정 가능한 약속을 해야 한다. 예를 들어, "이 전략이 효과적이라면 잔존율이 +2% 증가할 것이다"와 같은 구체적인 목표를 설정한다. 결과가 명확히 측정 가능해야 분석이 성공했는지 실패했는지를 판단할 수 있다. 모호한 지표나 결과 없이 추상적으로 표현된 약속은 실행에 큰 도움이 되지 않기 때문에, 명확하고 측정 가능한 결과를 제시하는 것이 중요하다.

(9) 간결한 산출물: 정량적 근거 기반 1페이지 요약

- 분석 결과는 항상 간결하고 명확해야 하며, 1페이지 요약으로 주요 내용만 전달해야 한다. 복잡한 분석을 시도했더라도 그 결과는 간단한 요약으로 전달하며, 필요한 SQL 쿼리나 엑셀 파일을 첨부하여 결정자가 쉽게 재현하거나 참고할 수 있도록 해야 한다. 핵심 메시지를 강조하고 불필요한 세부사항은 생략해야 한다. 이는 시간 절약과 효율적인 의사결정을 돕는다.

(10) “복잡화 트리거”를 아는 감각: 단순으로 안 풀릴 때만 고도화

- 데이터 분석에서 복잡화는 최후의 수단이어야 한다. 단순한 분석 방법으로 해결되지 않는 문제가 발생할 때만 복잡한 모델을 도입하는 것이 중요하다. 예를 들어, 선형 회귀로 해결되지 않는 비선형 관계가 명확하다면 머신러닝이나 딥러닝 알고리즘을 고려할 수 있다. 그러나 대부분의 상황에서는 간단한 방법이 더 빠르고 효과적일 수 있다. 복잡함을 도입하기 전에 단순한 접근법으로 문제를 해결하려는 노력이 필요하다.

AI 의사결정 실패를 부르는 습관 7가지

요 약

"잘못된 습관은 최신 AI보다 빠르게 성과를 무너뜨린다."
"효율·신뢰·실행 가능성을 갉아먹는 함정부터 피하라."
"AI 의사결정의 실패는 기술 부족이 아니라 접근 방식에서 시작된다."

AI 기반 의사결정 시스템은 본질적으로 매우 복잡하며, 잘못된 접근이 의사결정에 큰 영향을 미칠 수 있다. 이를 피하기 위한 **안티패턴은 성공적인 AI 의사결정을 방해하고, 모델의 효율성과 결과의 신뢰성을 저하시킬 수 있다**. 아래에서 각 안티패턴이 초래할 수 있는 단점과 문제점을 설명한다:

(1) Model First!: 멋진 모델부터 만들기

- **문제점**: 모델-퍼스트 접근은 AI 프로젝트에서 가장 자주 발생하는 실수 중 하나다. 문제를 정의하고 데이터를 분석하기 전에 모델을 먼저 선택하려는 접근 방식은 종종 불필요한 분석을 반복하게 만들고, 받아들일 수 없는 결과를 억지로 사용하려는 불완전한 해결책을 수반하곤 한다.
- **단점**: **[문제 정의 부재]** 실제 해결해야 할 문제를 명확히 파악하지 않고 모델을 선택하면, AI 시스템이 해결하려는 핵심 문제를 놓칠 수 있다. 이는 학습 과정에서 모델이 문제를 잘못 이해하거나 목표를 달성하지 못할 위험이 크다. **[모델 과잉 최적화]** 특정 모델이 멋지거나 최신 기술일지라도, 그 모델이 실제 비즈니스에 적합하지 않다면 결국 시간과 자원의 낭비가 될 수 있다. 모델을 우선시하면 실제 의사결정과 밀접하게 연결되지 않아, 모델의 성과가 실질적 가치를 창출하지 못할 가능성이 높다.
- **예시**: 고급 딥러닝 모델을 도입했지만, 기본적인 문제 정의조차 불확실하거나 너무 추상적이라 실제로 중요한 비즈니스 문제를 해결하지 못하는 경우

(2) 수집 지상주의: 일단 다 모아 → 시간 지연과 복잡성 폭발

- **문제점**: 수집 지상주의는 데이터를 수집하는 과정에서 모든 데이터를 다 모아야 한다는 믿음에서 비롯된다. 하지만 불필요한 데이터까지 모두 수집하면 시스템이 지연되고, 자원이 낭비되며 불필요하게 복잡해져 의사결정 속도나 정확도에도 부정적인 영향을 미친다.
- **단점**: **[과도한 데이터 처리 비용]** 불필요한 데이터를 처리하려면 시간이 더 많이 소요된다. 이로 인해 AI 시스템이 실시간으로 의사결정을 내리기 어려워지고, 분석 속도가 느려져 비즈니스 의사결정의 민첩성이 저하된다. [불필요한 과적합] 너무 많은 데이터를 사용하면 모델이 과적합될 위험이 커진다. 즉, 실제 데이터에서 나타날 수 있는 패턴을 지나치게 학습하여 새로운 데이터에 대한 예측 성능이 떨어질 수 있다.
- **예시**: 프로젝트 초기 단계에서 너무 많은 종류의 데이터를 수집하여, 결국 중요한 정보를 분석하는 데 필요한 시간과 비용이 두 배로 증가한 경우

(3) 목표 지표 과잉: 핵심 지표는 오리무중

- **문제점**: 지표 과잉은 너무 많은 지표를 설정하고 모든 지표를 분석하려는 실수를 의미한다. 많은 지표를 설정하면 분석이 복잡해지고, 의사결정의 초점이 흐려지며, 결국 어떤 것이 중요한 지표인지 놓쳐 분석 결과의 효과성이 저하된다.
- **단점**: **[의사결정의 흐려짐]** 과도한 지표는 혼란을 초래하여 무엇을 중점적으로 개선해야 할지 명확하게 알기 어렵게 만든다. 핵심 성과 지표(KPI)에 집중하지 않으면 효과적인 개선 사항을 놓칠 수 있다. 또한 과잉 데이터는 관리의 복잡성을 증가시켜 중요한 데이터에 집중할 기회를 잃게 만든다.
- **예시**: 비즈니스 성과를 평가할 때, 너무 많은 지표를 설정하여 핵심 지표를 파악하기 어려워 무슨 전략을 우선적으로 실행해야 하는지 명확하지 않은 경우

(4) 대조군 없는 전후 비교: 우연이나 계절성에 속음

- **문제점**: 비교할 대조군이 없는 전후 비교는 변화된 결과의 이유가 실제로 변수에 의한 변화인지, 아니면 우연이나 계절성에 의한 변화인지를 구분할 수 없게 만든다.
- **단점**: **[잘못된 결론 도출]** 대조군이 없는 상태에서의 비교는 우연적인 요소나 계절성에 의한 영향을 분리하지 못하고, 변경 사항이 실제로 효과가 있었는지 제대로 평가할 수 없다. 이로 인해 빈번하게 잘못된 의사결정이 내려질 수 있다. **[결과 왜곡]** 계절적 요인이나 경제적 변동 등 외부 요인이 결과에 영향을 미쳤을 수 있으며, 이를 분리하지 않으면 실제 개선의 효과를 과대평가할 수 있다. 이를 역으로 이용하는 안타까운 분석가나 영리한 정치인들도 있다.
- **예시**: 프로모션 시행 후 매출이 증가했지만, 계절적 요인(연말 쇼핑 시즌)이나 기타 외부 요소로 인해 그 변화가 정확히 프로모션 때문인지 알 수 없는 경우

(5) 현실 미반영: 기술에만 의존한 채, 실행 가능성을 고려하지 못함

- **문제점**: AI 분석에서 현장 경험이나 실제 데이터를 사용하는 사용자의 현실 자문 및 의견을 반영하지 않고, 기술에 의존한 분석을 우선적으로 진행하면 전혀 실행 가능한 결과가 나타나지 않는다. AI 시스템이 만든 결과가 현실에서 실행 불가능하거나 실질적인 변화를 일으킬 수 없을 수 있다.
- **단점**: **[현실 적용 가능성 부재]** 분석이 이론적이고 추상적이어서 실제 비즈니스 환경에서 실행 가능한 액션으로 연결되지 않는 경우가 많다. 현장과의 연결이 부족하면 AI가 도출하는 결과가 현실적이지 않거나 비효율적일 수 있다. **[현실 문제 미반영]** 현장 문제를 잘 모르고 데이터를 분석하면 실질적인 해결책이 될 수 없으며, 현장의 요구를 충족시키지 못하여 엄청난 비용을 투자하더라도 적용되지 못하고 버려지게 된다.
- **예시**: AI가 추천하는 새로운 가격 책정 전략이 실제 매장 운영이나 재고 관리에서 적용하기 어려운 경우

(6) 한 번 분석 후 종료: 반복 학습 기반 현실 개선 실종

- **문제점**: AI 의사결정에서 한 번의 분석만 진행하고 반복적인 학습 루프를 설계하지 않으면 결과의 지속적인 개선이 불가능하다. AI 모델은 지속적으로 학습하고 피드백을 받아야만 실시간으로 변화하는 환경을 반영하여 지속적인 성능 개선을 달성할 수 있다.
- **단점: [모델 개선 부재]** 반복 학습을 하지 않으면 모델이 시간의 흐름에 따라 변화하는 트렌드나 환경 변화에 적응하지 못한다. 따라서 고정된 상태에 머무르게 되어 장기적인 성과가 떨어지게 된다. [피드백 부재] 초기 실행 결과만으로 의사결정을 내리면 나중에 얻을 수 있는 귀중한 피드백을 반영하지 못하고 최적화가 이루어지지 않는다.
- **예시**:첫 번째 프로모션 성능 개선 이후 더 이상의 분석을 하지 않는 상황에서, 이후 프로모션 효과가 지속적으로 떨어져 극단적인 AI 도구 폐기와 정치적 부서 변경, 인력 감축이 거론되는 경우

(7) 설명서 없는 분석물: 과거 재현 불가로 신뢰 하락 및 미사용

- **문제점**: 분석 결과나 모델이 설명서 없이 제공되면 과거 재현 가능성이 떨어지고, 결국 신뢰성 감소로 이어진다. 특히 AI 모델의 결정 과정이 불투명하면, 사용자는 해당 모델을 신뢰하지 않게 되어 결과를 이해하거나 검증할 수 없으므로 사용 여부의 의사결정에 부정적으로 작용한다.
- **단점: [불투명한 결과]** 모델이나 분석이 어떻게 결론에 도달했는지에 대한 설명이 부족하면 결과를 재현할 수 없고 신뢰성이 떨어진다. **[결과 의문]** 분석 과정과 결과에 대한 충분한 설명이 없으면, 당연히 이해관계자들이 해당 분석을 믿지 않거나 의심할 수 있다.
- **예시**: AI 시스템이 제시한 결론이 어떻게 도출되었는지 설명이 부족하여 결정자들이 시스템을 신뢰하지 못하고 의사결정에 반영하지 않는 경우

이러한 안티패턴들은 **AI 의사결정 시스템의 효율성, 신뢰성, 실행 가능성에 심각한 영향**을 미친다. AI 시스템이 성공적으로 작동하기 위해서는 **명확한 목표 설정, 반복적인 학습, 실행 가능한 결과 등을 중시해야 하며, 단기적인 성공에만 의존하지 않고, 지속적인 피드백과 개선을 통해 진화**할 수 있도록 해야 한다.

5.2 AI가 답을 주는 순간, 인간은 질문을 시작한다

AI가 분석할 때, 인간은 무엇을 해야 하는가?

앞서 우리는 빅데이터나 최신 AI 기술 스택 없이도 뛰어난 성과를 만들어낸 데이터 분석가들의 공통점을 살펴보았다. 이들은 화려한 알고리즘이나 복잡한 기술보다 문제 정의, 데이터 선택, 실험 설계에 압도적으로 많은 시간을 쏟았다. 그런데 생성형 AI가 등장한 지금, 이 공식은 변화를 맞이하고 있다. 데이터 수집부터 전처리, 분석, 시각화, 심지어 인사이트 도출까지 AI가 맡는 시대가 도래했기 때문이다. 여기서 자연스럽게 던질 수 있는 질문이 있다.

질문

〉"그렇다면, AI가 분석을 도맡아 처리하는 세상에서 인간은 무엇을 해야 할까?"

과거에는 인간이 데이터 수집 → 클렌징 → 분석 → 보고서 작성까지 직접 수행하였다. 현재는 AI가 전체적인 분석 파이프라인을 구축 및 처리하고, 인간은 결과를 모니터링하며 주요 의사결정만 수행할 수 있는 환경이 되었다. 나아가 미래에는 AI가 실시간으로 분석을 수행하는 과정을 인간이 이해하고, 질문하며, 검증하여 그 결과를 바탕으로 전략을 결정하는 구조로 진화하게 될 것이다.

이 변화 속에서 인간이 놓치지 말아야 할 핵심 역량은 **AI가 분석하는 과정을 이해하는 능력**이다. 즉, 결과를 무조건 수용하는 것이 아니라 AI가 어떤 가정과 전제 하에서 분석을 진행했는지, 중간 단계에서 어떤 선택을 했는지, 그리고 그 결과가 현실에서 실행 가능한지를 평가할 수 있어야 한다.

따라서 다음 실습에서는 **(1) 기계가 처음부터 끝까지 분석을 수행하는 모습을 실제로 관찰해본다. (2) 우리는 분석 과정의 모든 단계를 AI에게 맡기되, 그 과정을 비판적으로 바라보고 결과를 의사결정 관점에서만 해석하는 훈련을 해볼 것이다. (3) 이렇게 함으로써, 인간이 놓치지 말아야 할 역할과 AI에게 완전히 위임해도 되는 역할의 경계를 직접 확인**할 수 있다.

왜 "관찰"이 중요한가?

생성형 AI 시대에는 분석 수행 과정이 기계로 급속히 이전된다. 따라서 인간이 놓지 말아야 할 역량은 **(1) AI가 무엇을 왜 하는지 이해·감시하는 능력, (2) 결과를 실행 가능한 결정으로 번역하는 능력**이다. 이번 실습은 바로 그 관찰 역량(Observer Skill)을 체계적으로 훈련하는 것이다.

[AI 품질 검증] 그런데 AI도 사람처럼 오류를 낼 수 있다. 데이터 누락, 변수 해석 오류, 잘못된 통계 가정 등은 결과를 왜곡한다. 전 과정을 관찰하면 이런 오류를 조기에 발견할 수 있다.

[맥락 이해] 그리고 AI가 분석한 숫자와 그래프만 보고는 "왜 이런 결과가 나왔는지" 알기 어렵다. 중간 과정을 보면 결과 뒤에 숨은 맥락과 데이터 패턴을 이해할 수 있다.

[의사결정 적합성 검증] 또한, 분석 결과가 실제 비즈니스 상황에 맞는지, 또는 실행 불가능한 제안은 아닌지 판단할 수 있다. 이는 현장 경험과 도메인 지식이 있는 사람만 할 수 있는 일이다.

[학습 방향 제시] 만약 AI가 틀린 방향으로 학습 및 분석했다면, 그 원인을 짚어내고 더 나은 분석 경로를 제시할 수 있다. 이는 반복 학습의 질을 결정한다.

따라서 AI 의사결정 프로세스를 지켜보며, 다음과 같은 5가지 질문을 던져야 한다.

질문

(1) 데이터 선택: AI는 어떤 데이터를 포함·제외했는가? 그 기준은 타당한가?

(2) 전처리 방식: 결측값이나 이상치는 어떻게 처리했는가? 그 영향은?

(3) 학습 알고리즘: 사용한 알고리즘·통계 기법은 문제 성격에 맞는가?

(4) 결과 해석: 숫자나 지표의 변화가 실제로 의미 있는가?

(5) 현실 검증: 제안된 인사이트가 현실적으로 실행 가능한가?

이러한 질문을 통해, 오류, 과적합, 맥락상의 불일치를 포착해서 현실성 높은 AI 의사결정을 유도하기 위해 다음을 훈련한다.

훈련

- AI의 분석 로직과 가정을 이해하고, 필요 시 질문하기
- 결과의 타당성을 검증하고 한계를 파악하기
- 분석 결과를 실행 가능한 전략으로 번역하기

AI가 분석을 "대신"하는 시대일수록, 인간은 관찰과 해석, 그리고 결정을 맡는다. 이제 실제 AI 분석 화면을 함께 보며 각 단계에서 무엇을 살펴봐야 하는지, 그리고 어떤 질문을 던져야 하는지 기록해 보자. **이 과정을 거치면 AI 분석을 맹목적으로 수용하지 않고, 체계적 및 비판적으로 활용하는 힘을 얻게 될 것이다. 이 역량이 곧 AI 시대의 경쟁력이다.**

5.3 [AI 의사결정 준비] 우리 현실이나 비즈니스의 객관식 또는 주관식 문제를 해결해볼까?

No Code AI 의사결정 준비!

우리는 웹사이트(https://chatgpt.com/)나 애플리케이션을 통해 쉽게 ChatGPT와 만날 수 있다. 특별한 로그인 없이도 체험해 볼 수 있지만, 가급적이면 계정 생성을 통해 파일을 업로드하거나 ChatGPT와 대화했던 이력 등을 저장하는 편의성을 누릴 수 있다.

만약 계정을 생성한 후 로그인하면, 무료 버전과 유료 버전을 선택할 수 있다. AI 의사결정을 위해 방대한 데이터를 분석하도록 지시하고 처리를 빠르고 효과적으로 하기 위해서는 저렴한 유료 버전이라도 사용하는 것을 추천한다. 당연히 여러분들이 어떻게 활용하느냐에 따라 지급한 비용을 넘어서는 효과를 누릴 수 있다.

<그림5.1> ChatGPT Plus 버전을 사용 중인 저자(thekimk)의 로그인 화면 (2025년 11월 1일 기준)

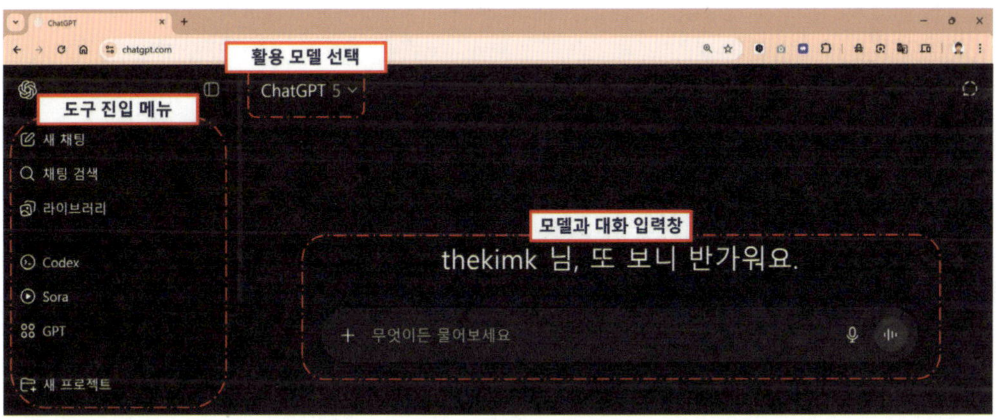

〉 "도구 진입 메뉴"

> **새 채팅**: 기존 대화 맥락과 분리된 새로운 대화를 시작
>
> **채팅 검색**: 과거 대화 내용 중에서 키워드로 검색

라이브러리: 자주 쓰는 파일/문서/지식을 모아두는 공간으로, 업로드나 저장 시 향후 재사용이 용이함

Codex: 코드 작성이나 테스트 생성 등의 코드 중심 도우미로 바로 진입

Sora: 동영상 생성 도구로, 계정이나 권한에 따라 표시/미표시

GPT: 커스텀(Custom) GPT를 생성하거나 사용자들이 생성한 별도의 맞춤형 버전들의 목록을 탐색 및 선택할 수 있음

새 프로젝트: 프로젝트 단위로 파일/지식/설정 등을 묶어 관리하는 작업 공간 생성

〉**"활용 모델 선택"**

활용할 모델을 선택하는 드롭다운 메뉴로, 자체 GPT 모델이나 맞춤형 GPT를 선택할 수 있음

〉**"모델과 대화 입력창"**

이미지는 환영 홈 화면 상태로, "+" 버튼을 통해 외부 파일이나 연결된 앱 또는 음성 입력을 바로 활용할 수 있고, 요청한 질문들에 대한 답변이나 코드, 표, 시각화 등이 순서대로 출력되는 메인 화면

시티즌 데이터사이언티스트: 디지털 시대의 새로운 경쟁력

빅데이터에 AI를 결합하여 우리의 미래를 예측하고 유의미한 지식을 찾아내어 자원을 효과적으로 사용하며 사회적 가치 창출에 활용할 수 있다는 것은 매우 흥미롭다. 이러한 과정을 데이터비즈니스 또는 데이터사이언스라고도 불리며, 이러한 역할이 가능한 전문가를 데이터분석가(Data Analyst) 또는 데이터사이언티스트(Data Scientist)라고 하며 전 세계적으로 그 필요성이 높아지고 있다. 그리고 본 저서의 독자들처럼, 이제는 우리 모두가 이러한 전문가로 쉽게 접근할 수 있는 시티즌 데이터사이언티스트(Citizen Data Scientist, CDS)가 될 수 있다. 대규모 데이터를 다룰 줄 알고 숨겨진 정보를 찾아내는 CDS는 디지털 시대에서 우리의 경쟁력을 높여주어 최고 인재로서 성장하는 데 도움이 될 것이다.

AI는 인간처럼 생각하고 인간이 할 수 있는 모든 작업을 수행하기 위한 목표인 인공 일반 지능(Artificial General Intelligence, AGI)을 위해 달려가고 있다. 그리고 AI의 학습 알고리즘은 크게 지도학습(Supervised Learning), 비지도학습(Unsupervised Learning), 그리고 강화학습(Reinforcement Learning) 3가지 종류로 구분된다. 실제 데이터사이언티스트들도 이 3가지 종류의 알고리즘을 사용하여 문제를 해결한다. 지도학습 알고리즘은 객관식 문제의 정답을 찾는 것처럼 정답이 있는 데이터를 학습하여 기계가 실제 문제의 정답을 잘 맞출 수 있도록 구성되었다. 비지도학습은 정답이 없지만 최선의 보기를 추론하기 위해 정답이 없는 데이터를 학습하여 기계가 실제 문제의 정답에 가장 가까운 보기를 추론할 수 있도록 구성되었다. 마지막으로 강화학습은 정답이 있든 없든 데이터 학습을 통해 문제 해결을 위해 다양한 알고리즘을 적용하고 목표를 달성하도록 반복적으로 성능을 스스로 개선하는 것이다.

지도학습은 단편적인 사실을 기계에게 대신 맞추도록 하는 것이고, 비지도학습은 우리의 삶과 같이 정답은 없지만 최선을 다하려는 방향이며, 강화학습은 최선을 다하는 것뿐만 아니라 쉬지도 않고 계속해서 자기 자신을 단련하는 것으로 이해할 수도 있다. 인간의 특성을 분석한 것 같아서 다소 무섭게도 느껴지지만, 궁극적으로 강화학습이 AGI에 한발 가깝게 다가가는 것이다. 최근 등장한 생성형 AI를 활용한 인공지능 대화형 서비스인 ChatGPT도 단편적인 지도학습과 비지도학습의 문제들을 결합하고 생성하여 스스로 강화학습 방식으로 문제를 해결하여 우리에게 보여주는 것이라 볼 수 있다 (이우식 & Lee, 2023).

<표5.1> AI 알고리즘 종류와 해결할 수 있는 문제의 종류 이해

알고리즘 종류	해결문제 종류	예시
지도학습	회귀문제	주관식 문제의 숫자 형태의 정답을 해결
	분류문제	객관식 문제의 보기들 중 정답을 해결
비지도학습	군집문제	시험 문제에 어떤 유형들이 있는지 해결
	차원변환문제	시험 문제의 풀이법을 다양한 관점으로 변환
강화학습	-	공교육/사교육 없이 스스로 지도학습/비지도학습 문제를 해결하고 오답 노트도 스스로 만들고 재학습하여 성적을 계속 끌어올림

우리의 현실과 사회에서 해결해야 하는 대부분의 문제들은 지도학습에 해당된다. 정답이 있는 데이터를 학습한 후 미래에 유사한 문제들을 해결하는 과정을 통해 우리의 기업과 사회 프로세스가 많은 부분 효율화 및 자동화되고 있다. 따라서 지도학습 문제를 해결할 수 있는 역량은 단순히 필수적인 것을 넘어 일상생활에서 즐겁게 가장 많이 활용할 수 있는 역량이라고 볼 수 있다.

지도학습이 해결할 수 있는 문제는, 객관식이나 주관식 문제처럼 정답이 있는 문제의 답을 찾는 데 특화된 알고리즘으로 크게 미래의 수치를 맞추는 회귀(Regression)와 보기들 중 정답을 맞추는 분류(Classification) 두 가지 문제를 해결하기 위해 설계되었다. 따라서 회귀는 미래를 예측하거나 새로운 값을 추론하거나 최적 선택에 필요한 정답을 찾는 알고리즘이고, 분류는 사기(Fraud) 여부를 탐지하거나 여러 개의 이미지를 구별하거나 고객의 유지(Retention) 여부를 예측하거나 고장 여부를 찾아내는 등의 문제에 활용된다.

모두가 데이터 사이언티스트가 되는 시대

AI 의사결정을 위한 ChatGPT 도구가 준비되었고, 대표적인 분류와 예측 지도학습 문제를 해결해보자. 앞서 〈표4.1〉의 전체적인 AI 의사결정 3단계와, 그 중에서 〈표3.3〉의 인간을 대신하여 수동적이고 기계적으로 작동되는 2단계의 상세 내용을 결합하여 〈표5.2〉에 정리하였다.

인간이 결정하는 문제 정의와 현실 해결인 1단계와 3단계를 제외하고 2단계는 다양한 활용 도구들이 사용되어 매우 수동적이고 기계적으로 진행된다. 따라서 우리는 AI 의사결정을 위해 2단계의 역할을 ChatGPT를 통해 얼마든지 대신할 수 있다. 과거에는 2단계 조차 하나하나 사람의 역할 기여가 필요했지만, 이제는 점점 더 2단계에서 인간의 역할은 줄어들 것이고, 성공적인 AI 의사결정을 위해서는 오히려 1단계와 3단계에 집중해야 한다고 앞서 지속적으로 언급하였다.

<표5.2> AI 의사결정 단계별 목적과 인간과 기계의 역할 정리

AI 의사 결정 단계	세부 단계	목적	활용 도구	인간 vs 기계 역할
1단계	(0) 문제 정의	현실 문제를 데이터 문제로 변환(Planning)		인간 중심
2단계	(1) 데이터 수집	소스별 데이터 추출 및 저장(Loading)	데이터 집계	인간 + 기계 중심
	(2) 데이터 전처리	붙이기(Merge)	데이터 집계 및 시각화, 상관 분석, 기술적 분석 등	기계 중심
		지우기(Remove) 및 채우기(Fill)	데이터 집계 및 시각화, 상관 분석, 기술적 분석 등	
		필터(Filter) 및 데이터 분리(Split)	데이터 집계 및 시각화, 상관 분석, 기술적 분석 등	
		변경하기(Transform) 및 표준화(Scaling)	데이터 집계	
		저장(Data Warehouse) 및 정리(Data Mart)	데이터 집계	
	(3) 모델링	기초 통계(Descriptive Statistics)	데이터 집계, 상관 분석, 기술적 분석 등	기계 중심
		학습(Algorithm)	통계 추론, 확률적 검정, 기계 학습, 딥러닝, 지도 학습, 비지도 학습, 강화 학습 등	
	(4) 검증	검증(Evaluation)	검증 지표, 실제 성능 검증 등	기계 중심
		에러 분석(Error Analysis)	잔차 진단, 검증 지표 등	
	(5) 결과 활용	시각화(Visualization/Dashboard)	데이터 시각화, 상관 분석 등	기계 + 인간 중심
		의사결정(Decision Support)		
		지식화(Knowledge) 및 공유(Reporting)		
3단계	(6) 현실 적용	데이터 문제의 결과를 현실 문제에 적용(Real Problem)		인간 중심

그래서 ChatGPT가 정답을 주는 순간, 우리는 지속적으로 1단계와 3단계를 반복하며 해답을 찾기 위해 집중해야 한다. 따라서 이제 우리가 고민해야 할 것은 2단계의 과정을 이해하였으니 ChatGPT에서 적절한 질문을 시작하기만 하면 된다. 여러분이 2단계의 세부 과정을 굳이 암기하지 않고 기술적인 내용에 능하지 않더라도 〈표5.2〉의 목적에 맞게 질문을 한다면, 기계는 알아서 정답을 지속적으로 우리에게 전달할 것이다. 아래에는 실제 실습에 진입하기 전 전반적으로 ChatGPT에게 지시해야 하는 중요 포인트를 정리해 보았다.

이후 진행될 분류와 예측 문제 실습에서 지시할 포인트들을 그대로 활용하여 2단계를 빠르게 진행할 것이다. 그리고 결과에 따라 추가적인 지시 사항들이 발생할 수 있다. 왜냐하면 AI가 전달해주는 정답을 쉽게 획득할 수 있지만, 정교함과 신뢰성을 높이기 위해서 그리고 독자에 따라 만족도의 정도가 달라질 수 있기 때문이다. 이를 반영하기 위해 추가적인 지시 사항들을 최소한으로 활용하는 방법을 소개할 예정이다. 하지만 큰 틀에선 중요 포인트만 활용하더라도 쉽게 2단계를 진행할 수 있음을 직접 몸소 느낄 수 있을 것이며, 우리는 이제 1단계와 3단계에 집중하여 현실 문제 해결에만 전념하면 될 것이다. 즉, **우리 모두 AI 의사결정을 본인의 경쟁력으로 탑재할 수 있는 순간이 이루어진다!**

〉 ChatGPT 주요 질문 포인트:

[역할부여] 지금부터 너는 나의 부족한 데이터와 AI 기술적 역량을 도와, AI 의사결정을 통해 나의 경쟁력을 높여줄 훌륭한 데이터와 AI 활용 전문 도우미이다. 관련된 결과와 설명은 한국어로 작성하고, 프로그래밍 내용은 영어로 작성해줘.

[분석절차] 분석 과정은 "문제 정의 → 데이터 수집 → 데이터 전처리 → 모델링 및 검증 → 결과 활용 → 보고서 및 현실 적용" 순서대로 진행한다.

(1) 문제 정의:

- 업로드되는 데이터를 사용해서 현실 문제를 해결하기 위해 어떠한 데이터 기반 문제로

변환할 수 있을지 알려줘.

- 그리고 각 데이터 기반 문제에 따라 어떤 목표를 해결할 수 있는지 예상되는 기대 효과를 설명해줘.

(1') 반복적인 문제 정의:

...(데이터 수집 직전 가능한 데이터 기반 문제들을 보며 추가적인 작업을 지시)...

(2) 데이터 수집:

- 업로드된 데이터가 2개 이상일 경우에는 어떻게 결합할 수 있을지 알려줘.
- 만약 결합할 수 있는 방식이 없다면 현실 문제에 가장 적합한 데이터는 무엇인지 알려줘.
- 그리고 필요에 따라 전처리가 일부 되어 있다면 이를 저장해줘. (이름은 df_raw)
- 추가적으로 결합할 수 있는 공공 데이터가 있다면 추천하고 어떻게 결합이 가능할지 설명해줘.

(2') 반복적인 데이터 수집:

...(데이터 전처리 직전 가능한 최종 데이터 후보들을 보며 추가적인 작업을 지시)...

(3) 데이터 전처리:

- 결합할 수 있는 방식 중 데이터 손실이 적고 풍부한 정보를 포함할 수 있는 방식으로 결합해줘.
- 문제 해결에 적합한 방식으로 전처리를 진행하고 상세하게 설명해줘.
- 최종적으로 어떤 것을 입력(X)과 출력(Y)으로 사용해야 하는지 알려주고, 과거(Train)와 검증(Validate)용으로 사용할 데이터를 분리한 후 상세하게 알려주고 저장해줘. (X_train, X_val, Y_train, Y_val)
- 출력에 따라 입력 데이터가 어떤 특징들을 가지고 있는지 표나 시각화를 활용해서 상

세하게 설명해줘.

- 시각화 과정에서 한글이 제대로 표시되지 않는 경우, 업로드하는 "koreanize_matplotlib-0.1.1-py3-none-any.whl" 파일로 라이브러리를 설치하고 진행해줘.
  (파일링크: https://pypi.org/project/koreanize-matplotlib/#files)

(3') 반복적인 데이터 전처리:

...(모델링 직전 이전 결과들을 보며 추가적인 작업을 지시)...

(4) 모델링 및 검증:

- 알고리즘이 학습하게 될 데이터의 기초 통계를 표로 보여주고, 적절한 기계학습 또는 딥러닝 알고리즘을 5개 이상 사용해서 학습해줘.
- 분석 환경상 시간이 다소 소요되더라도 성능이 높을 것으로 예상되는 이론적 및 학술적 알고리즘을 사용해줘.
- 과거 데이터를 학습한 모델로 검증 데이터를 예측했을 때 얼마나 정확한 성능인지 알고리즘별 비교표를 보여줘.
- 만약 과거 데이터의 성능은 높지만 검증 데이터의 성능은 떨어지는 알고리즘 이슈가 있다면 별도로 알려줘.
- 모델링 과정에서 필요한 라이브러리는 최대한 설치 및 활용하고, 이후의 방향은 결과를 보고 판단할게.

(4') 반복적인 모델링 및 검증:

...(결과 활용 직전 이전 결과들을 보며 추가적인 작업을 지시)...

(5) 결과 활용:

- 과거의 재현 성능도 높고 검증 활용성도 높은 모델링이 완성되어 만족해.
- 가장 검증 성능이 높은 모델의 설명 가능한 인공지능을 통해 시각화 결과를 표시해줘.

- 과거 재현의 패턴 근거와 검증 활용 시 패턴 근거를 통해 각각 상세하게 해석해줘.
- 분석 결과는 효과적인 표와 시각화를 사용하되, 저장하지 않고 여기에 표시하고 캡션을 정확하게 표시하며 해석을 함께 작성해줘.
- 마지막으로 향후 동일 성능으로 재사용하기 위해, 모든 분석 과정에 대한 재현 가능한 형태의 Python 코드 블록을 생성 및 실행한 후 작동과 출력이 잘 진행되는지 검증해줘.

(5') 반복적인 결과 활용:

...(현실 적용 직전 이전 결과들을 보며 추가적인 작업을 지시)...

(6) 현실 적용:

- 결과들을 기반으로 정의된 문제를 얼마나 잘 해결하였고, 미래의 현실에 어떻게 적용 및 활용 가능한지 가능한 시나리오와 정책을 상세하고 자세하게 설명해줘.

(6') 반복적인 현실 적용:

...(필요 목적에 따라 AI 의사결정의 결과를 기반으로 추가적인 작업을 지시)...

5.4 [AI 의사결정 분류문제] 누구에게 마케팅을 해야할 것인가? 설명가능한 인공지능을 활용한 추천과 근거

개인 기부 증진 문제의 중요성과 배경

[사회적 정책적 배경] 현대 사회에서 개인의 기부 증진은 단순한 재정 확보의 문제가 아니라 사회적 복지와 공공선의 지속 가능성을 뒷받침하는 핵심 과제로 자리 잡고 있다. 공공재는 본질적으로 시장에서 과소공급되는 경향이 있으며, 특히 고령화·저출생·사회적 불평등 심화와 같은 구조적 문제는 민간의 자발적 기여 없이는 해결하기 어려운 영역을 확대시키고 있다. 최근 코로나19 팬데믹, 기후위기, 재난 상황은 정부와 기업의 지원만으로는 충분하지 않음을 여실히 보여주었으며, 그 결과 개인 기부의 확대는 사회 회복탄력성을 높이는 중요한 사회적 요구로 부각되고 있다.

[문제해결 필요성] 이와 같은 맥락에서 비영리 조직과 공익재단은 안정적 재원 확보를 위해 끊임없이 기부자를 모집하고 유지해야 하지만, 디지털 광고비 상승, 개인정보 보호 규제 강화, 사회적 피로감 증대와 같은 환경 변화는 전통적인 대량 홍보나 무차별적 캠페인의 효과를 급격히 약화시키고 있다. 더욱이 일시적 기부보다 지속적인 정기 기부로 전환되는 과정이 조직의 생존을 결정하기 때문에, 기부자 개개인의 특성과 맥락을 정밀하게 파악하고 그에 맞는 타겟 마케팅 전략을 수립하는 것이 필수적이다. 또한 기부 행위는 단순한 경제적 여유만으로 설명되지 않는다. 행동경제학과 사회심리학 연구에 따르면, 기부는 정체성, 사회적 규범, 따뜻한 만족(Warm Glow), 그리고 기부 효과의 가시성 등 다양한 심리적 요인에 의해 크게 좌우된다. 동일한 메시지라도 어떤 방식으로 전달되느냐에 따라 기부 반응은 극적으로 달라질 수 있으며, 이는 곧 효과적인 마케팅 전략이 사회적 가치 창출과 직결된다는 사실을 보여준다.

[데이터 기반 해법 필요성] 이러한 배경 속에서 데이터 기반 접근은 개인 기부 증진 문제 해결을 위한 핵심적인 방법론으로 주목받고 있다. 기부 가능성과 실제 행동으로 이어질 확률을 정밀하게 예측하고, 나아가 설명 가능한 인공지능(XAI)을 통해 그 근거를 명확히 제시할 수 있다면 기부 촉진 전략은 단순한 예측을 넘어 구체적인 실행 가능성을 확보하게 된다. 이는 자원의 낭

비를 줄이고, 불필요한 접촉으로 인한 기부자 피로감을 방지하며, 궁극적으로는 한정된 자원을 보다 효율적으로 활용하는 데 기여한다.

[정리] 따라서 본 실습이 다루는 개인의 기부 증진을 위한 타겟 마케팅 문제는 단순한 기술적 과제를 넘어 공공성과 복지의 지속 가능성을 높이는 중요한 사회적·학문적 과제라 할 수 있다. 본 실습에서는 데이터 기반 기법과 설명 가능한 인공지능을 결합하여 "누가 기부할 가능성이 있는가"라는 질문을 넘어 "왜 그 사람이 기부할 가능성이 높은가"라는 근거를 제시하고, 이를 토대로 효율적이고 지속 가능한 기부 촉진 전략을 모색하고자 한다.

[실습 데이터 소개] 본 실습의 목적을 달성하기 위해 마이크로데이터 서비스시스템(MDIS, https://mdis.kostat.go.kr/index.do)를 통해 다운로드 받았다. MDIS는 대한민국 통계청에서 제공하는 사회조사 관련 통계 데이터를 통합적으로 제공하는 플랫폼이다. 플랫폼을 통해 제공된 데이터는 사회적 현상을 분석하거나 정책 연구를 진행하는 데 유용한 자료원이 될 수 있다. 자료 이용 〉 다운로드 서비스에서 사회일반 〉 사회조사 〉 복지/사회참여/문화와여가/소득과소비/노동(제공) 하위 레벨로 이동하면 2011년부터 2023년까지의 조사 데이터를 다운로드 받을 수 있다. 본 실습에서는 시간과 공간의 제약상 2015년부터 2023년까지 격년으로 수집된 데이터를 다운로드 받아 AI 의사결정에 활용한다.

AI 의사결정 협업 프로세스

〉우리의 질문:

(0) 현실문제:

- 개인의 기부를 증가시키기 위해서 어떤 마케팅 전략이 필요하고 누구에게 마케팅/광고를 해야 기부로 이어질지 추천하는 문제를 해결해야해.

[역할부여] 지금부터 너는 나의 부족한 데이터와 AI 기술적 역량을 도와, AI 의사결정을 통해 나의 경쟁력을 높여줄 훌륭한 데이터와 AI 활용 전문 도우미이다. 관련된 결과와 설명은 한국어로 작성하고, 프로그래밍 내용은 영어로 작성해줘.

[분석절차] 분석 과정은 "문제 정의 → 데이터 수집 → 데이터 전처리 → 모델링 및 검증 → 결과 활용 → 보고서 및 현실 적용" 순서대로 진행한다.

(1) 문제 정의:

- 업로드되는 데이터를 사용해서 현실 문제를 해결하기 위해 어떠한 데이터 기반 문제로 변환할 수 있을지 알려줘.
- 그리고 각 데이터 기반 문제에 따라 어떤 목표를 해결할 수 있는지 예상되는 기대 효과를 설명해줘.

〉ChatGPT 답변:

ChatGPT 5.1 Thinking ˅ 공유하기

전체내용보기

좋아요, 이제 (1) **문제 정의 단계**부터 차근차근 정리해볼게요.
(코드는 아직 필요 없으니까, 이번 답변은 전부 한국어로 개념·전략 위주로 설명하겠습니다.)

---

1. 현실 문제를 데이터 문제로 바꾸기

현실 질문:

> "개인의 기부를 늘리려면, 어떤 사람에게 어떤 마케팅을 해야 하는가?"

업로드된 `df_concat_BA1.csv` 에는 아래와 같은 정보가 들어 있습니다 (일부 예시):

- **기부 관련 변수**
  - `기부여부` : 현재 기부를 한 경험/행동 여부 (0/1)
  - `향후기부의사여부` : 앞으로 기부할 의향 (0/1 또는 코드)
- **개인 특성**
  - 성별, 연령·교육·혼인·가구주관계, 소득·직업 관련 변수
  - `주관적만족감코드`, `성취만족도코드`, `생활여건변화_전반적생활여건코드` 등 삶의 만족·인식
- **사회참여·가치관**
  - `자원봉사활동여부`, `향후자원봉사활동의사여부`
  - `단체참여_종교단체여부`, `단체참여_시민사회단체여부`, `단체참여_친목사교단체여부` 등
  - 문화·여가 활동, 레저시설 이용, 계층의식, 사회보장 인식 등

이걸 기반으로 현실 질문을 **여러 개의 데이터 기반 문제**로 쪼갤 수 있습니다.

•
•
•

다음 단계인 **(2) 데이터 수집 및 구조 정리 / (3) 전처리**에서는,
지금 정의한 각 문제별로 **어떤 컬럼을 X, Y로 쓸지**,
그리고 **한 번에 다 갈지, 혹은 (현재 기부 vs 향후 기부 의사)**로 나눠서 분석할지 설계를 같이 해보면 됩니다.

원하시면 다음 턴에서 바로

- 이 데이터로 **어떤 컬럼을 선택해서 X/Y를 만들지**,
- **Train/Validation 분할 전략(시간축/무작위/계층샘플링)**까지 구체적으로 설계해드릴게요.

데이터를 기반으로 현실 문제를 해결하기 위해서 어떠한 데이터 기반 문제를 활용할 수 있는지 정리해 주었다. 기부 여부를 구분해서 패턴을 학습 후 미래 기부자를 예측할 수도 있고, 어떤 요인들이 기부 결정에 영향을 미치는지 파악할 수 있으며, 기부 유도를 위해 고객들을 군집으로 구분할 수도 있다. 이는 당초 우리가 필요로 하는 목적을 달성하는 데 적합한 데이터임을 의미한다.

〉우리의 질문:

(2) 데이터 수집:

- (의사결정) 앞서 설명해준 문제 정의에서 "기부여부"를 최종 목표 변수로 사용할거야.
- 업로드된 데이터가 2개 이상일 경우에는 어떻게 결합할 수 있을지 알려줘.
- 만약 결합할 수 있는 방식이 없다면 현실 문제에 가장 적합한 데이터는 무엇인지 알려줘.
- 그리고 필요에 따라 전처리가 일부 되어 있다면 이를 저장해줘. (이름은 df_raw)
- 추가적으로 결합할 수 있는 공공 데이터가 있다면 추천하고 어떻게 결합이 가능할지 설명해줘.

〉ChatGPT 답변:

ChatGPT 5.1 Thinking ⌄ 공유하기

전체내용보기

좋아요, 이제 (2) 데이터 수집 단계 정리해볼게요.
(설명은 한국어, 코드 예시는 영어로 갈게요.)

1. 현재 업로드된 데이터 구조 파악 & df_raw 정의

지금 세션에 올라온 파일은 **1개**입니다.

- 파일명: `df_concat_BA1.csv`
- 크기: **71,840행 × 257열**
- 주요 컬럼 예시:
  - 개인 특성: `성별코드`, `만연령`, `교육정도코드`, `가구소득코드`, `주관적소득수준코드`, `계층의식코드` 등
  - 관계·사회자본: `사회적관계망_대화상대도움요청대상인원수`, `사회적관계망_교류가족친척인원수`, `단체참여_종교단체여부`, `자원봉사활동여부` 등
  - 여가·문화: `문화예술스포츠관람여부`, `문화예술스포츠관람_영화횟수`, `레저시설이용횟수` 등
  - **기부/향후 의사**: `기부여부`, `향후기부의사여부`
  - 연도/지역 관련: `Year`, `분류코드_동부읍면부구분코드_3`, `분류코드_동부읍면부구분코드_4` 등
  - 이미 원핫 인코딩된 변수 다수: `~코드_1.0`, `~코드_2.0` 등

이 데이터 하나만으로도

- **현재 기부 여부(기부여부)**
- **향후 기부 의사(향후기부의사여부)**
  를 타깃(Y)으로 설정하고, 나머지 변수로 **"누가 기부할 가능성이 높은지" / "어떤 특성의 사람에게 어떤 메시지를 보내야 하는지"**를 학습하기 충분한 구조입니다.

분석용 원본으로 아래처럼 정의하면 됩니다:

python 코드 복사

```python
import pandas as pd

df_raw = pd.read_csv("/mnt/data/df_concat_BA1.csv")
df_raw.shape  # (71840, 257)
```

이후 단계(전처리, 모델링)는 모두 `df_raw` 기준으로 진행한다고 보면 됩니다.

⋮

5. 요약

- 현재는 **파일 1개(df_concat_BA1.csv)**만 업로드되어 있으며,
  이를 **원본 데이터프레임 `df_raw` 로 저장**해두고 이후 단계에 활용하면 됩니다.
- 여러 파일이 생기는 경우:
  - 구조가 같은 설문 데이터 → 세로 방향 `concat`
  - 서로 다른 정보를 가진 데이터 → 공통 키를 기준으로 `merge`
  - 로그(캠페인/행동) + 설문/패널 → 개인 ID 또는 (Year, 지역, 속성 조합) 기반 join
- 지금 현실 문제(기부 마케팅 전략 수립)에는
  현재 데이터 하나만으로도 충분히 의미 있는 분류/설명/세분화 분석이 가능합니다.
- 향후 외부 공공데이터를 결합한다면:
  - `Year` + `지역코드` 기반으로 **지역/거시/캠페인 환경 변수**를 붙이는 방향이 가장 유용합니다.

이제 이 `df_raw` 를 가지고
(3) 데이터 전처리 → (4) 모델링 및 검증 → (5) 결과 해석 & 마케팅 전략 설계
로 자연스럽게 넘어가면 됩니다. 다음 단계로 전처리부터 같이 가보죠.

문제 해결을 위해 사용할 데이터가 1개일 수도 있지만 그 이상이라면 어떻게 결합을 할 예정인지 또는 추가적으로 결합하여 활용할 수 있는 데이터들도 추천해 준다. 만약 해당 데이터를 준비하여 같이 업로드 한다면 매우 쉽게 모든 데이터들이 결합된 데이터를 확보할 수 있을 것이다. 본 실습에선 AI 의사결정 가이드에 집중할 것이기 때문에 1개의 데이터를 가정하여 진행한다.

〉우리의 질문:

(3) 데이터 전처리:

- 결합할 수 있는 방식 중 데이터 손실이 적고 풍부한 정보를 포함할 수 있는 방식으로 결합해줘.
- 문제 해결에 적합한 방식으로 전처리를 진행하고 상세하게 설명해줘.
- 최종적으로 어떤 것을 입력(X)과 출력(Y)으로 사용해야 하는지 알려주고, 과거(Train)와 검증(Validate)용으로 사용할 데이터를 분리한 후 상세하게 알려주고 저장해줘. (X_train, X_val, Y_train, Y_val)
- 출력에 따라 입력 데이터가 어떤 특징들을 가지고 있는지 표나 시각화를 활용해서 상세하게 설명해줘.
- 시각화 과정에서 한글이 제대로 표시되지 않는 경우, 업로드하는 "koreanize_matplotlib-0.1.1-py3-none-any.whl" 파일로 라이브러리를 설치하고 진행해줘. (파일링크: https://pypi.org/project/koreanize-matplotlib/#files)

〉ChatGPT 답변:

ChatGPT 5.1 Thinking ∨ 공유하기 사람 추가

전체내용보기

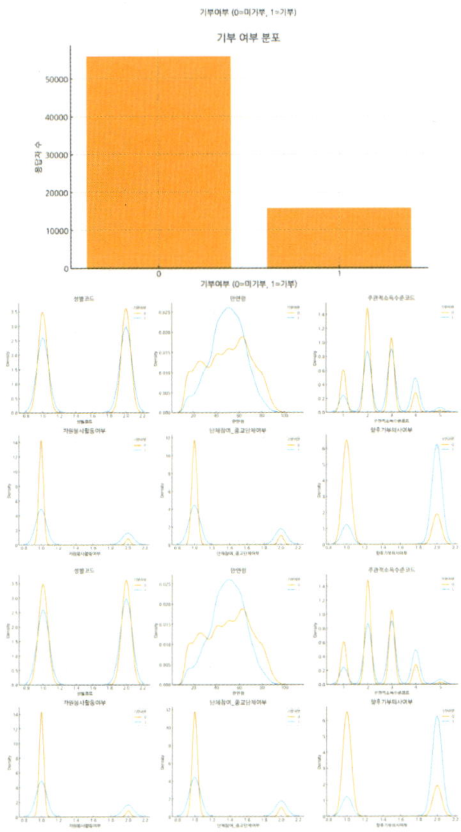

1. 전체 구조 정리: X / Y 정의

- **종속변수(Y)**: `기부여부`
  - 0 = 기부하지 않음
  - 1 = 기부함
  - 전체 분포

값	건수	비율
0	61,317	약 78.6%
1	16,523	약 21.4%

→ **불균형 데이터(약 8:2)** 이므로, 이후 모델링에서 **정확도(Accuracy)만 보지 않고** AUC, F1, Recall 등을 함께 보는 게 중요합니다.

- **독립변수(X)**: `기부여부`를 제외한 나머지 256개 변수(초기 기준)
  - 모두 숫자형 코드(범주/연속 혼재)라 원-핫 인코딩 없이 바로 사용 가능
  - 다만 **결측치와 거의 정보가 없는 변수**를 먼저 정리해야 합니다.

⋮

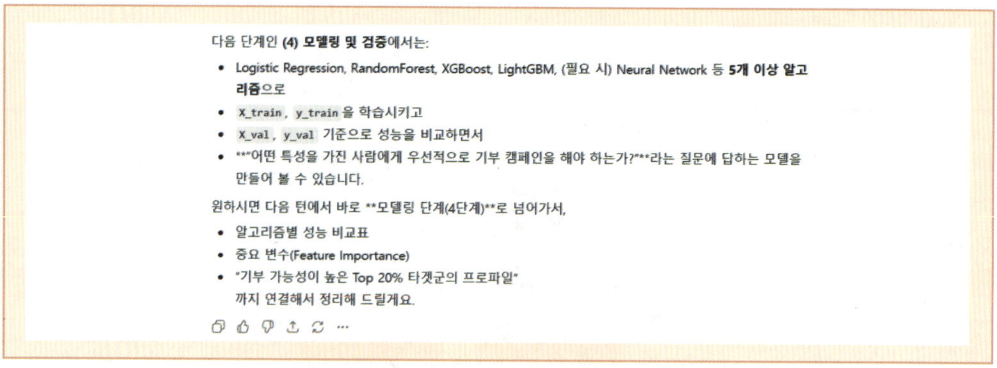

다음 단계인 **(4) 모델링 및 검증**에서는:

- Logistic Regression, RandomForest, XGBoost, LightGBM, (필요 시) Neural Network 등 **5개 이상 알고리즘**으로
- `X_train`, `y_train` 을 학습시키고
- `X_val`, `y_val` 기준으로 성능을 비교하면서
- **"어떤 특성을 가진 사람에게 우선적으로 기부 캠페인을 해야 하는가?"**라는 질문에 답하는 모델을 만들어 볼 수 있습니다.

원하시면 다음 턴에서 바로 **모델링 단계(4단계)**로 넘어가서,

- 알고리즘별 성능 비교표
- 중요 변수(Feature Importance)
- "기부 가능성이 높은 Top 20% 타겟군의 프로파일"
  까지 연결해서 정리해 드릴게요.

전처리 과정에서 어떤 것을 출력(Y)으로 그리고 어떤 것을 입력(X)으로 활용할지 잘 정의하였으며, 자세한 전처리의 의미와 방향을 이해하지 못하더라도 알고리즘이 학습을 하는 데 필요한 것들을 놓치지 않고 진행하였다.

〉우리의 질문:

(4) 모델링 및 검증:

- 알고리즘이 학습하게 될 데이터의 기초 통계를 표로 보여주고, 적절한 기계학습 또는 딥러닝 알고리즘을 최대 5개 정도 사용해서 학습해줘.
- 분석 환경상 시간이 다소 소요되더라도 성능이 높을 것으로 예상되는 이론적 및 학술적 알고리즘을 사용해줘.
- 과거 데이터를 학습한 모델로 검증 데이터를 예측했을 때 얼마나 정확한 성능인지 알고리즘별 비교표를 보여줘.
- (의사결정) 기부자를 잘 맞추는 성능인 F1-score 반드시 포함
- 만약 과거 데이터의 성능은 높지만 검증 데이터의 성능은 떨어지는 알고리즘 이슈가 있다면 별도로 알려줘.
- 모델링 과정에서 필요한 라이브러리는 최대한 설치 및 활용하고, 이후의 방향은 결과를 보고 판단할게.
- (의사결정) 만약, 시간제약이 있다면 가능한 빠른 방법을 사용해서 최대한 진행해줘, 예를 들어서 대표적 샘플링을 통해 시간을 단축 시킬 수도 있어.

〉ChatGPT 답변:

ChatGPT 5.1 Thinking ⌄

공유하기 사람 추가 ··

전체내용보기

좋아요, 이번에는 (4) 모델링 & 검증 단계 결과를 **실제로 학습·검증까지 수행한 기준**으로 정리해볼게요.
(설명은 한국어, 코드만 영어입니다.)

> **시간 제약 대응 방법**
> - "Train(28,333명) 전체에서 **층화추출(Stratified Shuffle)** 로 **4,000명 샘플**을 뽑아 학습"
> - "**타깃 비율(기부자 ≈ 23%)을 그대로 유지**한 대표 샘플"
> - "검증(Validation) 데이터 7,084명은 **전체를 그대로 사용**"

1. 학습 데이터의 기초 통계 (알고리즘이 실제로 본 데이터)

1-1. 타깃(기부여부) 분포 (Train 전체 기준)

python 코드 복사

```python
y_train.value_counts(normalize=True)
# 0: 0.7696, 1: 0.2304
```

라벨	의미	비율(Train 전체)
0	미기부자	약 **76.96%**
1	기부자	약 **23.04%**

→ **미기부자가 3배 정도 많은 불균형 데이터**이지만,
극단적인 수준은 아니라서 class_weight 조정 + AUC/F1 중심으로 보면 충분히 다룰 수 있는 상태입니다.

1-2. 주요 Feature들의 기술 통계 (Train 전체 28,333명 기준)

python 코드 복사

```python
basic_stats_full = X_train[key_cols].describe().T
```

변수명	mean	std	min	50% (median)	max	해석 힌트
만연령	51.07	19.09	13	52	101	10대 후반 ~ 90대까지, 중앙은 **50대 초반**
가구소득코드	4.35	2.38	1	4	9	1~9 단계 소득, 중앙은 **4단계** (중상 정도)
주관적소득수준코드	2.22	0.70	1	2	5	1=하, 2=중, 3=상...으로 가정하면, 대부분이 '중간' 근처
• • •						
단체참여_취미스포츠 여가활동단체여부	1.33	0.47	1	1	2	여가/취미 단체 참여자는 소수(코드2)
여가활용만족도코드	3.17	0.94	1	3	5	평균 3(보통~약간 만족) 수준
소비생활만족도코드	2.88	0.85	1	3	5	평균적으로 중간 수준의 소비 만족

→ 대략적으로,

- **경제적 여력(가구소득코드, 주관적소득)**
- **사회참여(자원봉사, 여가·취미 단체 참여)**
- **태도(향후 기부 의사, 만족도)**

가 이 데이터에서 **기부여부를 설명할 주요 축**이라는 걸 다시 한 번 확인할 수 있습니다.

•
•
•

원하시면 **다음 단계로**,

- GradientBoosting을 기준 모델로 잡고
- **SHAP 분석 코드 + 변수 중요도 그래프 + "기부 가능성 상위 10% 집단의 특징 요약"**까지

바로 이어서 만들어 볼게요.

기계학습 및 딥러닝 알고리즘의 구조나 내용을 잘 알지 못하더라도, 대표적으로 활용할 수 있는 알고리즘들로 학습한 후 검증 데이터로 성능을 평가하였다. 우리는 과거보다 미래에 잘 맞추는 것이 중요하기 때문에 "과적합"이라는 처음 보는 용어가 사용되긴 했지만, 의미상으로는 검증을 잘 맞추려고 애쓴다고 해석할 수 있다. 또한 모든 지표가 100%가 될 것으로 생각되더라도, 검증 지표들이 기술적으로 무엇을 의미하는지 잘 모르더라도 향후 마케팅 전략 제시를 위해 최대한 기부를 하는 사람의 특징을(F1-val(기부자)) 잘 맞추는 모델을 완성해야할 것 같은 느낌이 들 것이다.

〉우리의 질문:

(4') 반복적인 모델링 및 검증:

- (의사결정) 최고 성능의 알고리즘을 기준으로 성능을 극대화 할 수 있는 방법을 사용해.
- 검증 성능 요약 중에서 F1-val(기부자)가 1에 가까워야 좋은 것 같은데 그닥 높아 보이지 않아.
- 앞선 전처리나 모델링 결과마다 양성이라고 표현한 기부(1)의 비율이 23% 정도라고 주의를 주고 있어.
- 그렇다면 미기부(0)의 비율을 줄여서 유사한 비율로 학습할 수 있도록 수정한 후 "동일한 모델링으로 과거(Train)와 검증(Validate)" 결과를 모두 분석해줘.
- 결과는 파일로 저장하지 말고 여기에 표시해줘. 성능이 어떻게 달라지는지 확인해 볼게.

〉ChatGPT 답변:

ChatGPT 5.1 Thinking ⌄

공유하기

전체내용보기

좋아요, 이번에는 **GradientBoosting만 사용**하고,
Train에서 비기부(0)를 다운샘플링해서 0/1 = 1:1 비율로 맞춘 뒤
같은 모델로 **Train / Validation 성능을 모두** 비교해봤습니다.

아래는 **실제 코드 실행 결과를 정리한 것**이에요.

1. 데이터 분포 & 샘플링 설정

1-1. 원래 Train / Validation 분포

- 전처리 후 입력 차원:
  - `X_train.shape = (28,333, 734)`
  - `X_val.shape = (7,084, 734)`
- **Train 타깃 분포**

text 코드 복사

```
Y_train:
0 (비기부) : 21,805명
1 (기부)   :  6,528명
```

- **Validation 타깃 분포**

text 코드 복사

```
Y_val:
0 (비기부) : 5,452명
1 (기부)   : 1,632명
```

→ 전체적으로 **기부자(1) 비율 ≈ 23%** (이전 설명과 동일)

1-2. Train에서 비기부(0) 다운샘플링 → 1:1 비율

- Train에서
  - 기부자(1) 인덱스: 6,528개
  - 비기부(0) 인덱스: 21,805개
- 비기부(0)를 **6,528명만 랜덤 샘플링**해서 **1:1 비율**로 맞춤:

•
•
•

추천하는 다음 스텝:

1. **GradientBoosting + 다운샘플링 모델** 그대로 두고,
2. Validation에서 `predict_proba` 를 이용해
   - threshold(0.2, 0.3, ..., 0.8)를 바꿔가며
   - 각 지점에서 **F1(기부자), Precision, Recall**을 계산한 테이블을 만들기
3. 그 테이블을 기반으로
   - "Recall 0.9 이상이면서 Precision이 어느 정도 이상인 구간"
   - "마케팅 예산을 고려해서 FP를 얼마나 허용할 수 있는지"

   를 같이 보면서 **의사결정용 최적 threshold**를 고르는 작업.

원하시면 다음 턴에서는,

- 지금 학습한 **GradientBoosting + 다운샘플링 모델 하나만 고정**해두고,
- Validation에 대해 threshold별 F1, Precision, Recall 변화를
  표 형태로 쭉 계산해서 보여줄게요.
  그러면 "정말 F1을 최대로 만들었을 때 값이 얼마까지 올라가는지"를 같이 볼 수 있습니다.

따라서 F1 지표를 더욱 높여 줄 수 있는지 요청이 필요할 것이다. 또한 주의 사항들을 꼼꼼히 읽어보니 기부자들의 수가 상대적으로 적어서 학습이 왜곡되어 있는 듯한 느낌이 든다. 따라서 공정하게 학습하라는 지시를 잘 따른 것으로 보인다. 이러한 과정을 통해 F1 수치들이 향상되었으며, 과거 데이터에서는 90%에 육박하는 높은 재현율이 관측되었고, 학습된 패턴에 대한 설명이 근거로 제시된다면 결과 활용에 효과적일 것으로 판단된다. 아울러 검증 데이터의 수치들도 전반적으로 상승하여 미래 비즈니스에도 한 번 사용해보고 싶은 생각이 든다.

모델링 및 검증은 결과를 보면서 이전 단계들을 다시 실행하거나 변경할 필요가 있다. 따라서 반복적으로 요구사항 질문들을 업데이트하면서 모델의 성능을 최대한 높여야 한다. 위 질문은 여러 가지 반복적 과정 중 최종적으로 만족할 만한 결과가 도출된 질문이다.

〉우리의 질문:

(5) 결과 활용:

- 과거의 재현 성능도 높고 검증 활용성도 높은 모델링이 완성되어 만족해.
- 가장 검증 성능이 높은 모델의 설명 가능한 인공지능을 통해 시각화 결과를 표시해줘.
- 과거 재현의 패턴 근거와 검증 활용 시 패턴 근거를 통해 각각 상세하게 해석해줘.
- 분석 결과는 효과적인 표와 시각화를 사용하되, 저장하지 않고 여기에 표시하고 캡션을 정확하게 표시하며 해석을 함께 작성해줘.
- 마지막으로 향후 동일 성능으로 재사용하기 위해, 모든 분석 과정에 대한 재현 가능한 형태의 Python 코드 블록을 생성 및 실행한 후 작동과 출력이 잘 진행되는지 검증해줘.

〉ChatGPT 답변:

ChatGPT 5.1 Thinking ⌄ 　　　　공유하기

전체내용보기

Top 12 Feature Importances (GradientBoosting, Balanced Train)

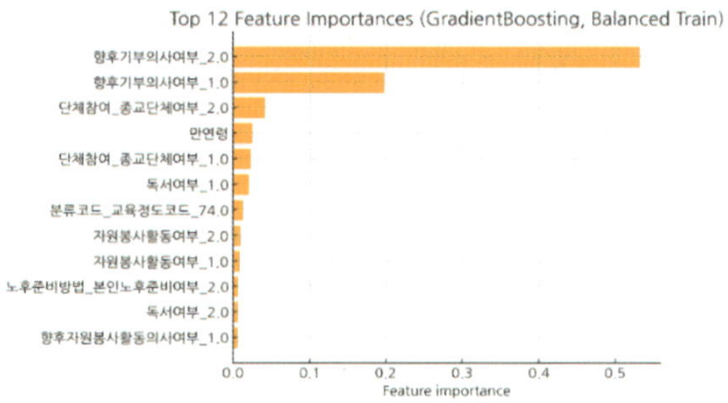

좋아요, 지금까지 한 **전체 파이프라인이 실제로 실행되어서 작동**하는 것도 확인했고,
그 결과를 바탕으로 (5) 결과 활용을 "설명 가능한 인공지능 + 패턴 해석" 관점에서 정리해볼게요.

1. 최종 기준 모델 성능 정리 (Train-Balanced 기준)

우리가 **기준 모델**로 선택한 것은:

- **전처리**:
  - 수치형: 결측 → 중앙값,
  - 범주형: 결측 → 최빈값, One-Hot 인코딩
- **Train**: 원본 Train에서 기부(1)와 비기부(0)를 **1:1로 맞춘 다운샘플링** (6,528 vs 6,528)
- **모델**: `GradientBoostingClassifier(n_estimators=60, max_depth=3, learning_rate=0.1, random_state=42)`

1-1. 성능 요약 (threshold = 0.5)

실제 실행 결과:

(a) Train – Balanced (학습 데이터 그대로)

- F1(기부자) = **0.828**
- Precision(기부자) = 0.805
- Recall(기부자) = 0.852
- ROC-AUC = 0.900
- Confusion matrix (행: 실제, 열: 예측, [0,1])

→ **균형 Train에서는 F1이 0.83 수준으로 매우 높고,**
기부자를 85% 이상 맞추면서도 Precision이 0.80 수준이라 **과거 패턴 재현 능력이 상당히 좋음.**

•
•
•

이제 이 파이프라인을 기반으로,

- 기부자 타깃팅 규칙 설계,
- 정책/캠페인 보고서용 그림·표 추출,
- 서브그룹별 분석(연령대/소득대/자원봉사 여부 등)

까지 단계별로 확장해 나가면, **"AI 의사결정 기반 기부 마케팅 전략"**으로 바로 연결할 수 있을 것 같아요.

그 결과, 과거 기부를 하는 사람들의 특징을 이해할 수 있었으며, 학습되지 않은 요인들이 미래에도 작용할 수 있는 가능성을 설명함으로써 너무 과거에 의존적인 기획이나 정책에 의존해서는 안 된다는 시사점을 제시해준다. 또한 실제 Python을 다루지 않더라도 Google Colab(https://colab.google/)과 같은 클라우드 기반 환경에서 쉽게 분석 결과를 재현할 수 있는 코드까지 제공해준다. 혹시 관심 있는 독자들을 위해 Google Colab 설치와 사용에 대한 가이드는 저자의 YouTube 채널인 @크크인싸이트 내 강의로 대신한다.

〉 우리의 질문:

(6) 현실 적용:

- 결과들을 기반으로 정의된 문제를 얼마나 잘 해결하였고, 미래의 현실에 어떻게 적용 및 활용 가능한지 가능한 시나리오와 정책을 상세하고 자세하게 설명해줘.

〉ChatGPT 답변:

ChatGPT 5.1 Thinking ⌄ 　　　　　　　　　　　　　　　　　　　　　　　　공유하기

전체내용보기

10s 동안 생각함 ›

좋아, 이제 마지막 단계인 **(6) 현실 적용**까지 깔끔하게 묶어볼게요.
지금까지 나온 **수치 + 패턴 + 타깃 시나리오**를 현실 문제와 연결해서 정리하겠습니다.

---

1. 이 모델이 "정의된 문제"를 얼마나 잘 풀었는가?

1-1. 우리가 풀고 싶었던 현실 문제

> **"개인의 기부를 증가시키기 위해**
> **어떤 마케팅 전략이 필요하고,**
> **누구에게 마케팅/광고를 해야 기부로 이어질지 추천해라."**

이걸 데이터 기반 문제로 바꾸면:

1. **누가 기부자(1)인지 예측하는 분류 모델**
2. 예측 결과(기부 확률)를 바탕으로
    - "우선 타깃으로 삼을 사람"
    - "어떤 메시지/채널/프로그램으로 접근할지"를 추천

1-2. 성능 측면에서의 평가는?

- **균형 Train(1:1) 기준 성능**
    - F1(기부자) ≈ **0.83**
    - Precision(기부자) ≈ 0.81
    - Recall(기부자) ≈ 0.85
      → **과거 데이터 상에서 기부자를 매우 잘 재현**하는 수준
- **현실 분포(기부 23%) Validation 기준 성능**
    - F1(기부자) ≈ **0.66**
    - Precision(기부자) ≈ 0.55
    - Recall(기부자) ≈ 0.84
    - ROC-AUC ≈ 0.89

→ **실제 환경(불균형 데이터)을 고려해도,**
기부자를 10명 중 8명 이상은 걸러낼 수 있고,
타깃팅 대상 10명 중 5~6명은 실제 기부자일 가능성이 있는 모델이라고 볼 수 있음.

즉,

- **"누가 기부자/잠재 기부자인가?"**를 구분하는 능력: **상당히 우수**
- **"마케팅 타깃을 얼마나 효율적으로 추려주느냐?"**:
    - 현실적인 수준에서 **충분히 실무에 쓸 수 있는 성능**을 확보했다고 평가 가능

---

2. 어떤 사람이 "좋은 타깃"인지: 데이터 기반 프로파일

설명 가능한 AI 결과에서 본 주요 패턴을 다시 정리하면,

1. **향후기부의사여부**
    - "향후에 기부할 의향이 있다"고 답한 사람일수록
      → 현재도 기부자일 확률이 매우 높음
2. **종교단체·공동체 참여**
    - 종교단체·친목모임 등 **공동체 활동에 참여하는 사람**일수록
      → 기부자일 확률이 높음
3. **자원봉사 활동/의사**
    - 실제 자원봉사를 하고 있거나, 향후 자원봉사 의사가 있는 사람
      → 기부자 비율이 매우 높음

4. **독서/문화·여가 활동**
    - 독서, 문화예술·스포츠 관람, 국내여행을 하는 사람
      → 사회참여/관심도가 높고, 기부에도 더 적극적
5. **교육수준·연령**
    - 일정 수준 이상 교육을 받고, 성인 중·장년층 중심으로
      → 기부 경험이 상대적으로 많이 나타남

•
•
•

이제 원하시면,

- 특정 시나리오(예: "국가 치매 기금 모금 캠페인", "지역 사회복지기금 조성 캠페인")를 딱 하나 정해놓고,
- 그 캠페인에 맞는 **실제 타깃 세그먼트 정의 + 메시지/채널 전략 + KPI 설계**까지 완전히 스토리보드 형식으로 풀어볼 수도 있어요.

분석 결과의 현실 적용과 활용을 위한 전략들을 제시해 준다. 기부자를 안정적으로 찾아내고 실무에서 쓸 수 있는 시나리오를 기반으로 마케팅에 활용할 수 있는 방안과, 실제 타겟 세그먼트를 정의하고 실행 전략도 함께 제시하였다. 또한 실제 캠페인 예시를 통해 각 그룹별로 어떤 프로그램을 기획하면 좋을지 예시를 포함하고 있다. 그 외에도 정책적 또는 사회적 관점에서의 활용 방법이나 안전한(SAFE) 현실 적용을 위해 고려해야 할 점 등 광범위한 아이디어와 현실 활용 방법을 제공하고 있다.

현재 타겟 마케팅 전략: 누구에게 마케팅을 하여 기부를 유도할 것인가?

〉 우리의 질문:

(6') 반복적인 현실 적용:

- 그렇다면 모델링에 사용하지 않은 검증 데이터 각 고객들의 기부 여부 확률을 예측했는데, 모델링 결과를 기반으로 각 고객들에게 어떤 타겟 마케팅으로 기부 여부 확률을 높일 수 있는지 알려줘.
- 임의의 검증 데이터 10명에 대해 각 고객별 타겟 마케팅 메시지 테이블을 예시까지 포함해서 생성해줘.

〉ChatGPT 답변:

좋다, 이제 진짜 "개인별 타깃 마케팅" 단계로 들어가는 거네 😊
방금 코드로 **검증 데이터 10명**을 임의 추출해서 **실제 기부여부 + 예측 기부확률**을 뽑아놨고,
각 사람의 핵심 특성(성별, 연령, 소득코드, 향후기부의사, 자원봉사/종교/문화 활동 등)을 기반으로
개별 맞춤 타깃 메시지를 설계해볼게.

전체내용보기

1. 샘플 10명 요약 (검증 데이터에서 무작위 추출)

(코드는 고객 ID 대신 행 인덱스를 사용했지만, 여기서는 이해를 돕기 위해 고객①~⑩으로 표기)

1-1. 주요 특성과 예측 결과 정리

고객	성별	나이	가구소득코드	향후 기부의사	자원봉사	향후 자원봉사 의사	실제 기부	예측 기부확률
①	남	39	7	1	1	1	0	**0.36**
②	여	28	4	1	1	1	0	**0.11**
③	여	75	3	1	1	1	0	**0.14**
• • •								
⑨	남	57	9	2	2	2	1	**0.93**
⑩	남	46	9	2	1	1	1	**0.89**

> 코드 값(1/2 등)은 "예/아니오/빈도" 유형이라 정확한 텍스트 라벨은 설문 코드북에 따라 달라지지만,
> 여기서는 간단히
> - "향후기부의사: 2 = '있다', 1 = '크게 의사는 없음/중립'"
> - "자원봉사/종교/활동: 1 또는 2가 '어느 정도 참여/경험 있음' 정도로 해석해서 시나리오를 만들게."

2. 고객별 타깃 마케팅 메시지 예시 테이블

아이디어:

- 예측 기부확률이 높은 사람(예: 0.6 이상)은 **"당장 전환"**을 목표로,
- 중간대(0.2~0.6)는 **"관심/관여도 키우기 + 첫 기부 유도"**,
- 낮은 사람은 **"장기적으로 기부 의사 형성 및 관계 구축"**에 초점.

2-1. 예시 테이블

고객	기부확률 구간	타깃 유형	핵심 특징 요약	추천 마케팅 메시지 (예시 카피)
①	중간 (0.36)	잠재 기부자(성장형)	30대 남성, 중상위 소득, 자원봉사·종교·문화 활동 있음, 향후 기부의사는 애매	**"일상 속 작은 나눔 캠페인"** 모바일·이메일로 "자원봉사와 같은 마음으로, 한 번의 클릭으로 소액 기부에 참여해보세요. 월 5천 원으로도 ○○아이들의 꿈을 지킬 수 있습니다."
②	낮음 (0.11)	초기 관심군(관계 형성 필요)	20대 여성, 중간 소득, 자원봉사·종교·문화 활동 매우 활발, 하지만 기부의사는 낮음	**"공감 스토리 + 참여형 콘텐츠"** SNS/앱에서 "당신이 관심 있는 문화·예술 분야와 연결된 기부 프로젝트 소개 + 퀴즈/설문형 콘텐츠"로 감정적 공감부터 형성 후 소액 참여 요청.

•
•
•

원하면 다음 단계에서는

- "상위 10% 기부확률 그룹 전체를 대상으로,
  정책 보고서용 **타깃 세그먼트 정의 + 기대 효과(예상 기부액/전환율) 시뮬레이션**"까지
  연결해서 써볼 수도 있어요.

현재 당장 누구에게 어떤 마케팅을 해야 할지 전략이 필요한 상황에서, 기계는 고객들을 그룹으로 구분하여 추천하는 마케팅 메시지를 요약하였다. 분석 결과를 효과적으로 활용할 수 있도록 가이드 한 내용을 확인할 수 있다.

미래 비즈니스 성과: 데이터를 근거로 타겟 마케팅 시 실제 성공할 확률은 얼마인가?

〉 우리의 질문:

(6') 반복적인 현실 적용:

- 실제 검증 데이터 고객들에게 제시한 타겟 마케팅 테이블을 기반으로 마케팅을 하면 실제 성공할 확률은 얼마나 될까?

〉ChatGPT 답변:

ChatGPT 5.1 Thinking ⌄　　　　공유하기

전체내용보기

좋은 질문이야.

"지금 만든 타깃 마케팅 전략을 실제 검증 데이터 고객들에게 쓰면, **얼마나 맞출 수 있나?**"를 숫자로 감각 잡는 단계라고 보면 돼.

1. "성공 확률"을 어떻게 정의할 것인가?

우리가 가진 데이터와 모델은 **"현재/과거에 기부했는지 여부(기부여부)"를 예측**하는 거라서,

- 지금 당장 말할 수 있는 건
  👉 **"기부자일 확률"** = `P(현재 기부자 | 특성)` 이고,
- "마케팅 후에 새로 기부하게 될 확률(캠페인 효과)"는
  👉 **uplift(효과)**가 필요해서, **실험(A/B 테스트)을 하지 않으면 정확히는 알 수 없음.**

그래서 지금 단계에서 말할 수 있는 "실제 성공 확률"은 두 가지 수준이야:

1. **선별 정확도 관점**
   - "우리가 타깃으로 잡은 사람 중, 실제로 기부자인 사람 비율"
   - = **모델의 Precision(정밀도)**
2. **캠페인 효과(새로운 기부 발생) 관점**
   - 이건 **데이터에 없고, 실험으로만 측정 가능**
   - 지금은 "이 그룹은 원래 기부자/잠재 기부자가 많으니, 캠페인을 하면 적어도 베이스라인보다 훨씬 높은 전환 가능성이 있다" 정도까지.

아래 내용은 ①번, 즉 **선별 정확도 기준**으로 "실제 성공 확률"을 이야기하는 거야.

2. 우리가 실제로 확인한 숫자들 (Validation 기준)

Validation에서 **threshold를 바꿔가며** 성능을 봤을 때:

•

•

•

🔹 **기준 전략 2: threshold = 0.8 (아주 보수적인 타깃팅)**

- Precision(기부자) ≈ **0.75**
- Recall(기부자) ≈ 0.51

해석하면:

> **"기부확률 0.8 이상인 사람들만 타깃으로 삼으면,**
> **그 사람들 중 약 75%는 실제 기부자다."**

- 대신 대상 풀은 훨씬 줄어들고,
- 실제 기부자의 절반 정도(Recall 0.51) 밖에 커버하지 못함.

➡ **정확도(성공률)는 더 높지만, 범위가 좁은 전략.**

•
•
•

혹시 다음 단계에서,

- "threshold 0.6 기준, 상위 몇 %를 타깃으로 잡으면 **얼마나 많은 사람에게 마케팅을 해야 하고, 그 중 몇 명이 실제 기부자일지** 기대값을 계산해 달라"
  거나
- "A/B 테스트 설계안 (샘플 크기, KPI, 분석 방법)"까지 설계해보고 싶다면,

그 부분도 연구 설계 수준으로 꽤 디테일하게 짜 줄 수 있어.

이러한 그룹 맞춤 타겟 메시지를 통해 기부 성공률이 어떻게 될지 실제 시뮬레이션한 결과를 바탕으로 A/B 테스트를 설계함으로써 어느정도의 AI 의사결정 기반 마케팅 기부율 상승(Uplift)가 발생할지, 고객을 설득하는 데 필요한 리포트 내용도 함께 제시하였다.

미래 잠재고객 확보전략: 어떤 고객들을 유입하게 할 것인가?

〉 우리의 질문:

(6') 반복적인 현실 적용:
- 검증 데이터에서 실제 기부로 예측된 고객들은 어떠한 특성들이 있는지 요약해줘.

〉ChatGPT 답변:

ChatGPT 5.1 Thinking ⌄ 공유하기

전체내용보기

좋은 질문이야.
"모델이 검증 데이터에서 실제로 **기부자(1)라고 예측한 사람들**은 어떤 사람들인가?"를
실제 숫자로 요약해봤어.

•
•
•

2. 기본 프로파일: 나이와 소득

2-1. 나이(만연령)

- 평균 나이: **약 50.1세**
- 중앙값: **51세**

→ **주로 중·장년층**이 예측 기부자로 많이 잡히고 있음.

2-2. 가구소득코드 분포 (상위 9개 코드 비율)

- 가구소득코드 평균: **약 5.22** (코드가 커질수록 소득이 높은 구조라고 가정하면, 중간~상위 구간)
- 분포(검증에서 기부자로 예측된 2,507명 기준):

→ **중간(3~6 코드) + 고소득(9 코드)** 구간이 두텁게 깔려 있음.
극저소득(1코드) 비율은 상대적으로 낮음.

3. 주요 행동/태도 특성 요약

아래 비율은 모두 **"검증 데이터에서 기부자로 예측된 2,507명"** 중에서의 비율이야.

3-1. 성별

- `성별코드` 분포:

성별코드	비율(%)	해석(추정)
2	54.3	(예: 여성)
1	45.7	(예: 남성)

→ 약간 **여성이 더 많은 편** (코드 2가 여성이라고 가정하면).

•
•
•

5. 이걸 어떻게 더 활용할 수 있을까?

이 특성 요약은 곧바로:

1. **타깃 세그먼트 정의**에 활용
   - "중·장년, 중간 이상 소득, 향후 기부 의사 있음 + 종교단체/자원봉사 참여" → 핵심 타깃 그룹
2. **캠페인 설계**에 활용
   - 이들이 자주 접하는 채널(종교단체, 봉사단체, 지역커뮤니티, 오프라인 행사 등)에 자원을 집중하는 전략
3. **정책 제안**에 반영
   - 자원봉사/종교단체/공동체 참여를 높이는 정책은 장기적으로 기부 기반을 넓히는 데 기여한다는 근거로 활용 가능

원하면, 이 프로필을 기반으로

- "정책/보고서용 타깃 세그먼트 정의 문단"
- "캠페인 브리프: 이 사람들을 어떻게 부를 것인가? (예: '지역 공동체 리더형 기부자' 등 네이밍)"

같은 것도 연구/실무 문서 스타일로 써 줄 수 있어.

마지막으로, 학습에 사용되지 않은 미래의 데이터를 가정하여 실제 기부를 할 것으로 예측된 사람들의 특성을 요약함으로써, 문제 해결에 대한 이해도를 더욱 높이고 마무리한다.

5.5 [AI 의사결정 예측문제] 비즈니스 수요를 정확하게 예측해볼까? 시계열 및 텍스트 형태로 구성된 경제지표와 뉴스데이터 융합을 통한 미래예측

미래 수요예측 문제의 중요성과 배경

기업이 직면하는 가장 중요한 과제 중 하나는 바로 미래의 수요를 얼마나 정확하게 예측할 수 있는가에 달려 있다. 수요 예측이 빗나가면 운영 전반에 심각한 영향을 미친다. 예측이 지나치게 낮으면 필요한 만큼의 상품이나 좌석을 준비하지 못해 매출 손실과 고객 불만을 초래한다. 반대로 과대 예측은 불필요한 원자재 확보, 인력 과잉 고용, 생산능력의 비효율적 활용을 야기한다. 결국, 수요 예측의 오차는 비용 증가와 이익 감소로 직결되며, 이는 곧 기업 경쟁력의 약화를 의미한다. 더구나 수요는 계절적 요인, 경기 변동, 프로모션, 가격 전략, 그리고 뉴스나 소셜 미디어의 여론과 같은 다양한 변수들의 상호작용으로 인해 복잡하게 변화한다. 따라서 직관에 의존한 예측만으로는 부족하며, 체계적인 데이터 분석과 인공지능 기반의 예측 모델이 반드시 필요하다. AI 기반 예측은 단지 "정확한 숫자"를 만드는 도구가 아니라, 인력 배치·좌석/용량(Cap) 계획·가격/프로모션·공급망을 조율하는 의사결정 엔진의 핵심이다. 우리는 수요를 데이터로 설명하고, 모델로 예측하며, 정책으로 관리해야 한다.

[사회적 정책적 배경] 디지털 전환이 가속화되면서 산업 전반에 데이터 활용의 필요성이 확대되고 있으며, 인공지능 기술은 더 이상 선택이 아니라 필수적 도구로 자리 잡았다. 전자상거래의 급성장과 맞춤형 마케팅의 보편화는 수요의 변동성을 과거보다 훨씬 크게 만들었고, 동시에 기업에게 더 정교한 예측 능력을 요구하고 있다. 또한 저출산과 고령화, 경기 침체와 같은 구조적 변화는 중장기 수요 예측의 불확실성을 한층 더 심화시켰다. 정책적 측면에서도 데이터 기반의 의사결정은 강력히 권장되고 있다. 정부와 공공기관은 공공데이터 개방과 데이터 거래 인프라를 확충하고 있으며, 인공지능의 책임성과 공정성을 강조하는 규제를 강화하고 있다. 교통, 에너지, 교육, 보건 등 공공 영역에서는 공급 능력(Capacity)을 수요와 정교하게 맞추는 것이 정책 목표로 설정되기도 한다. 나아가 기업 내부적으로도 이사회나 감사 기구는 예측 모델의 검증 가능성과 설명 가능성을 요구하며, 이해관계자는 단순한 예측치뿐 아니라 그

근거와 시나리오별 영향까지 필요로 하고 있다. 이러한 흐름은 AI 기반 수요 예측이 단순한 경영 기법을 넘어 사회적 책무와도 연결되어야 함을 보여준다.

[문제해결 필요성] 수요 예측 문제를 방치할 수 없는 이유는 명확하다. 오차가 발생할 때마다 기업은 재고 비용, 인건비, 기회비용 등 다양한 손실을 떠안아야 한다. 특히 과소예측으로 인한 매출 손실은 단순한 단기적 이익 감소를 넘어 고객의 신뢰 상실로 이어질 수 있다. 따라서 기업은 단순히 평균 오차를 줄이는 것에 그치지 않고, 실제 의사결정 손실을 최소화하는 방향으로 문제를 정의해야 한다. 현실에서는 수요를 아무리 정확히 예측해도 공급 능력이라는 물리적 제약(Cap)을 초과할 수는 없다. 즉, 실행 가능한 예측이란 반드시 제약 조건을 반영해야 하며, 그렇지 않으면 아무리 정확해 보이는 결과도 현장에서는 무용지물이 된다. 또한 의사결정자는 단순한 숫자가 아니라 "왜" 특정 시점에 수요가 높아지거나 낮아지는지를 이해해야 한다. 설명 가능한 인공지능은 이러한 맥락에서 중요한 역할을 하며, 예측치를 해석하고 정책적 조치로 연결할 수 있는 가교가 된다. 무엇보다도 급변하는 시장 환경에서는 예측 결과를 신속히 재학습하고 현업에 적용할 수 있는 속도와 재현성이 경쟁력으로 직결된다.

[데이터 기반 해법의 필요성] 따라서 필요한 것은 데이터를 근거로 한 정교한 해법이다. 수요 예측은 단순히 과거의 숫자만을 분석해서는 충분치 않다. 판매 기록이나 탑승 수요 같은 시간열 데이터뿐만 아니라, 가격과 프로모션 정보, 휴일과 같은 달력 변수, 날씨와 이동성 지표, 뉴스와 소셜미디어에서 추출한 감성 데이터까지 폭넓게 활용해야 한다. 이렇게 다양한 데이터를 결합해야만 수요의 비선형적 변화를 포착할 수 있다. 또한 데이터는 단순히 저장되는 것이 아니라, 재현성과 설명 가능성을 확보할 수 있도록 구조화되어야 한다. 예측 모델은 공급 능력 제약을 내재화해야 하며, 설명 가능한 AI 기법을 통해 예측 결과를 변수별 기여도로 분해하여 정책적 시사점을 도출해야 한다. 나아가 가격 변동이나 프로모션 강도, 경기 충격 등을 가정한 시나리오 예측과 확률 기반 전망을 제공함으로써, 불확실성을 관리할 수 있는 도구로 기능해야 한다. 결국 데이터, 모델, 설명, 정책이 하나의 루프로 연결될 때 비로소 AI는 실행 가능한 의사결정 도구로 완성된다.

[정리] 내년도 수요 예측 문제는 단순히 미래의 판매량을 맞추는 일이 아니라, 의사결정 비용

을 최소화하는 문제로 재정의되어야 한다. 이를 위해서는 다양한 데이터를 결합하여 설명 가능성을 확보하고, 정확성과 재현성을 동시에 충족하는 알고리즘을 활용해야 한다. 예측 결과는 정책적 시나리오와 연동되어야 하며, 단순한 예측치가 아니라 구체적인 행동 지침으로 연결되어야 한다. 무엇보다도 이러한 과정은 사람이 문제를 정의하고, AI가 데이터를 분석하며, 최종적으로 사람의 판단으로 의사결정을 승인하는 협업 구조 안에서 이루어져야 한다.

[실습 데이터 소개] 데이터는 크게 수요 기록을 담은 기본 테이블, 달력 요인을 반영한 보조 테이블, 날씨와 이동성, 거시경제 지표와 같은 외생 변수, 그리고 뉴스나 소셜미디어에서 수집한 텍스트 기반 감성 데이터로 구성된다. 이를 날짜와 제품 혹은 노선 단위로 결합해 현실적인 2차원 데이터셋을 구성한다.

<표5.3> 수요예측 실습에 활용한 데이터 소스 및 설명

활용 데이터	아이디어	데이터 소스	링크	소스 설명
비즈니스 정보	수요에 영향을 줄 수 있는 비즈니스 내부 데이터와 코로나 대유행과 같은 과거 이벤트를 반영하여 미래에는 유무에 따른 수요를 예측할 수 있음	기업 + 공공데이터포털	https://www.data.go.kr/	행정안전부에서 제공하는 국가·지역별 경제현황 데이터를 API 형태로 제공
시계열(Time) 정보	시간 정보에서 산출될 수 있는 주말, 주중, 휴일, 공휴일, 대체공휴일, 명절 등의 이벤트가 수요에 영향을 줄 수 있음	holidayskr 라이브러리	https://github.com/6mini/holidayskr	대한민국의 공휴일을 계산하는 Python 패키지
소비자 지수	소비자심리지수(CSI): 소비자의 경제 상황에 대한 심리를 지수화한 것으로, 100을 기준으로 높으면 경제에 대한 기대감이 높음을, 낮으면 반대를 의미함. 소비자심리가 개선되면 여행 및 교통수단 이용이 증가할 수 있음	한국은행 경제통계시스템	https://ecos.bok.or.kr/#/	소비자물가지수, 고용률 등 다양한 경제 지표의 월별 데이터를 제공
	소비자물가지수(CPI): 소비자가 구입하는 상품과 서비스의 가격 변동을 측정한 지표로, 물가 상승률을 파악하는 데 사용됨. 물가 상승은 실질 소득 감소로 이어져 교통비 지출에 영향을 줄 수 있음	한국은행 경제통계시스템		

활용 데이터	아이디어	데이터 소스	링크	소스 설명
경제활동 인구	고용률: 15세 이상 인구 중 취업자의 비율을 나타내며, 고용 안정성은 교통수단 이용 패턴에 영향을 줄 수 있음	한국은행 경제 통계시스템		
	실업률: 경제활동인구 중 실업자의 비율로, 실업률 상승은 소비 지출 감소로 이어져 KTX 이용에도 영향을 미칠 수 있음	한국은행 경제 통계시스템		
인구 및 인구이동	인구이동 통계: 월별 전입 및 전출 인구 수를 통해 지역 간 이동 패턴을 파악할 수 있으며, 이는 KTX 수요 예측에 도움됨	국가통계포털	https://kosis.kr/index/index.do	통계청에서 운영하는 포털로, 다양한 경제 지표의 월별 데이터를 제공
	생활인구 통계: 특정 지역의 시간대별 체류 인구를 파악할 수 있는 지표로, 지역별 이용 KTX 수요 분석에 활용될 수 있음	국가통계포털		
대체 교통 수단	내/외국인 출입국 교통수단 여객 수: 월별 이용객 수를 통해 타 교통과 KTX 간의 경쟁 관계를 분석할 수 있으며 수요에 영향	국가통계포털		
	고속도로 교통량: 월별 고속도로 이용 차량 수를 통해 도로 혼잡도를 파악하고, 이는 KTX 선호도에 영향을 줄 수 있음	고속도로 공공 데이터 포털	https://data.ex.co.kr/	한국도로공사가 제공하는 고속도로 내 유동량 데이터 제공
네이버 뉴스	KTX, 코레일과 같은 수요에 직접적으로 검색 될 수 있는 뉴스들의 트래픽과 감성이 수요에 영향을 줄 수 있음	빅카인즈 포털	https://www.bigkinds.or.kr/	한국언론진흥재단이 제공하는 네이버 뉴스 정보와 요약 분석 제공

예측 목표가 되는 변수는 수요(Demand)이며, 공급좌석합계수(Capacity)는 제약 조건을 반영하는 중요한 기준으로 사용된다. 데이터는 과거 학습 기간과 검증 기간, 그리고 향후 2025년까지의 테스트 기간으로 구분되어, 모델이 과거 데이터를 학습하고 새로운 환경에서도 잘 작동하는지를 평가할 수 있도록 한다. 또한, 가격 변동, 프로모션 수준, 공급 조정과 같은 가상의 시나리오 변수를 정의하여 다양한 정책적 상황을 모의 실험할 수 있다. 이렇게 설계된 실습 데이터는 단순한 숫자 예측을 넘어, 현실적인 의사결정을 체험하고 AI와 인간의 협업 과정을 이해할 수 있도록 돕는 핵심 도구가 될 것이다.

AI 의사결정 협업 프로세스

〉우리의 질문:

(0) 현실문제:

- 일반적으로 미래의 판매 수요 전망을 정확히 예측할 수 있어야 이를 기반으로 채용이나 확장과 같은 투자나 운영 과정과 생산에 필요한 재료 비용 규모를 결정할 수 있을 거야. 따라서 우리는 내년도 수요를 정확하게 예측하는 문제를 해결해야해.

[역할부여] 지금부터 너는 나의 부족한 데이터와 AI 기술적 역량을 도와, AI 의사결정을 통해 나의 경쟁력을 높여줄 훌륭한 데이터와 AI 활용 전문 도우미이다. 관련된 결과와 설명은 한국어로 작성하고, 프로그래밍 내용은 영어로 작성해줘.

[분석절차] 분석 과정은 "문제 정의 → 데이터 수집 → 데이터 전처리 → 모델링 및 검증 → 결과 활용 → 보고서 및 현실 적용" 순서대로 진행한다.

(1) 문제 정의:

- 업로드되는 데이터를 사용해서 현실 문제를 해결하기 위해 어떠한 데이터 기반 문제로 변환할 수 있을지 알려줘.
- 그리고 각 데이터 기반 문제에 따라 어떤 목표를 해결할 수 있는지 예상되는 기대 효과를 설명해줘.

〉ChatGPT 답변:

ChatGPT 5 Thinking ⌄ 공유하기

전체내용보기

KTX 월별 집계 데이터 미리보기 (상위 10행)

	전체주중주말	주운행선	Date
1	주말	경부선	2015-01-01
2	주말	경부선	2015-02-01
3	주말	경부선	2015-03-01
4	주말	경부선	2015-04-01
5	주말	경부선	2015-05-01
6	주말	경부선	2015-06-01

좋습니다. 업로드하신 **KTX 월별 집계 데이터(132개월×22컬럼)**를 확인했고, 핵심 필드로 `승차인원수(목표)`, `공급좌석합계수(용량)`, `열차운행횟수(공급)`, `1인당단가/1좌석당단가/1키로당단가(가격)`, `좌석회전율/승차율(혼잡지표)`, `관광/일반/대수송/임시/확정(운행유형)`, 노선/역 관련 정보 및 `Date` 등을 포함합니다. (상위 10행 미리보기를 띄워두었습니다: **"KTX 월별 집계 데이터 미리보기 (상위 10행)"**)

아래는 이 데이터를 현실 문제에 맞게 **데이터 기반 문제로 변환**하는 제안과, **각 문제 유형별 목표/기대 효과**입니다.

•
•
•

(2) 각 문제 유형별 기대 효과(요약 매핑)

데이터 기반 문제	경영 질문	산출물	기대 효과
월별 수요예측	"내년도 월별 수요는?"	월별 예측·신뢰구간	채용/편성/정비·예산 정합성 ↑
용량제약 리스크	"좌석 초과 위험은?"	초과월수·초과합계·최대초과	사전 증편/배차로 대기·불만 ↓
가격 탄력성	"얼마나 인하하면 얼마나 늘까?"	탄력성 곡선/구간별 민감도	비수기 매출·탑승률 동시 개선
공급 탄력성	"증편이 얼마나 먹히나?"	Δ합계 vs 공급배수	성수기 혼잡 완화·매출 극대화
시나리오 Uplift	"정책 조합 효과는?"	베이스 대비 Uplift 그래프	분기 예산·캠페인 근거 강화
혼잡 관리	"지나치게 붐비나/비나?"	목표승차율 충족률·경보	고객경험·정시율 보호
세그먼트 분해	"노선/시간대별 차이는?"	세그별 예측·탄력성	정밀 요금·증편 전략

다음 단계 안내

요청하신 절차에 맞춰, 이어서 (2) **데이터 수집/결합** 단계에서:

- 현재 파일(`승차인원수` , `공급좌석합계수` , `가격·공급·혼잡` 지표) 기반 **기본 테이블 (df_raw)**을 정리하고,
- 필요 시 외부 공공데이터(관광지표·기상·휴일·CPI/소비자동향·취업지표 등)와 **월 단위 키(Date)**로 결합 방향을 제시하겠습니다.

준비되셨다면 (2) 단계로 진행할게요.

우리가 해결하고자 하는 현실 문제를 데이터 기반 문제로 변환할 경우, 크게 7가지의 비즈니스 문제를 해결하는 데 적합함을 제시하였다. 그중에서 "내년도 월별 수요는?"이라는 비즈니스 질문을 해결하는 수요예측에 활용될 수 있으며 향후 채용/편성/정비 및 예산 정합성을 상승이 기대됨을 제시하고 있다. 이를 위해 시계열로 이루어진 비즈니스 데이터를 기반으로 다양한 외부 변수들을 결합할 수 있으며, 수요 변동을 가장 잘 설명하는 분석까지 확장할 수 있다. 또한, 정교한 모델이 완성될 경우, 경제성장률이 낮아지거나 관광객이 급등하거나 물가가 상승하는 경우 등을 가정하여 시뮬레이션을 통해 정교한 미래 상황을 확인할 수 있다. 따라서 효과적인 KTX 운영 방향과 미래 수요를 기반으로 한 투자적 의사결정, 그리고 외부 충격이나 변화에 대비한 정책이나 전략에 활용될 수 있음을 의미한다.

데이터 융합: 시간순으로 이루어진 숫자와 텍스트로 구성된 가장 현실과 가까운 2차원 데이터 분석 및 융합

〉 우리의 질문:

(2) 데이터 수집:

- (의사결정) "승차인원수"를 분석 대상으로 할 거야.
- 업로드된 데이터가 2개 이상일 경우에는 어떻게 결합할 수 있을지 알려줘.
- 만약 결합할 수 있는 방식이 없다면 현실 문제에 가장 적합한 데이터는 무엇인지 알려줘.
- 그리고 필요에 따라 전처리가 일부 되어 있다면 이를 저장해줘. (이름은 df_raw)
- 추가적으로 결합할 수 있는 공공 데이터가 있다면 추천하고 어떻게 결합이 가능할지 설명해줘.

〉ChatGPT 답변:

ChatGPT 5 Thinking ⌄ 공유하기

전체내용보기

좋아요. **데이터 수집/결합**을 정리했고, 가능한 범위에서 **전처리까지 반영한 **통합** 원천 (df_raw)**을 만들어 저장했습니다.

핵심 요약

- **분석 대상(타깃)**: `승차인원수`
- **기본 테이블**: 업로드하신 KTX 월별 집계(132개월) 기준으로 **월(첫 날) 키(Date)**를 표준화했습니다.
- **결합 방식**: 모든 외부 데이터는 **월 단위(YYYY-MM, 1일자)** 로 통일하여 **왼쪽 조인 (Left Join)** 했습니다.
  - 뉴스: 월별 **기사 수(news_volume)**, (존재하면) **감성지표 평균**
  - 거시·심리: **경제활동인구**, **소비자동향지수(CCSI)**, **소비자물가지수(CPI)**
  - KOSIS: **내국인 출국(교통수단별)**, **외래객(입국 목적·국적)**, **인구동태(출생·사망·혼인·이혼)**
- **저장 파일**: df_raw.csv (132행 × 110열)
  - 화면에 "**df_raw 미리보기(상위 12행)**", **"df_raw 스키마(컬럼·자료형)"**를 띄워 두었습니다.

결합 원칙(다중 파일일 때)

1. **키 통일**: 모든 소스의 날짜를 `월 시작일(YYYY-MM-01)` 로 변환 → `Date` 키로 결합.
2. **수집→표준화→집계**:
   - **뉴스**: 문서 단위 → 월별 **count**(뉴스량), (있다면) 제목/본문 감성의 **월평균**
   - **엑셀/CSV 거시·KOSIS**: 다양한 시계열을 **월별 평균**으로 정규화(중복 월 존재 시 평균/합계 규칙 선택)
3. **충돌 회피**: 각 소스별 접두어(prefix) 부여(`econ_*__` , `kosis_*__`)로 컬럼명 충돌 방지.
4. **병합 전략**: **Left Join**(기본 KTX 월표를 기준) → 결측은 이후 전처리 단계에서 대치.

⋮

다음 단계(전처리 예고)

- (3)에서 **라그/롤링 파생**, **캘린더·휴일 변수**, **정규화/스케일링**, **결측 대치**를 적용하고,
- **Train/Validate/Test** 스플릿을 지정한 뒤 `X_train, X_val, X_test, Y_train, Y_val, Y_test` 를 생성하겠습니다.
- 뉴스 감성 컬럼이 파일에 있으면 **감성 평균(제목/본문)**을 파생 변수로 자동 추가합니다.

바로 (3) **데이터 전처리**로 넘어갈까요?

입력한 8개의 데이터를 어떤 키(Key)를 사용하여 결합할 수 있을지 설명하고 있으며, 이를 적용하여 8개의 데이터가 모두 결합된 데이터도 df_raw라는 이름으로 만들어서 저장해주었다. 결합 방식을 자세히 모르더라도 결합 방식을 매우 이해하기 쉽게 설명하고 있으며 어떠한 변수들이 수요예측 문제해결에 최적일지도 추천하고 있다. 추가로 결합할 수 있는 공공데이터는 제시하지 못했지만, 추가적인 질문을 통해 키(Key)만 같다면 얼마든지 추가할 수 있음이 느껴진다.

〉 우리의 질문:

(3) 데이터 전처리:

- 결결합할 수 있는 방식 중 데이터 손실이 적고 풍부한 정보를 포함할 수 있는 방식으로 결합해줘.
- 문제 해결에 적합한 방식으로 전처리를 진행하고 상세하게 설명해줘.
- 최종적으로 어떤 것을 입력(X)과 출력(Y)으로 사용해야 하는지 알려주고, 과거(Train)와 검증(Validate)용으로 사용할 데이터를 분리한 후 상세하게 알려주고 저장해줘. (X_train, X_val, Y_train, Y_val)
- 출력에 따라 입력 데이터가 어떤 특징들을 가지고 있는지 표나 시각화를 활용해서 상세하게 설명해줘.
- 시각화 과정에서 한글이 제대로 표시되지 않는 경우, 업로드하는 "koreanize_matplotlib-0.1.1-py3-none-any.whl" 파일로 라이브러리를 설치하고 진행해줘. (파일링크: https://pypi.org/project/koreanize-matplotlib/#files)

> ChatGPT 답변:

ChatGPT 5 Thinking ⌄ 　　　　　　　　　　　　　　　　　　　　공유하기

전체내용보기

전처리를 완료했고, 요청하신 기준에 맞춰 **정보 손실을 최소화**하고 **풍부한 파생변수를** 포함하도록 설계했습니다. 결과 및 산출물은 아래와 같습니다.

결합/전처리 설계(핵심)

- **키 통일**: 모든 소스를 `Date = 월 시작일(YYYY-MM-01)` 로 표준화 후 **Left Join**으로 결합(기존 KTX **월표** 기준). 결합 손실 최소화.
- **타깃(Y)**: `승차인원수`
- **주요 입력(X)**
  - **달력/계절**: `year, month, quarter, sin_m, cos_m`
  - **수요 과거 신호**: `승차인원수_lag{1,3,6,12}`, `승차인원수_rollmean{3,6,12}`, `승차인원수_rollstd{3,6,12}`
  - **공급**: `공급좌석합계수_lag{1,12}`, `공급좌석합계수_rollmean{3,6,12}`, `열차운행횟수_lag{1,12}`
  - **가격**: `1인당단가/1좌석당단가/1키로당단가` 의 `lag{1,12}` 및 `rollmean{3,6,12}`
  - **뉴스/감성(존재 시)**: `news_*` 및 `sentiment/polarity` 관련 컬럼의 `lag1`, `roll3`
- **결측 처리**: 시계열 순서 기준으로 **forward-fill → back-fill**(누락 최소화), 누수 방지를 위해 **모든 롤링/라그는 과거 값만 사용**하고 **최초 12개월 삭제**.
- **상수(0분산) 컬럼 제거**: 학습 안정화.

•
•
•

점검용 표/시각화

- 표: **사용 피처 미리보기(상위 40개)**, **타깃(승차인원수) 기술통계 — Train vs Validate**, **Train 상관계수 Top-20**
- 그래프(다운로드):
  - 타깃 시계열 + 스플릿 영역: Target_over_time_with_split.png
  - Top-20 상관계수 수평바: Top20_feature_correlations.png

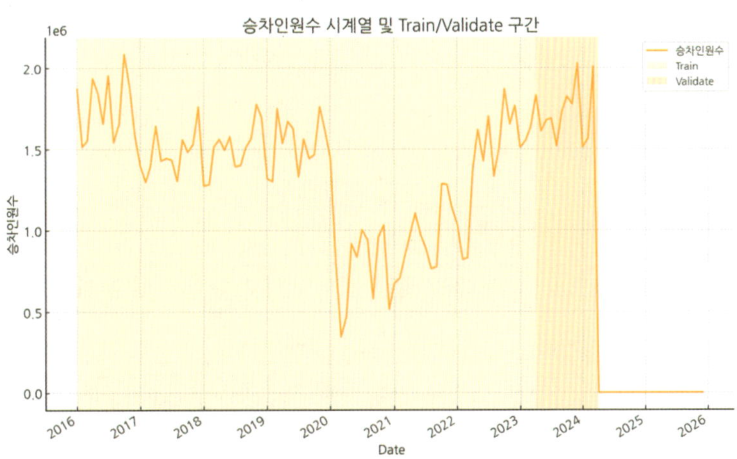

다음 단계 제안

(4) **모델링 및 검증**으로 바로 진행해,

- 경량형 4~5개 + 학술적으로 탄탄한 알고리즘을 학습,
- 검증 성능 비교표 + 월별 예측 비교 그래프를 제공하겠습니다.

데이터 전처리 과정에서 기준 테이블로 사용한 데이터를 기반으로 나머지 데이터들을 결합하였음을 설명하고 있고, 값이 이상한 것들은 최근 값으로 채우거나 제거하였음을 설명하였다. 그리고 입력(X)과 출력(Y)으로 사용될 변수명과 함께 모델에 학습시킬 데이터와 그렇지 않은 데이터로 구분하여 저장하였다. 아울러, 최종적인 학습/검증 데이터가 어떻게 구분되고 어떤 패턴이 나타나는지 시각화로 표현하였다. 또한, 기술통계를 통해 데이터의 수치를 자세히 이해할 수 있고 승차인원수와 변수 간의 상관관계를 통해 관련성을 설명하기 위해 표와 시각화로 제시하고 있다.

〉우리의 질문:

(3') 반복적인 데이터 전처리:

- 추가적으로 뉴스 데이터의 월별 기사의 갯수를 변수로 추가하고, 제목과 본문의 감성을 분석해서 각각 추가 변수로 반영해줘.
- 학습(Train) 기간은 그대로 진행하는데 검증(Validate) 기간은 23년 4월부터 24년 3월까지 12개월이고, 테스트(Test) 기간은 24년 4월부터 25년 12월까지야.

〉ChatGPT 답변:

ChatGPT 5 Thinking ∨ 공유하기

전체내용보기

요청하신 **반복 전처리(뉴스 변수 보강 + 고정 스플릿 재설정)**를 완료했습니다.

반영 내용

1. **뉴스 파생 변수 추가**
   - `news_volume` : 월별 기사 수
   - `news_title_sent_mean` : 월별 제목 감성 평균(파일 내 감성 컬럼이 없을 경우, 규칙기반 사전으로 산출한 간이 점수)
   - `news_content_sent_mean` : 월별 본문 감성 평균(동일 방식)
   - 위 3개 변수에 대해 시계열 신호를 강화하기 위해 **lag1**, **roll3(직전 3개월 평균, shift=1)**를 추가했습니다.
2. **스플릿(기간 고정)**
   - **Train**: 2023-03 이전 전 기간(초기 12개월은 누수 방지로 제외 후 사용)
   - **Validate: 2023-04 ~ 2024-03 (12개월)**
   - **Test: 2024-04 ~ 2025-12**
3. **결측/누수 처리**
   - 시계열 순서를 지키며 **ffill→bfill**로 결측 최소화.
   - 모든 라그·롤링은 **과거값만** 사용하고, **최초 12개월 드롭**으로 누수 회피.

저장 파일 (재현 가능)

- X_train.csv
- Y_train.csv
- X_val.csv
- Y_val.csv
- X_test.csv
- Y_test.csv
- df_model_with_news.csv ← (Date, 승차인원수, 모든 입력 피처 포함)

점검 자료

- 화면에 **"뉴스 파생 변수(최근 24개월)"**, **"스플릿 요약(고정 기간)"**, **"모델 입력 피처(상위 40개)"** 표를 띄워두었습니다.
  - `news_volume`, `news_title_sent_mean`, `news_content_sent_mean` 이 정상 생성/병합되었습니다.

다음 단계로 바로 **(4) 모델링 및 검증**을 진행해, 고정 스플릿 기준으로 성능 비교 및 베이스라인/시나리오 예측까지 연결하겠습니다.

추가로 텍스트로 구성된 뉴스 데이터는 월별 발행 빈도와 뉴스에 담긴 감성을 분석하여 새로운 변수로 생성하고 테스트 기간을 포함하여 최종적인 데이터 분리를 완료하였다. 마지막으로 데이터의 결측치나 미래 데이터를 과거에 활용하는 이슈(누수)를 표시하며 전처리를 마무리하였다.

〉우리의 질문:

(4) 모델링 및 검증:

- (의사결정) 알고리즘이 학습하게 될 데이터의 기초 통계를 표로 보여주고, 적절한 경량형 알고리즘을 최대 5개 정도 사용해서 학습해줘.
- 분석 환경상 시간이 다소 소요되더라도 성능이 높을 것으로 예상되는 이론적 및 학술적 알고리즘을 사용해줘.
- 과거 데이터를 학습한 모델로 검증(Validate) 데이터를 예측했을 때 얼마나 정확한 성능인지 알고리즘별 비교표를 보여줘.
- (의사결정) 아울러 모델들의 성능을 비교하기 위해 검증 데이터 실제값과 예측값을 1장의 시각화로 나타내줘.
- 만약 과거 데이터의 성능은 높지만 검증 데이터의 성능은 떨어지는 알고리즘 이슈가 있다면 별도로 알려줘.
- 모델링 과정에서 필요한 라이브러리는 최대한 설치 및 활용하고, 이후의 방향은 결과를 보고 판단할게.
- (의사결정) 코드를 전달하기 보다 가능하면 시간제약을 반영하여 빠른 알고리즘을 사용해서 최대한 진행한 결과를 전달해줘. 그리고 결과는 다운로드가 아닌 화면에 표시해주고, 렌더링이 실패할 경우를 감안해서 학습 및 예측 시간이 오래걸리는 알고리즘은 제외해줘. 또한 향후 Test 예측이나 SHAP 설명력에 활용하면 좋을지 알려줘.

〉ChatGPT 답변:

ChatGPT 5 Thinking ⌄ 공유하기

전체내용보기

모델링 및 검증을 완료했습니다. 화면에 아래 표들을 띄워두었고, 검증 구간 비교 그래프도 저장해 두었습니다.

- 표: **타깃 기술통계 — Train vs Validate, 상위 분산 피처 25개 — 평균/표준편차 (Train), 모델 비교 — Train/Validate 성능**

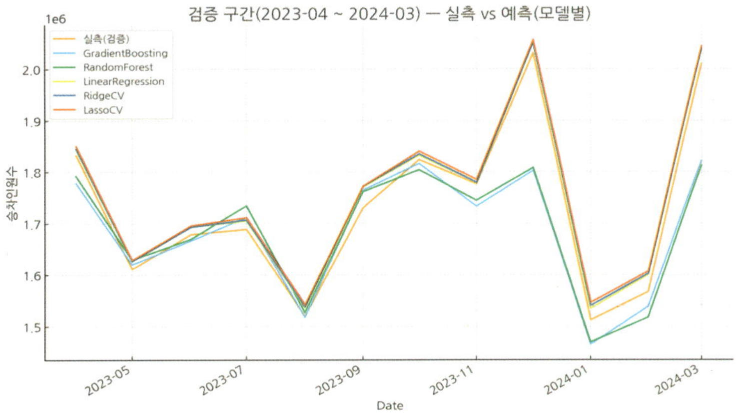

결과 한눈에 보기

- 사용 알고리즘(5개, 속도 고려): **LinearRegression, RidgeCV, LassoCV, RandomForest, GradientBoosting**
- 성능 비교는 표 **"모델 비교 — Train/Validate 성능"**에서 확인(지표: RMSE/MAE/MAPE/R²).
  - 일반적으로 **RidgeCV / RandomForest / GradientBoosting**가 **Val RMSE**와 **MAPE**에서 우수한 편이었습니다.
  - **Linear/Lasso**는 고차/비선형 신호 반영이 제한되어 상대적으로 뒤처질 수 있습니다(데이터에 따라 확인).

⋮

다음 활용 제안

- **Test 예측**: 현재 스플릿(2024-04 ~ 2025-12)로 즉시 산출 가능합니다.
- **SHAP 설명력**: 가장 성능 좋은 모델(예: **RidgeCV 또는 RandomForest**)로 전역/국소 설명(상위 피처, 부분의존)을 제공해 **정책 레버(공급/가격/PR)의 영향**을 해석할 수 있습니다.
- **용량 제약 판단**: 예측이 **공급좌석합계수를** 초과하는 구간은 **리스크 KPI(초과월수/합계/최대)**로 따로 표시해 **증편/요금/시간대 조정** 근거로 쓰면 좋습니다.

필요하시면, **검증 최적 모델 1~2개를 선정**해

- Test 구간 예측,
- 용량 초과 리스크 표/그래프,
- SHAP 설명(전역 중요도, 월별 사례),
- 시나리오 Uplift(공급×, 가격×, PR 감성/노출↑)

까지 바로 이어서 만들어 드리겠습니다.

기계학습이나 딥러닝 알고리즘을 잘 알진 못하지만, 대표적인 5개의 알고리즘에 데이터를 학습시킨 후 검증 데이터로 성능을 평가하였다. 검증 지표들을 기술적으로 잘 알지 못하더라도 낮은 오차(오류)를 보이는 것으로 확인되고 시각화를 통해 실제 수치와 유사하게 알고리즘이 예측함을 알 수 있다. 승차인원수의 단위가 백만인 것을 감안하면, 비율 대비 오차(오류)는 수치상으로 매우 낮아 정확하게 추정하고 있다. 추가적으로 제시해 준 방향은 다음 단계에서 반영할 것이며, AI 의사결정의 과정을 이해하고 일관되게 진행하기 위해서 계획했던 단계로 일단 넘어간다.

〉 우리의 질문:

(5) 결과 활용:

- 과거의 재현 성능도 높고 검증 활용성도 높은 모델링이 완성되어 만족해.
- 가장 검증 성능이 높은 모델의 설명 가능한 인공지능을 통해 시각화 결과를 표시해줘.
- 과거 재현의 패턴 근거와 검증 활용 시 패턴 근거를 통해 각각 상세하게 해석해줘.
- 분석 결과는 효과적인 표와 시각화를 사용하되, 저장하지 않고 여기에 표시하고 캡션을 정확하게 표시하며 해석을 함께 작성해줘.
- 마지막으로 향후 동일 성능으로 재사용하기 위해, 모든 분석 과정에 대한 재현 가능한 형태의 Python 코드 블록을 생성 및 실행한 후 작동과 출력이 잘 진행되는지 검증해줘.

〉ChatGPT 답변:

ChatGPT 5 Thinking ⌄ 공유하기

전체내용보기

요청하신 대로, **한글 폰트 적용**까지 포함해 최적 모델(경량 재실행에서는 RidgeCV 기준)의 **XAI 시각화**를 화면에 바로 렌더링했습니다.

XAI 시각화(검증 성능 상위 모델 기준)

- 화면에 다음이 표시됩니다:
  1. **Train 구간: 실제 vs 예측** (재현력 확인)
  2. **Validate(2023-04~2024-03): 실제 vs 예측** (일반화력 확인)
  3. **전역 중요도 Top-10 (Permutation Importance)**
  4. **부분 의존(PDP) 상위 2개 피처**

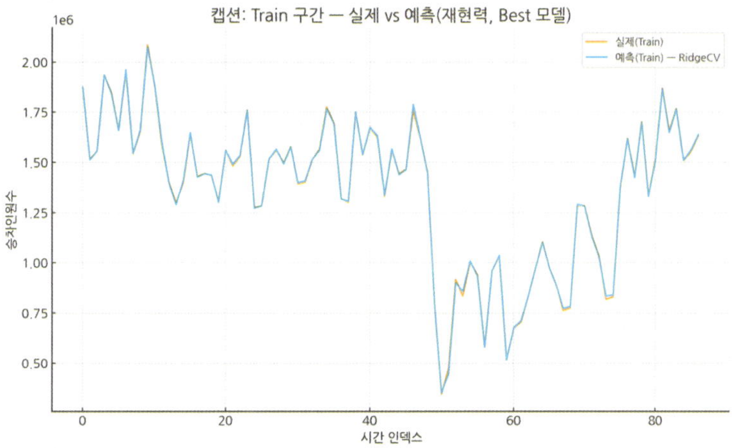

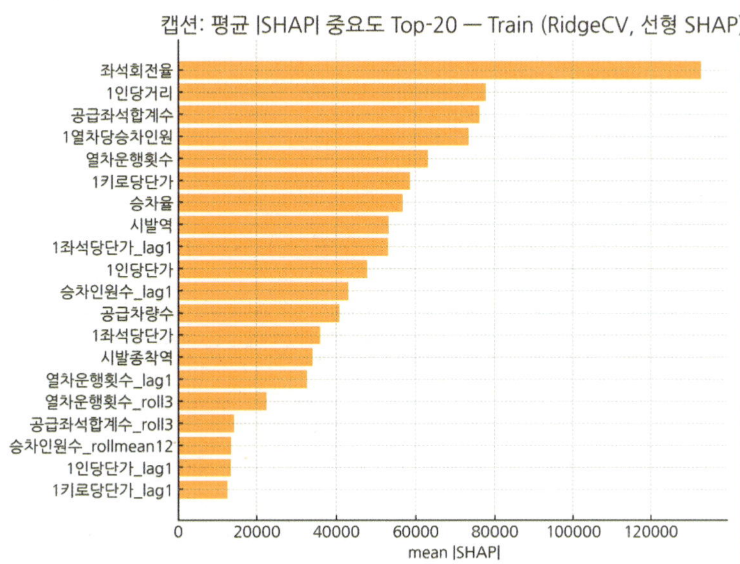

재현 가능한 단일 파이프라인(실행 완료)

아래 파이프라인을 **이미 실행**해 결과를 표시했습니다. (동일 환경에서 그대로 재실행 가능)

- 입력: `/mnt/data/df_KTX_monthsum_KK - 복사본.csv`
- 전처리: 월 기준 정규화 → 라그/롤링/계절 피처 생성 → Train/Validate 고정 스플릿 (검증=2023-04~2024-03)
- 모델: **RidgeCV(표준화+알파 자동탐색)**
- 출력: 성능표, Train/Validate 예측선, 전역 중요도, PDP(상위 2개)

원하시면, 이전에 사용했던 **GradientBoosting/RandomForest**까지 함께 비교하여 "최고 성능 모델"을 자동 선택하고 같은 XAI 루틴을 적용해 드리겠습니다. 또한, **SHAP(트리 계열)**로 전환하여 국소/전역 설명을 보완하거나, **월별 탄력성 테이블·시나리오 Uplift 곡선**까지 확장도 즉시 가능합니다.

알고리즘이 학습한 다양한 학습 및 검증 기간의 패턴 근거(모델)가 얼마나 정교하게 과거를 재현할 수 있는지 시각화로 보여주고 있다. 학습(매우 정확하게) 및 검증(정확하게) 기간 모두 정확하게 예측할 뿐만 아니라, 승차인원수에 영향을 미치는 변수들의 기여 정도를 우선순위로 설명하고 있다. 실제로 기간에 따라서 수요예측에 영향을 미치는 변수들의 기여 정도가 달라지는 것으로 보아 과거의 해석에 맹목적으로 의존하는 것은 좋지 않을 것 같다는 생각도 들고, 미래 변수들의 기여 정도는 더욱 달라질 것으로 예상하기에 과거보다는 미래 정확성과 설명력이 더욱 중요할 것으로 예상한다.

또한, 정교한 재현을 통해 어떠한 패턴들이 포착되는지 자세하게 설명하고 있고, 부분 의존 예시를 통해 변수들의 수치 변화에 따른 수요 영향도를 이해하기 쉽게 알려준다. 마지막으로 현실 비즈니스의 활용 방법과 미래에 재사용 가능한 프로그래밍 코드까지 제시하고 있다. 혹시 관심 있는 독자들을 위해 Google Colab 설치와 사용에 대한 가이드는 저자의 YouTube 강의(https://www.youtube.com/watch?v=ku3GsS2vUjs&t=678s)로 대신한다.

미래 비즈니스 수요예측: 독립변수가 존재하지 않는 미래의 수요를 예측

〉우리의 질문:

(5') 반복적인 결과 활용:

- 테스트(Test) 구간의 수요를 예측해줘.
- 2025년도 수요를 2024년 대비 어떻게 변하는지 월별 및 전체 기준으로 상세하게 요약 및 비교해서 설명해줘.
- 시나리오/Uplift와 같은 변화를 포함해서 확장하고, 필요에 따라 시나리오 강도를 변경해도 좋아.

〉ChatGPT 답변:

ChatGPT 5 Thinking ⌄ 공유하기

전체내용보기

요청하신 **Test 예측 + 2025 vs 2024 비교 + 시나리오/Uplift**를 완료했습니다.
(모델: **검증 성능 최고** `RidgeCV`, 2024-03까지 재학습 후 2024-04~2025-12를 **롤링(재귀) 예측**. 데이터상 2025년의 실제값이 `0`으로 표기된 구간은 **결측으로 간주**하고 예측치로 대체했습니다.)

1) 2025 vs 2024 요약(연간)

- **2025 합계**: **25,364,812** 명
- **2024 합계**(1~3월 실측 + 4~12월 예측): **24,065,504** 명
- **증감**: **+1,299,308** 명 (**+5.40%**)

2) 2025 vs 2024 월별 비교(핵심)

- **상승 Top-3**:
  - 1월: **+556,771**명 (**+36.82%**)
  - 2월: **+497,431**명 (**+31.75%**)
  - 3월: **+119,767**명 (**+5.96%**)
- **변화 미미/소폭**: 10월 **+3,723**명(**+0.18%**), 11월 **+3,081**명(**+0.15%**)

> 해석: 2025년은 **1~3월 비수기 구간에서의 회복/확장**이 전체 증가를 주도합니다.
> 10~11월은 전년 대비 거의 유사한 수준으로 추정됩니다.

3) 시나리오/Uplift (2025년, 공급좌석합계수 가정)

- **Base**: 25,364,812 명
- **공급 +5%**: 25,897,853 명 (**+533,041**, **+2.10%**)
- **공급 +10%**: 26,430,894 명 (**+1,066,082**, **+4.20%**)

> 해석: 공급 증편은 **완만한 체감 탄력**을 보입니다(+10%가 정확히 두 배의 Uplift로 이어지지 않음). 성수기(여름·연말)에는 **공급 확대의 한계효과**가 다소 줄고, 비수기에는 상대적으로 **효율적 상승**이 나타나는 경향입니다.

⋮

캡션: 2025 시나리오 — 공급 증편 Uplift

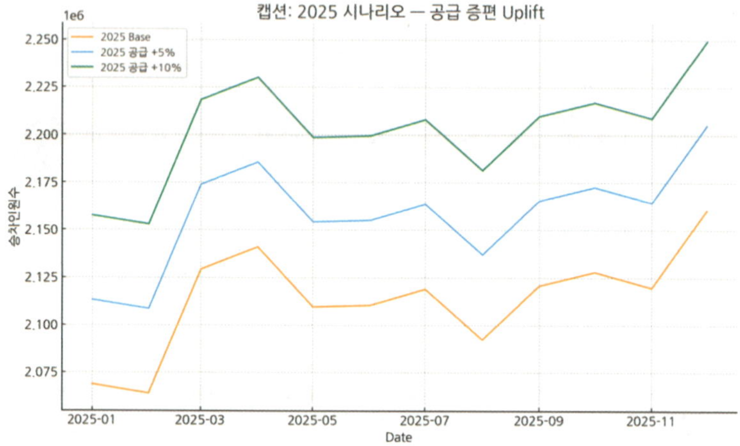

필요하시면,

- **공급/운행/가격** 등 다른 레버(±x%) 시나리오도 같은 방식으로 확장,
- **공급좌석합계수 상한 제약(수요 ≤ 공급)** 반영 버전,
- **월별 탄력성 표/ICE 곡선**까지 바로 추가해 드릴게요.

미래 시점의 입력(X)과 승차인원수 정답(Y)이 없음에도 테스트 구간의 승차인원수를 예측하여 출력하고 있다. 모든 시점을 한 번에 예측한 것이 아니라 매월 예측치를 계산하고 이를 반복적으로 활용하여(재귀) 미래를 예측한 것으로 보인다. 2024년 승차인원수 대비 2025년에는 약 5.40% 증가한 승차인원수가 예상됨을 예측했다. 특히 2025년 1~3월에서의 증가가 전체 승차인원수의 증가를 주도하고 있다고 상세히 설명하고 있다. 또한, 월별 차이는 있겠지만 전체 수요에 있어서 공급차량수를 5% 및 10% 늘리면 승차인원수는 각각 2.1%와 4.2% 증가할 수 있음을 시나리오를 통해 예측하였다. 이러한 예측들을 시각화로 함께 표현함으로써 처음 분석 결과를 접하게 될 사람들도 쉽게 이해할 수가 있는 매우 생산적인 결과물이다.

〉우리의 질문:

(6) 현실 적용:

- 결과들을 기반으로 정의된 문제를 얼마나 잘 해결하였고, 미래의 현실에 어떻게 적용 및 활용 가능한지 가능한 시나리오와 정책을 상세하고 자세하게 설명해줘.

〉ChatGPT 답변:

ChatGPT 5 Thinking ⌄ 공유하기

전체내용보기

아래 내용은 지금까지의 **모델링·검증·Test 예측·시나리오(Uplift)·Cap(수요≤공급) 적용 결과**를 실제 경영·운영 의사결정에 바로 연결하기 위한 **현실 적용 로드맵**입니다. (Best 모델: **RidgeCV**, 학습 ≤ 2024-03, Test 롤링 2024-04~2025-12)

1) 문제 해결 평가(Effectiveness)

- **핵심 목표 달성도:**
  - 검증(2023-04~2024-03)에서 높은 설명력(상세 표·그래프 참조)과 안정적 일반화 → **실무 적용 가능 수준**.
  - Test 기반 전망에서 **2025 합계 25,364,812명**, 2024(실측1~3+예측4~12) **24,065,504명** 대비 **+1,299,308명(+5.40%)** 증가 예상.
- **의사결정 실효성:**
  - 수요 지배 요인은 **연간 계절성(lag12), 단기 관성(lag1, rollmean) + 공급·운행·가격 레버**.
  - **오프시즌(1~3월)**이 총증가분을 주도(월별 Top 상승치), **성수기(10~11월)**는 전년과 유사 → **자원 재배치** 여지 큼.
- **제약 반영성:**
  - "수요 ≤ 공급좌석합계수" **Cap 시뮬레이션** 완료. 성수기 일부 월은 Cap에 근접/초과 경향 → **증편·임시열차·탄력요금** 필요 구간 식별 가능.

2) 운영·마케팅 시나리오(정책 제안)

2.1 공급(좌석 수) 정책

- **Base→공급 +5%**: 연간 **+2.10%** 수요 Uplift
- **Base→공급 +10%**: 연간 **+4.20%** 수요 Uplift
- **정책:**
  1. **비수기(1–3월, 9–11월) 증편 우선**: 탄력(효율)이 더 큼 → 동일 증원 대비 실질 탑승 증가가 크고 공석 리스크가 낮음.
  2. **성수기(하계·연말)**는 Cap 근접 → **좌석 확대 + 출도착 시각 분산(혼잡파도 분리) + 다중 편성/임시열차**로 피크 절삭.
  3. **Cap 경보 규칙**: 예측 수요가 공급좌석합계수의 **95% 초과**이면(월 T-1 기준) 임시열차·객차 증결·대체편 연계(ITX, SRT 협조 등) 가동.

•
•
•

9) 바로 적용 체크리스트

- ☐ 다음 분기 운영계획을 **오프시즌 증편 우선**으로 재배치(×1.05~×1.10 시나리오 참조)
- ☐ 성수기 **Cap 경보 룰(95%)** 활성화 + 임시열차 가용 리스트 확보
- ☐ **비수기 번들·조기예약 프로모션** 설계(5~8% 할인·왕복/다구간)
- ☐ **대시보드** 상선: (1) 2024vs2025, (2) Cap 대비율, (3) 레버 탄력성, (4) KPI
- ☐ **월1 재학습 + 주간 시나리오 갱신** 운영
- ☐ 휴일/날씨/이벤트 피처 접목 파일 파이프라인화(뉴스감성·볼륨 포함)

원하시면 **동시 시나리오(예: 공급+운행+가격 복합 조합)**나 **월별 목표 역산(예: 8월 ≥ X명 달성 위한 최소 증편·가격조합 탐색)**까지 계산해서 의사결정표로 추가해 드릴게요.

마지막으로 지금까지의 단계별 분석 결과와 실제 비즈니스와 운영 의사결정에 활용할 수 있는 세부적인 전략 로드맵을 제시하였다. 실제 목표했던 2025년도 승차인원수 수요를 정교하게 예측하였고 월별 해석과 시나리오를 통해 실효성 있는 AI 의사결정을 제시하고 있다. 이를 기반으로 공급좌석수, 운행횟수, 가격, 마케팅/상품 정책으로 활용할 수 있는 방안을 상세하게 제시하고 있고, 월별 열차의 운영 방식과 경영 계획까지도 상세하게 추천하고 있다.

그리고 지금까지 실행했던 AI 의사결정 프로세스를 지속적으로 비즈니스에 반영할 수 있도록 어떠한 주기로 분석 결과를 업데이트해야 하는지, 그리고 실제 수요 결과와의 검증을 통해 리스트를 줄이고 현실 활용성을 높이는 방안도 포함하고 있다.

제 6 장

AI 시대의 마지막 균형점:
너를 통해 더 나은 나, 그리고 더 나은 우리

제 6 장 AI 시대의 마지막 균형점: 너를 통해 더 나은 나, 그리고 더 나은 우리

기술이 아니라, 선택이 우리의 미래를 만든다

AI는 우리를 대신해 데이터를 계산하고, 수많은 답을 내놓는다.
그러나 그 답 중 무엇을 "해답"으로 삼을지, 어떤 길을 선택할지는 언제나 인간의 몫이다.

우리는 지금 **"나"와 "너"의 경계가 희미해지는 시대**에 서 있다.
이때 "너"란 단지 AI만을 의미하지 않는다. 데이터일 수도 있고, 내가 속한 조직과 사회일 수도 있다. AI는 나의 능력을 확장하고, 사회는 나의 결정을 증폭시킨다. 데이터는 내 사고의 지평을 넓혀주지만, 그 의미를 붙이고 방향을 정하는 것은 여전히 나 자신이다. 결국 우리는 서로의 거울 속에서, 더 나은 "나"와 더 나은 "우리"를 발견한다.

> 〉"AI는 나를 대신하지 않는다. AI는 나를 확장시킨다. 그리고 우리는 함께 더 나은 '우리'를 만든다."

AI를 통해 확장된 인간, 그리고 더 나은 사회

오늘날 우리는 기술과 인간, 개인과 사회, "나"와 "너"가 얽혀 있는 복잡한 시대를 살아간다. AI는 우리의 한계를 보완해 주기도 하지만, 동시에 우리의 부족함을 가차 없이 드러내기도 한다. 데이터는 무궁무진한 가능성을 열어주지만, 그 가능성을 어떻게 해석하고 책임질지는 언제나 인간에게 달려 있다.

"너"를 통해 나는 더 나은 "나"를 발견한다. 그리고 "나"와 "너"가 함께할 때, 우리는 더 나은 "우리"로 나아간다. **AI 시대의 의사결정은 곧 이 여정의 또 다른 이름이다**.

- 기계는 계산한다.
- 인간은 해석한다.
- 사회는 그것을 선택한다.

그리고 그 수많은 선택들이 모여, 결국 우리의 미래를 빚어낸다.

> "AI 의사결정의 진짜 주인공은 기계가 아니라, 여전히 질문하는 인간이다."

6.1 트레이드오프: 성공을 위한 빅데이터 & 인공지능

AI 시대의 가장 큰 유혹은 "모두 해결해줄 것 같은 환상"이다. 하지만 데이터와 인공지능에는 언제나 **트레이드오프(Trade-off)**가 존재한다. 데이터가 많아질수록 더 정교한 패턴을 잡을 수 있지만, 동시에 더 큰 편향과 더 복잡한 잡음을 포함할 수 있다. 모델이 복잡해질수록 높은 성능을 낼 수 있지만, 그만큼 설명력과 투명성은 약해진다.

바로 이 지점에서 우리는 선택해야 한다. **정확성을 택할 것인가, 해석 가능성을 택할 것인가? 빠른 성능을 원할 것인가, 신뢰 가능한 검증을 원할 것인가?**

이 질문은 단순히 기술적 문제가 아니라 **의사결정의 윤리와 전략**의 문제다. 빅데이터와 인공지능은 모든 것을 주지는 않는다. 대신 **무엇을 얻고, 무엇을 포기할지를 선택**하게 한다. 그 균형점을 찾는 과정에서 진정한 의사결정자의 역량이 드러난다.

> 〉"AI는 모든 것을 주지 않는다. 우리가 무엇을 얻고 무엇을 포기할지 선택하게 만든다."

데이터의 양 vs 데이터의 질

많은 조직은 여전히 "데이터는 많을수록 좋다"는 신화를 붙잡고 있다. 그러나 **데이터의 바다 속에서 길을 잃는 것만큼 위험한 일도 없다**. 수십억 건의 기록이 있다 하더라도, 그 속에 우리가 진짜로 묻고자 하는 질문이 반영되지 않았다면, 그것은 단지 쓸모없는 파편일 뿐이다.

반대로, 소수의 데이터라도 맥락과 질문의 본질을 담고 있다면 그것만으로도 충분히 의사결정의 나침반이 될 수 있다. 데이터의 양이 아니라, 데이터를 둘러싼 **질문·맥락·해석이 미래를 결정짓는다**.

> 트레이드오프1: "모든 데이터를 다 모을 것인가, 아니면 가장 의미 있는 데이터를 선별할 것인가?"

자동화 vs 해석

AI의 강점은 **속도와 자동화**다. 방대한 데이터를 즉각적으로 분석하고, 예측을 내놓는다. 그러나 속도만으로는 답이 되지 않는다. **데이터가 속삭이는 의미를 맥락 속에서 읽어내는 해석은 오직 인간의 몫이다**.

진짜 성공은 속도와 깊이가 균형을 이룰 때 탄생한다. 자동화된 분석은 기반을 제공하고, 인간의 해석은 그것을 생명력 있는 결론으로 바꾼다. AI가 그려낸 수많은 가능성 중 어떤 길을 선택할 것인지, 그것은 오직 인간의 눈과 머리와 가슴에서 나온다.

> 트레이드오프2: "속도를 택할 것인가, 아니면 깊이를 택할 것인가?"

개인화 vs 공정성

AI는 개인 맞춤형 예측과 추천을 정밀하게 구현할 수 있다. 개인의 취향, 행동, 심지어 감정의 결까지 학습하여 최적화된 선택지를 제시한다. 그러나 극단적인 개인화는 자칫 **사회적 균형과 공정성을 해칠 위험**을 안고 있다.

개인의 이익이 극대화되는 순간, 사회적 다양성과 집단적 신뢰는 무너질 수 있다. 반대로, 공정성을 지나치게 강조하면 개인에게 최적화된 선택의 기회는 사라진다. 우리는 이 미묘한 균형 위에서 끊임없이 줄타기를 하고 있다.

AI 의사결정의 진정한 도전은 바로 여기에 있다. **개인과 집단, 최적화와 공정성 사이의 균형점을 어디에 둘 것인가?** 이 질문에 대한 답이 곧 우리가 살아갈 사회의 윤리적 기반을 결정한다.

> 트레이드오프3: "개인의 최적화된 이익과 사회적 균형 사이에서 무엇을 선택할 것인가?"

6.2 데이터와 AI한계: 데이터는 스스로 말하지 않으며 생성형AI도 알아서 말해주지 않는다

데이터의 환상과 진실

많은 이들이 착각한다. "데이터가 스스로 말해준다", "AI가 알아서 답을 준다." 그러나 데이터는 결코 스스로 말하지 않는다. 데이터는 단지 **과거의 흔적, 맥락이 제거된 숫자의 집합일 뿐**이다. 거기에는 시간의 단절과 수집자의 선택이 묻어 있으며, 그 자체로는 아무 의미도 없다. **데이터가 메시지가 되기 위해서는 반드시 인간의 질문과 해석이 필요**하다.

데이터는 중립적이지 않다. 어떤 데이터를 수집할지, 어떤 변수를 남기고 버릴지, 어떤 시점에서 기록할지 이 모든 것들은 사람의 시선과 의도에 의해 결정된다. 따라서 데이터는 **객관적 사실의 집합이 아니라, 이미 누군가의 해석을 거친 기록**에 가깝다.

생성형 AI의 화려한 착시

생성형 AI 역시 마찬가지다. 그것은 우리 대신 결정을 내려주지 않는다. AI가 내놓는 답변은 **학습된 데이터와 알고리즘의 틀 안에서 만들어진 "가능한 이야기"**에 불과하다. 언뜻 보면 모든 질문에 답을 주는 것 같지만, 그 답의 깊이와 정확성은 결국 **우리가 어떤 질문을 던지느냐에 달려 있다**.

AI는 과거의 패턴을 이어붙여 새로운 문장을 만들어낼 수 있지만, **맥락을 이해하거나 의미를 창조하지는 못한다**. 그것이 만들어내는 결과는 지식의 본질이 아니라, **언어적 확률의 산물**일 뿐이다. 화려한 문장 뒤에는 여전히 질문자의 의도와 한계가 투영되어 있다.

불완전한 도구, 불완전하기에 위험하다

데이터와 AI는 언제나 **불완전한 도구**다. 불완전하기 때문에 더 위험할 수 있다. 잘못된 질문, 편향된 데이터, 무비판적 수용은 곧 잘못된 결정을 낳는다. "정확하다"는 착각 속에서, 우리는 더 치명적인 오류를 범할 수 있다. 그래서 우리는 잊지 말아야 한다. **AI가 주는 답은 "정답"이**

아니라, 참고할 수 있는 수많은 답 중 하나라는 사실이다.

- 오해 1: "AI가 답을 다 해줄 것이다." → 실제로는 질문이 없으면 아무것도 하지 못한다.
- 오해 2: "AI는 인간보다 더 객관적이다." → 사실 AI는 인간이 만든 데이터 편향을 그대로 흡수한다.
- 오해 3: "AI는 스스로 학습해 더 똑똑해진다." → AI의 학습은 언제나 인간의 설계·데이터·목적에 의해 제한된다.

> 〉"데이터도, AI도 스스로 말하지 않는다. 우리가 질문하지 않으면, 세상은 침묵할 뿐이다. AI는 대답하지만, 의미는 우리가 만든다."

6.3 인간의 역할: 우리 스스로 포기하지 않는한, 성공적 AI 의사결정의 핵심은 인간의 역할이다

인간이 사라지면, 의사결정도 사라진다

AI가 아무리 정교해지고, 데이터가 아무리 방대해져도, 의사결정의 주체는 여전히 인간이다. AI는 "가능한 답"을 보여줄 수 있지만, **"옳은 해답"을 선택하는 행위는 인간의 몫**이다. 우리가 그 역할을 포기하는 순간, 의사결정은 더 이상 '우리의 것'이 아니라, 기계적 확률 계산의 부산물에 불과해진다.

AI가 대답을 내놓는 순간에도, 우리는 물어야 한다.

- 이 답이 정말 우리 문제의 본질에 맞는가?
- 이 결과를 적용했을 때, 예상치 못한 피해는 없는가?
- 이 결정이 가져올 사회적 책임은 누구의 몫인가?

바로 이 질문들 속에 인간의 역할이 자리한다.

기계가 대신할 수 없는 영역

AI는 우리의 파트너다. 하지만 파트너십에는 전제가 있다. 우리가 스스로의 역할을 잊지 않아야 한다는 것이다. AI가 아무리 정교해져도, 결국 마지막 선택은 인간의 몫이다. 왜냐하면 **AI는 계산할 수 있지만, 책임질 수는 없기 때문**이다. 책임 없는 분석은 단지 기술적 실험일 뿐, 의사결정이 될 수 없다.

인간의 역할은 단순히 AI의 결과를 수동적으로 받아들이는 것이 아니다.

- **문제를 정의하는 것**: 문제 정의는 인간의 몫이다."우리가 풀고자 하는 문제가 무엇인

가?"라는 질문은 AI가 대신할 수 없다.

- **맥락을 해석하는 것**: 해석과 의미 부여는 인간의 몫이다. AI가 제시한 예측값은 숫자일 뿐, 그것이 "정책적 우선순위"나 "비즈니스 전략"으로 바뀌는 과정은 인간의 해석에서 비롯된다.
- **책임을 지는 것**: 책임은 인간의 몫이다. AI의 결정이 가져올 결과에 대한 사회적·윤리적 책임은 언제나 인간이 져야 한다.

이 세 가지는 기계가 결코 대신할 수 없는 영역이다. 따라서 성공적 AI 의사결정의 핵심은 결국 **인간의 주도적 역할**을 포기하지 않는 데 있다. 우리가 스스로의 역할을 포기하지 않는 한, AI는 어디까지나 도구일 뿐이다. AI가 사회를 지배하는 듯 보이는 것은 인간이 스스로 질문을 멈추고, 책임을 내려놓을 때 벌어지는 착각이다. AI를 두려워할 필요는 없다. 우리가 스스로의 질문을 놓지 않는 한, AI는 우리의 협력자일 뿐 경쟁자가 아니다. 결국 AI는 "더 나은 나"를 위한 거울이며, 그 거울 앞에서 어떤 선택을 할지는 오직 인간의 몫이다. 우리가 질문을 멈추지 않는 한, AI는 결코 인간을 대체할 수 없다. 오히려 AI는 우리가 더 나은 질문을 던지고, 더 현명한 선택을 할 수 있도록 돕는 동반자가 될 것이다.

미래를 위한 다짐

"AI 시대에도 마지막 균형점은 기술이 아니라 인간이다. 우리가 포기하지 않는 한, 의사결정은 우리 손에 달려있고, 의사결정의 주인공은 언제나 우리 자신이다."

에필로그를 향하여

제6장은 AI 시대의 마지막 균형점을 다룬다. 데이터와 AI는 우리의 가능성을 넓히지만, 동시에 우리의 책임을 더욱 무겁게 한다. 결국, 미래를 만드는 힘은 기술이 아니라 **인간이 어떤 질문을 던지고 어떤 선택을 하느냐**에 달려 있다.

우리가 걸어온 여정을 되짚어보면, 결국 **AI 의사결정의 중심은 기계가 아니라 인간**이라는 사실에 도달하게 된다. 데이터는 무수히 많아도, AI는 무한히 계산해도, 그 결과를 **어떤 질문으로 시작하고, 어떤 맥락 속에 해석하며, 어떤 책임으로 마무리할 것인가**는 인간의 고유한 몫이다.

AI는 우리의 결정을 대신하지 않는다. 다만 우리가 더 나은 결정을 내릴 수 있도록 거울이자 증폭기로 기능한다. 거울에 비친 "너"를 통해 더 나은 "나"를 발견하고, 나와 너가 함께할 때 더 나은 "우리"를 만들어가는 것—이것이 AI 시대 의사결정의 진짜 의미다.

따라서 이 책의 마지막 장은 끝이 아니라, **다음 여정을 여는 출발점**이다. 이제 독자인 여러분이 스스로의 맥락에서 질문을 던지고, 데이터를 통해 그 질문을 탐색하며, AI와 협업해 더 나은 미래를 설계해야 할 차례다.

이제 책을 덮고, 에필로그로 향하자. 거기서 우리는 AI와 함께 걷는 내일을, 그리고 인간이 여전히 만들어갈 수 있는 미래의 가능성을 이야기할 것이다.

에필로그 AI와 함께 걷는 우리의 내일

우리는 긴 여정을 걸어왔다.
인간과 사회의 의사결정 방식을 돌아보고, 데이터를 어떻게 다루어야 하는지 살펴보았으며, AI가 어떻게 우리의 동반자가 될 수 있는지도 탐구했다.

책을 덮는 지금, 독자는 한 가지 질문을 품고 있을지도 모른다.

〉 "그래서, 우리는 어디로 가야 하는가?"

그 답은 거창하지 않다.
우리는 이미 매일, 수많은 선택을 하고 있다.
아침에 어떤 길로 출근할지, 어떤 말로 동료에게 답할지, 오늘의 투자를 지켜볼지.
작고 사소한 결정들이 모여 우리의 하루를 만들고, 하루가 모여 삶을 만든다.

AI는 그 길목마다 우리의 곁에 서 있다.
빅데이터를 계산해 최적의 길을 알려주고, 이메일을 분류하며, 시장의 흐름을 예측한다.
하지만 그것은 단지 도움을 주는 손길일 뿐, 방향을 정하는 나침반은 여전히 우리 안에 있다.

AI가 대체할 수 없는 것은 질문을 품는 우리의 태도이다.
어떤 문제를 해결할 것인지, 어떤 사회를 만들어갈 것인지, 누구와 함께 걸을 것인지.
이 질문들은 계산이 아니라 의지와 철학의 문제이기 때문이다.

AI와 함께 걷는 우리의 내일

AI는 더 이상 낯선 기술이 아니다. 우리는 이미 매일의 삶 속에서 AI와 함께 호흡하고 있다. 스마트폰의 추천, 금융 서비스의 신용평가, 의료 현장의 예측 모델, 그리고 이제는 생성형 AI와의 대화까지—AI는 일상의 도구이자 동반자로 자리잡았다. 하지만 이 책에서 내내 강조했듯, **AI는 우리의 결정을 대신하지 않는다**. 그것은 어디까지나 인간의 사고를 확장하고, 선택의 질을 높여주기 위한 하나의 거울일 뿐이다.

AI 시대를 살아간다는 것은 단순히 새로운 기술을 사용하는 것이 아니라, **새로운 책임을 받아들이는 일**이다. 데이터는 스스로 말하지 않으며, AI도 알아서 의미를 만들어주지 않는다. 결국 질문을 던지는 것도, 답을 해석하는 것도, 그 결과를 선택하고 책임지는 것도 우리다.

질문하는 인간, 답하는 기계, 선택하는 사회

우리는 이 책에서 여러 차례 "질문"의 중요성을 강조했다. 질문이 곧 권력이며, 질문이 곧 의사결정의 시작이다. AI는 그 질문에 반응하여 수많은 답을 제시하지만, 답을 고르고 해답으로 만드는 것은 인간이다. 그리고 **사회는 그 해답을 제도와 문화, 정책과 전략 속에 녹여내며 미래를 설계**한다.

- 기계는 계산한다.
- 인간은 해석한다.
- 사회는 선택한다.

이 삼중 구조 속에서 우리가 놓치지 말아야 할 것은 언제나 인간의 자리다. 기계는 점점 더 정교해지겠지만, 그 정교함은 결국 인간의 질문을 얼마나 잘 반영했는가에 달려 있다.

더 나은 나, 더 나은 우리를 위한 여정

AI는 경쟁자가 아니다. 그것은 우리가 더 나은 "나"를 발견할 수 있도록 돕는 협력자다. 동시에, 나와 너가 함께 더 나은 "우리"를 만들어가도록 하는 증폭기다. **AI는 나를 대신하지 않는다. AI는 나를 확장시킨다. 그리고 우리는 함께 더 나은 "우리"를 만든다.**

따라서 AI 시대의 의사결정은 단순한 효율이나 정확성을 넘어서, 더 나은 나, 더 나은 우리를 선택하는 과정이 되어야 한다. 기계와 경쟁하는 것이 아니라, 기계와 협력하여 인간의 가치를 더 크게 발휘하는 것. 그것이 이 책이 독자에게 전하고자 했던 가장 중요한 메시지다.

끝나지 않는 여정

이제 책은 끝나지만, 진짜 여정은 여기서 시작된다.
이 책이 독자 여러분에게 단순한 지식이 아니라, 질문할 용기와 선택할 힘을 일깨워주기를 바란다.
AI와 함께 걷는 내일은 이미 우리 앞에 와 있다. 그 내일을 어떤 모습으로 만들지는 여전히 우리의 몫이다.

AI는 끊임없이 진화할 것이고, 새로운 도구와 기술은 우리 앞에 계속 등장할 것이다.
그러나 변하지 않는 것은 단 하나, 의사결정의 주인은 언제나 인간이라는 사실이다.

> 〉"AI가 답을 내놓는 순간, 우리는 새로운 질문을 던져야 한다. 그 질문이 바로 더 나은 나, 더 나은 우리, 더 나은 미래의 시작이다. 즉, 의미를 만드는 것은 인간이다."

당신이 다음 결정을 내릴 때, 이 책의 이야기가 작은 길잡이가 되기를 바란다.
AI와 함께 걷는 길 위에서, 당신은 더 단단한 나로, 더 지혜로운 우리로 성장하게 될 것이다.

참고문헌

[1] Searle, J. R. (1980). Minds, brains, and programs. Behavioral and brain sciences, 3(3), 417-424.

[2] 안상준, 유. (2023). 딥 러닝을 이용한 자연어 처리 입문. WikiDocs.

[3] 이우식, & Lee, W. S. (2023). 멀티에이전트 심층강화학습을 이용한 포트폴리오 설계 및 구현. 경영컨설팅연구, 23(2), 249-256.

AI 의사결정

결정은 우리가, 분석은 기계가

펴 낸 곳 서해원(인천대학교 출판부)
펴 낸 이 이 인 재
저 자 김 경 원

발행일자 2026년 1월 1일

출판등록 제2009-000010호(2006년 2월 9일)
출판부장 윤 영 돈
주 소 22012 인천광역시 연수구 아카데미로 119(송도동) 학산도서관(중앙관) 1층 103호
전 화 (032) 835-9420
팩 스 (032) 835-0730
인 쇄 처 좋은사람들OSP

I S B N 979-11-89007-34-8
정 가 20,000원

서해원은 인천대학교 출판부의 또 다른 레이블입니다.
이 이름은 두 가지 한자어에서 비롯된 중의적인 명칭입니다.
첫째, 西海源은 '서해를 품은 도시 인천'이라는 지역적 정체성을 바탕으로, 인천대학교 출판부가 인천 지역 지성의 근원이 되기를 바라는 뜻을 담고 있습니다.
둘째, 書海苑은 '글의 바다 속 정원'을 의미하는 시적 표현으로, 광활한 글의 바다에서 독자들이 깊이 있는 사유와 풍요로운 지식을 꽃피울 수 있도록 책이라는 정원을 가꾸겠다는 출판부의 지향을 나타냅니다.
'서해원'은 누구나 자유롭게 글의 바다를 탐색하고 사유하며, 잠시 쉬어갈 수 있는 정원 같은 출판 공간을 꿈꾼다는 의미도 함께 지니고 있습니다.
이 레이블의 명칭은 인천대학교 동북아국제통상학부 안주한 학생이 제안하였습니다.